名师名校名校长

凝聚名师共识
回应名师关怀
打造名师品牌
培育名师群体

程明远题

名师名校名校长书系

读写有名堂

张锦荣　梁泳怡　王婷 / 著

东北师范大学出版社

长春

图书在版编目（CIP）数据

读写有名堂 / 张锦荣，梁泳怡，王婷著. — 长春：
东北师范大学出版社，2019.6
ISBN 978-7-5681-5958-6

Ⅰ.①读… Ⅱ.①张… ②梁… ③王… Ⅲ.①阅读课
—中小学—教学参考资料②作文课—中小学—教学参考资
料 Ⅳ.①G633.303

中国版本图书馆CIP数据核字（2019）第131814号

□策划创意：刘　鹏
□责任编辑：谷　迪　张新宁　　□封面设计：姜　龙
□责任校对：刘彦妮　张小娅　　□责任印制：张允豪

东北师范大学出版社出版发行
长春净月经济开发区金宝街 118 号（邮政编码：130117）
电话：0431-84568115
网址：http：//www.nenup.com
北京言之凿文化发展有限公司设计部制版
廊坊市金朗印刷有限公司印装
廊坊市广阳区廊万路 18 号（邮编：065000）
2022年6月第1版　2022年6月第1次印刷
幅面尺寸：170mm×240mm　印张：17　字数：385千

定价：45.00元

序 言

PREFACE

你从远古的历史中走来，你的名字叫"香山"。在遥远的时空中，"香山"仅是孤悬于珠江口外伶仃洋上的一座海岛。1925年，香山县改为中山县（现为广东省中山市），从此成为中国历史版图上的一颗明珠。

你从时代的大潮中走来，你的名字叫"香山"。在近代史册上，香山是一片承载着救国图强梦想的沃土。1850年，珠海南屏人容闳先生漂洋过海考入耶鲁大学，成为中国留学生之父，从此，"香山"涌现了一批西学东渐的名人。

你从教育的梦想中走来，你的名字叫"香山"。1947年9月7日，山场小学正式开办。2007年7月19日，山场小学更名为香山学校，从此，香山学校翻开了崭新的篇章。

迈入2017年，香山学校迎来建校70周年华诞。70年风雨兼程，70载薪火相传。回首70年的发展历程，香山人无比感慨——从无到有，从小到大，从弱到强……香山学校实现了从"逢雨必浸"到"示范学校"的华丽转身。

站在新年的门槛，左边是历史沧桑，右边是未来芬芳。从"逢雨必浸"到"示范学校"，香山人用了整整70年。未来30年，香山人将努力追求从"有口碑"到"有口皆碑"的飞跃，全面铸就百年名校——办一所"最香"的品牌学校！

办一所"最香"的品牌学校，就是要让香山学校的办学追求更加有品位。我们将一如既往地坚定教育的信念，坚守教育的良知，坚持教育的规律，让教育回归本真，让教师回归本职，让教学回归本位，让学生回归本体！

办一所"最香"的品牌学校，就是要让香山学校的特色课程更加有品质。我们将一如既往地完善博雅课程体系，积极推动国家课程校本化、校本课程普及化，让课程成为学校最主要的产品，让课程成为学生最重要的"正餐"。我

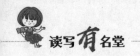

们要重点开展"培根课程"，坚持每周一节"国学课"和"书法课"，让学生把传统文化的"根"留住；我们要全面开展"阅读课程"，积极推进"海量阅读"和"整本书阅读"，培养"阅读千万富翁"；我们要大力开设"球类课程"，推动足球、篮球、乒乓球、羽毛球等课程全面普及，树立学生终身体育运动的理念。

办一所"最香"的品牌学校，就是要让香山学校的博雅少年更加有品德。我们将一如既往地深化"雅行教育"，践行"雅行五字诀"，让优雅成为香山学子的标志；深化"养正课程"，让香山学子"养生""养身""养心""养行"；深化"礼节体验"，让"入学礼""男孩礼·女孩礼""少年礼""毕业礼"成为香山学子终身铭记的礼仪庆典，让"艺术节""学科节""健康节""读书节"成为香山学子能够回味一辈子的节日盛典。

"香山有路质为径，品牌学校品自高。"2017年，香山学校喜迎70周年华诞！以后，香山学校将开启品牌学校建设之路——

在这催人奋进的大好时代，让我们共同建设更有品位的芳香校园吧！

在这典雅、现代的芳香校园，让我们共同培育品香学芳的博雅少年吧！

张锦荣

目 录
CONTENTS

第一章
揭开读写堂课程的名堂

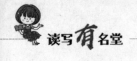

第二章

进入读书的殿堂

第三章

靠近写作的天堂

第四章

优化学生的课堂

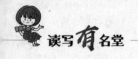

第五章

打造教师的讲堂

附录

读写堂课程使用书目

1

第一章

揭开读写堂课程的名堂

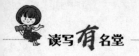

第一节　博雅课程的顶层设计

创建芳香校园，是对学校发展的"顶层设计"，其目的是培养博雅少年。"芳香校园"建设是一项系统的综合工程，涵盖学校管理、教学、德育等方面。

2014年，我们全面完善了"芳香校园"顶层设计，"八香"校园文化建设蓬勃发展；2015年，我们重点推进"书香校园"建设，使"阅读千万富翁"行动计划成为香山学校"文化立校，阅读育人"的基本模式；2016年，我们的课程、课堂、课题、课业成为香山学校"课香"的四个重点，教学质量提升，"芳香校园"建设系统工程进展突飞猛进；2017年，我们的"品牌学校"建设，引领学校全面开创新格局，香山已然内雅外香。

现今，我们着力于课程、课堂、课题"三个课"，全面推进以养正课程、培根课程、海读课程、健康课程四大支柱为核心的博雅课程建设，为学生提供最好的"正餐""大餐""套餐"；全面推进以提高课堂教学效率为核心的课堂教学改革，构建有张力、有活力、有魅力的香山课堂；全面推进以实用、有用、好用三原则为核心的课题研究，让课题为教师的专业成长插上飞翔的翅膀。

一、博雅课程建设

博雅课程之一：养正课程

养正课程，播种习惯。《易经·蒙卦》曰："蒙以养正，圣功也。"童蒙教育，养正开始。朱子的《童蒙须知》非常明确地提出："夫童蒙之学，始于衣服冠履，次及言语步趋，次及洒扫涓洁，次及读书写文字，及有杂细事宜。皆所当知。若其修身、治心、事亲、接物，与夫穷理尽性之要，自有圣贤典训，昭然可考。当次第晓达，兹不复详著云。"学校开设"养正课程"，将为学生终身发展培养良好习惯。

早晨的"养生课"，架起"食堂"与"课堂"的桥梁。将"食育"文化引入日常生活，培养健康的饮食习惯，让学生美好的一天从吃饱吃好开始。

上午的"养身课"，坚持"运动"与"活动"相结合。每天坚持开展大课间体育活动，每天坚持做广播体操＋800米跑步，让学生强健的身体从跑步运动开始。

中午的"养心课"，培养"阅读"与"悦读"的好习惯。中午，学生"入校则静，入室则学"。帮助学生管理碎片时间，让学生优秀的品行从良好的阅读习惯开始。

下午的"养行课"，注重"行为"与"行动"保持同步。每天让学生放学坚持整理书包、清理教室、梳理事物，让学生把良好的习惯带回家。

博雅课程之二：培根课程

培根课程，固本强基。学校不遗余力地传承与发扬优秀传统文化，为特区学子的人生烙上中华传统文化底色。从2013年起，学校全面推进"经典启蒙"活动，推动经典诵读进课程、进课表、进课堂。全校每班每天开设一节"经典微诵"课，每周开设一节"经典素读"活动；全校每周举行一次"经典展演"活动，每人每年发一册《香山学校经典诵读童子功修炼手册》。小学六年时间，学生完成《弟子规》《百家姓》《千字文》《幼学琼林》《增广贤文》《论语》《孟子》《庄子》等经典蒙学篇目的学习积累，为成长积淀文化素养。香山学子的传统文化底蕴日益丰厚，学校创编的《精忠报国》《卢沟谣》《花木兰》等节目，荣获香洲区经典诵读大赛一等奖，还参加了"粤港澳三地学子经典诵读大赛"，与香港和澳门的学子同台演绎中华优秀传统文化的精彩。

博雅课程之三：书法课程

书法课程，修身养性。学校拥有3间古朴典雅的书法专用教室，3位暨南大学书法本科毕业的专职书法教师，确保了开展书法教学有坚实的物质基础和人才基础。学校率先在全市普及书法教育，全校每班每周开设一节"书法课"，并组建书法兴趣社团，研发"每日字课"课程，创建"网络书法教室"。一年365天，全校2000多名学生天天练字，学生整体书法素养名列全市前茅，在各级书法大赛中成为获奖大户和获奖专业户。香山学校的书法教育成为珠海教育的一张"亮丽名片"，被评为"珠海市中小学特色项目"和"珠海市精品课

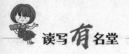

程"。中国教育学会授予香山学校"全国书法教育实验学校"的称号。

博雅课程之四：海读课程

海读课程，培养"富翁"。学校全面实施"阅读千万富翁"行动计划，新建了9间开放式、主题式书吧，每班人均藏书超过20本，实现了"每一个角落都是图书馆、每一间教室都是阅览室"的目标，使学生在校目之所及、伸手所触皆是书。学校分级、分段、分层精选必读书目和选读书目，使学生小学6年课外阅读量达到约1614.92万字，是教育部要求小学阶段学生课外阅读总量"国标"的10倍。学校编印《香山学校"阅读千万富翁"修炼手册》，学生一人一册；印发"香山学校'千万富翁'学年修炼计划"海报，学生一家一张；制作"'阅读千万富翁'修炼计划"排行榜，班级一班一榜；……学校持之以恒、多措并举地开展阅读行动。阅读，已成为香山学子一道最迷人的风景线。

博雅课程之五：健康课程

健康课程，强身健体。树立"健康第一"的理念，全面贯彻落实《中小学健康教育指导纲要》，积极开展"健康学校"的创建活动，切实提高学生的健康意识与公共卫生意识。2016学校年被评为"珠海市健康促进示范学校"，2017年被评为"广东省健康促进示范学校"，并被世界卫生组织健康城市合作中心评为"健康单位"。学校千方百计地提高学生的身体素质，大力探索"球类进课堂"，实现足球、羽毛球、篮球、乒乓球全普及，领先全市公办小学体育教学水平。学校田径队夺得"香洲区第15届中小学生田径运动会"团体冠军；羽毛球队2017、2018年连续两年代表香洲区参加"珠海市青少年羽毛球锦标赛"，荣获团体第一名！

博雅课程之六：创客课程

创客课程，探究创新。学校开齐开足科学课，按标准建好"科学探究室"，加强科学课堂教学研究，积极提高学生的科学素养；顺应"互联网+教育"的新形势发展，加快推进"创客机器人室"配套建设，努力培养学生勇于创新、乐于分享、敢于实践的创客思维；邀请老科学家、老院士进校园开展科普专题讲座，联合专业机构及人员到班级开设机器人课堂，举办"信息+科学"学科节，鼓励学生开展科技小发明、小创造，举办创想树叶画、科学幻想绘画、胡萝卜搭高塔、纸飞机比赛等传统科技类项目比赛，放飞学生的思维，发挥想象，培养学生的动手能力和创新能力。

博雅课程之七：礼仪课程

礼仪课程，雅言雅行。学校高度重视学生的雅行教育，创编"香山童规"和"香山学子雅行五字诀"，让学生人人内化于心、外化于行。学校针对学生年龄和身心发展特点，举办形式多样的年级特色礼仪活动。一年级有"入学礼"，二年级有"入队礼"，三年级有"男孩礼·女孩礼"，五年级有"少年礼"，六年级有"毕业礼"。所有礼仪课程，以年级为单位策划组织，邀请家长共同参与。在一系列的礼仪课程中，学生的文明素养获得长足进步，彬彬有礼、博学博雅成为香山学子的形象标识。

博雅课程之八：力行课程

力行课程，知行合一。《礼记·中庸》指出："好学近乎知，力行近乎仁，知耻近乎勇。"博雅少年，力行致远。学校重构以学生为主体的课程，变革以视与听为主导的教学方式，塑造以行动参与为特征的"力行学习文化"，推行"四季四节"，丰富学生校园生活。学校每年春季举办"艺术节"，夏季举办"学科节"，秋季举办"健康节"，冬季举办"读书节"，一季一节，五彩缤纷；耕犁诗书，知行合一。力行课程让香山学子走出教室，走向操场，走上舞台，走进生活，给学生一个最美好的童年和最芳香的世界！

二、博雅课堂改革

"问渠那得清如许？为有源头活水来。"古往今来，香山就是一片改革创新的沃土。历史上，凤山、凤池、和风、金山、三山等九大书院，开创了香山地区崇文重教、海纳百川、兼收并蓄的风气之先河。作为一所以"香山"命名的学校，我们自然而然地承载着传承香山文化的历史使命，肩负着复兴香山教育的光荣责任。在新课程改革的大背景下，香山学校更应该成为学校课程建设的探索者。香山博雅读写堂正是在这一背景下应运而生的。

"百舸争流千帆竞，敢立潮头唱大风。"香山人从来就有更生求新的生命意识、包容博爱的心胸气度、敢为人先的精神追求。相信我校的香山博雅读写堂定会催生香山课程改革的百花齐放，迎来香山学校课程建设繁花似锦的春天。

（一）博雅读写堂的核心概念

"香山博雅读写堂"是我校语文老师开展的一项课程改革。它是我校构建

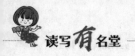

博雅课程体系的重要组成内容，也是我校开发的特色校本课程项目。

博雅：是我校提出的培养目标，即博爱、博学、博艺。把课程改革目标与学校培养目标相对应，更能体现课程改革的导向和价值，更加切合学校的实际和教育现状。

堂：取古代"学堂"之意。古代教育重视读书，我校开展的以读写为核心的课程改革与之有异曲同工之妙。以"堂"命名教室，表明我们旨在创建一间间阅读教室，带领学生走上神奇的阅读和写作之旅。

"香山博雅读写堂"的核心在"读"和"写"。这里的读是指"整本书阅读"，这里的写是指"主题式写作"。

整本书阅读是相对于单篇或者多篇文章来说的，它不同于一篇文章或者一个片段的阅读。整本书阅读是一项结合小学生不同学段的年龄特点，推荐适合小学生阅读的不同类型的书，在教师的指导下，让学生对整本书的故事脉络和细节有自己独特的理解和感悟，通过讨论交流，发展语言、锻炼思维、丰富体验的阅读活动。

主题式写作是指在教师的引导下，学生围绕某一主题开展的课内外阅读与写作活动。学生通过阅读学习语言，感悟写作方法，获得审美体验。在阅读的同时或阅读之后，围绕阅读主题进行写作练习，对阅读中习得的语言进行重构，以实现语言的积累。学生运用阅读中习得的写作方法练习写作，把阅读中获得的独特感受记录下来，可以形成写作技巧，逐步树立正确的人生观、世界观，进而形成一定的审美能力。主题式写作让阅读为学生的写作服务，通过写作提高学生的阅读水平，真正解决学生写作难的问题，做到学以致用，提高学生的语文核心素养。

（二）博雅读写堂的研究现状

1. 四年级组，课改导航

"丙申春早，校园花开；读写学堂，开启新章。阅读写作，纲举目张；读出气质，写出名堂。导师远瞩，博采众长；香山孩童，书香滋养。"

香山博雅读写堂是一间神奇的教室。它不仅是一间拥有丰富藏书且空间无限宽广的教室，更要在其中培养一批学识渊博、潜能无限的学生。我们对它充满期待——这里是书籍的海洋，这里是知识的宝库，这里是阅读的殿堂。

香山博雅读写堂是一个全新的课堂。它不仅是优秀传统课堂教学方法的集大成者，更是现代教学理念的积极践行者。我们对它充满景仰——课内阅读，课外延伸；课外阅读，课内完成，读思结合、读悟兼容、读写同步，海量阅读与个性写作相辅相成。

香山博雅读写堂是一种对精神的历练。它不仅要让学生学习语文的基础知识和基本技能，更是要用语文的营养润泽学生生命的成长。我们对它充满向往——改变"浅阅读"，改变"短阅读"，改变"考阅读"，改变"只阅读"，通过阅读与写作，拓宽生命的宽度，增加生命的厚度，感受生命的温度。

2. 五年级组，课改启航

博雅读写堂的全体师生迈入五年级，掀开了小学高年级学段崭新的篇章。经过半年的实践与努力，读写堂获得了满堂喝彩声——学生喜欢，教师用心，家长欢迎，学校支持，各界关注……

五年级是香山博雅读写堂承前启后的一个关键时期，学生既要发扬前期积累的宝贵经验，又要为将来的毕业夯实基础。为此，五年级全体师生和家长，不忘初心，继续前进；充满信心，面向未来。

不忘初心，充满信心，教师要一如既往地开发课程。课程是读写堂的发展载体，也是博雅少年成长的精神营养。博雅读写堂全面构建"一个中心、两个基点、三个策略"的校本特色课程，即以提高语文核心素养为中心，以"海量阅读+个性写作"为两个基点，以"主题式教学+整本书阅读+拓展性活动"为三个策略。五年级教研团队，是博雅读写堂课程的研究者、开发者和实施者，每一个人都肩负重任，重载光荣使命。希望教师能开阔视野、开拓创新、开展研究、开发资源，为学生的健康成长提供最好的课程。

不忘初心，充满信心，学生要一如既往地自觉成长。世界上最好的教育是自我教育。学生已经升入五年级，自我意识不断增强。博雅读写堂最大的特色就是"海量阅读"和"整本书阅读"，其本质也是希望学生通过"多读书、读好书、好读书"，再加上"个性化写作"和"拓展性活动"，以实现知识内化、素养内强、价值内省。希望学生在生活上自强，在学习上自主，在行为上自律，在思想上自觉，为自身的幸福成长找到最好的方法。

不忘初心，充满信心，家长们要一如既往地陪伴同行。家长是孩子幸福成长的重要支柱。值得我们骄傲的是，香山学校拥有一支高素质的家长队伍，他们用心关爱孩子，真心支持学校发展。例如，五（2）班的热心家长叶慧娜女

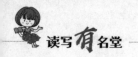

士、五（5）班的热心家长李成春先生，他们无偿资助了全年级《读写册》的印刷经费，为孩子们提供了宝贵的精神食粮。小学的基础决定了孩子一生的成长。如今，孩子们已经迈入小学高年级，希望家长们把握好孩子在小学阶段的最后一个"关键时期"和"黄金季节"，多一些时间陪伴孩子成长，多一些理解支持教师工作，多一些力量融入学校建设，多一些信心点燃教育梦想，为孩子的未来打下坚实的基础。

3. 六年级组，课改成效

三年磨一剑，读写出成效。年头不短，收获不少。从2016年的春天启航，香山博雅读写堂已经走过了3个年头。且听：

多次参加市区课程推进展示会；

各省市学校争相纷至观摩学习；

3项市级重点课题获得立项；

被评为"珠海市精品课程"；

被评为"珠海市特色项目"；

…… ……

回顾过去，展望未来，且思：

面对130天之后的毕业典礼，我们将如何给家长书写学生童年的最后一份答卷呢？

孩子即将踏入紧张的初中学习阶段，他们是否带上了博雅读写堂高效学习的"秘密武器"？

在孩子将来的人生中，是否已经不知不觉地把阅读作为终生的习惯？

…… ……

带着梦想，阔首大步，且行：

香山即书山，学校即学堂，读写堂即现代书堂。在香山学校，楼道里有典雅精致的开放式书吧，教室里有便捷精巧的各式书架，校园里有种类繁多、数量充足的藏书……

"蓬生麻中，不扶而直。"学生学习生活在"书山"，求知探索在"书堂"，学校已潜移默化地把学生培养成最好的"书生"。最好的"书生"第一层境界是"阅读"，在小学毕业的时候，完成1000万字的课外阅读量，这是学校对学生的基本要求。最好的"书生"第二层境界是"越读"，即超越考试目的、超越当前阶段、超越任务要求去阅读。最好的"书生"第三层境界是"悦读"，即阅读要愉悦身心，丰富思想，涵养性情。因此，我们将学生成为"书生"视作香山合格毕业生的衡量标准。

一个成长在"书堂"的"书生"，拥有的最大财富就是"书香"；一个练就阅读"童子功"的人，未来的发展拥有无限可能。

第二节 阅读教室的文化格局

我们深刻地认识到，教室是学生成长的精神家园。学生一天有6个小时在校集中学习，有5/6的时间在教室度过。从微观角度来看，一间教室的文化建设如何，决定着一个班级孩子的生命成长质量；从宏观角度来看，一间教室的文化建设水平如何，决定着一个国家的前途命运。我们绝不能将教室单纯地看作是一间教育学生的房子，而是应把它视为"国家的雏形"。

一、阅读教室的文化发展

香山学校教室文化的发展史，就是一部香山人"办一所最香的学校"的奋斗史。翻开香山学校"阅读教室"5年的发展史册和42个教学班的文化画册，可以深刻地感受到"五个最"的鲜明特点。

1. 最早的教室革命

学校文化建设必须从美化教室开始！2013年春天，我们拉开了"教室革命"的序幕，至今已是第6个年头了。作为全区最早开展"阅读教室"文化建设的学校，我们一年一个台阶，走过了"合格——升格——定格——风格"的历程，并且取得了突出的成果。2014年至2017年间，我们分别出版了《室·香》1.0、2.0、3.0版成果文集；2014年12月，香洲区教育局在我校召开现场会，向全区推广学校文化建设经验；2015年，我校"尔雅班"被评为"香洲区十佳最美教室"；2016年，我校"格物班"被评为"香洲区十佳最美教室"，并且荣获"优秀组织奖"，校领导作为代表向全区做先进经验介绍。

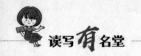

2. 最广的家校互动

我们明确提出，要让"阅读教室"的创建成为家校互动、师生互动、亲子互动、生生互动最好的平台。

我们先后邀请珠海市教育局德育科原科长李东生、珠海市教育学会中小学德育专业委员会会长王树洪等，为全校教师开设教室文化建设专题讲座，提高教师的理论水平；组织全校班主任赴广州参加"广东班主任论坛"活动，赴东莞参加"雷夫中国行"活动，开阔教师的文化视野；联合"广东省名班主任工作室"主持人王秀菊举行教室文化研讨会，碰撞教师的智慧；组织全体班主任到兄弟学校取经，增强教师的信心……通过一系列的活动，全体教师把创建"阅读教室"当作"最美工作"来认真对待。

我们全面动员家长、学生共同开展"阅读教室"文化建设，于2014年9月24日召开教室文化建设现场会，进一步掀起了家校互动共同创建"阅读教室"的高潮。每一个新学年的开始，全校家长都会积极行动，利用下班时间、周末、公众假期时段……相约爱人，带着孩子，携手教师，投入教室文化建设中。"我不是在香山，就是在去香山的路上。"这就是香山家长参与教室文化建设的真实写照。我们通过举办首届"香山家长节"，隆重表彰为"阅读教室"文化建设作出突出贡献的家长。经过一系列的活动，家长已把"阅读教室"当作"最好的家教"来积极参与。

3. 最雅的环境布置

我们鲜明地表态，"阅读教室"必须坚持最绿色、最环保、最典雅的原则，反对形式主义、铺张浪费、低俗平庸，发挥"阅读教室"环境育人的功能，实现润物无声的效果。

在教室文化建设过程中，我们特别突出"班级名片"的设计。将班名、班徽、班歌、班训、班规、班级吉祥物等班级元素融入"班级名片"之中，其意义不仅在于引导各班形成独特的班级形象、班级标识和班级图腾，更深层次的考虑是鼓励各班彰显风采、彰显个性、彰显特色。各班将教室划分为生态区、阅读区、艺术区、书法区、倾情区、荣誉区、事务区等，规划合理，美化适当，百花齐放，各具特色。每一个班名都蕴含着师生的美好愿望，每一个细节都凝聚着师生智慧的结晶。

4. 最浓的书香空间

我们坚定地贯彻"阅读教室"必须以"书香"为核心的理念，让每一个角落都成为图书馆，让每一间教室都成为阅览室，让每一位教师都成为"点灯人"，让每一名学生都成为"悦读人"。

我们新建了凤池、凤山、和风等9个开放式书吧，每一个书吧都比邻教室，为教室拓宽了空间，这里也成为学生最喜欢去的地方。我们在每一个班的窗台边上都添置了两个古色古香的书架，在每一个班都建立了图书角。与此配套的是，鼓励每一个家庭为孩子设立一间书房、定制一个书架、订阅一份报刊。更为值得一提的是，我们在博雅楼为五年级和六年级11个班全部配备的独立成室又与教室相通相连的阅览室，成为香山"阅读教室"的新标杆。

我们每年开展"捐一本读2000本"活动，漂流书香，漂流信任，实现了每间教室藏书平均接近人均20本的目标；每年开展毕业班为学弟学妹赠书活动，传递精神，传承文化。我们倡导班级自编自印班报，《小海鸥》《蚂蚁连》《恒星报》等广受学生欢迎；鼓励班级出版学生文集，《书香·记忆》《六（4）班文集》等相继问世。

我们编印了《阅读手册》，全校每人每学段1本，确保阅读的连续性和持久性。我们在每个班教室门口制作了醒目的"阅读排行榜"，每周更新学生的阅读书目，广泛开展"阅读悦精彩"活动。我们将每年的12月定为"香山读书节"，让阅读成为每一间教室辞旧迎新的"饕餮盛宴"。

5. 最香的博雅学堂

我们欣喜地发现，"阅读教室"在香山学校已然成为"最香学堂"，"香山孩童，博学博雅，品香学芳"。

在香山的每一间教室，我们利用每天的"养正课程"，让学生养生、养身、养心、养行；我们利用每周的"书法课程"，让学生写字静心，立字立人；我们利用每周的"国学课程"，让学生诵读经典，滋润心田。

我们利用香山的每一间教室，每周开展"净香、礼香、课香、书香"评比，每学期评选"芳香班级"，使良好的班风、学风蔚然成风。

我们在香山的每一间教室，每月开展"入校则静""入室则学""排队则静"等主题教育，使学生雅言雅行，知书达礼。

"阅读教室"改变了学校的精神面貌，提升了师生的精神气质。近4年，我

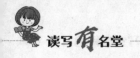

校班主任中有7人荣获香洲区和珠海市名班主任称号。在香洲区教育科研培训中心开展的学生行为习惯问卷调查中，2012年我校学生在8个指标中，没有一项达到全区公办学校的平均值，到2014年，我校学生有7项全部超过全区公办学校平均值。在珠海市七年级学科能力测试中，2014年，我校学生在8大能力指标中，仅有4项达到全区公办学校的平均值，而到2015年，8项指标全部大大超过全区公办学校平均值。

"阅读教室"成就了"最香学校"。2015年11月，我校荣获"香洲区第十五届中小学生田径运动会"团体比赛第一名，实现了从2009年总分0分，到2013年进入前十名，再到勇夺冠军的飞跃。近三年，我校先后荣获"广东省安全文明校园""广东省'百系列'学校德育优秀成果三等奖""全国未成年人思想道德建设先进单位"等荣誉称号。

二、阅读教室的顶层设计

1. 教师、学生、家长"三主体"

关于阅读教室的构建，我们坚持教师、学生、家长"三主体"。坚持学校管理以教师为主体，努力打造一支博爱博导、惟香惟芳的教师队伍；坚持教育教学以学生为主体，全面培养学高质雅、德香才芳的博雅少年；坚持教育同盟以家长为主体，积极引导家长爱孩子、爱老师、爱班级、爱学校。

2. 课程、课堂、课题"三种课"

关于阅读教室的文化，我们着力打造课程、课堂、课题"三种课"，我们全面推进以海读课程为核心的课程建设；全面推进以提高课堂教学效率为核心的课堂教学改革、全面推进以实用、有用、好用三原则为核心的课题研究，构建有张力、有活力、有魅力的教室文化。

3. 知书、达礼、合作"三根本"

关于阅读教室的格局，我们突出知书、达礼、合作"三根本"。我们深入实施"阅读千万富翁"行动计划，让香山学子"书山启智"；深化开展"雅行五字诀"常态教育，让香山学子"彬彬有礼"；深度推动"小组学习"合作模式，让香山学子"取长补短"。

三、阅读教室的传承使命

2013年春天，我们拉开了"阅读教室革命"的序幕，至今已是第6个年头了。我们一年一个台阶，从阅读教室设施的建设，到学生阅读习惯的养成，再到阅读课程的深入推进，持之以恒地通过一届又一届学生来传承阅读教室的使命。

（一）阅读设施

1. 让每一个角落都成为图书馆

每所学校都有常规性的阅览室，里面藏书丰富，但大多大门紧锁，开放借阅的时间也少得可怜，学生难有时间借阅，这样的阅览室名存实亡。我校做了一个大胆的举措，分三期工程建成了凤池、凤山、和风等9个开放式书吧，分布在每个年级教室的周边。把阅览室里的藏书分发到每个书吧里。我们结合各年级学生的年龄特点，建成了低年级的童话式书吧、中年级的城堡式书吧、高年级的古朴典雅式书吧。高颜值的阅读空间吸引了许多学生驻足逗留，学生入吧即静，做到开卷即阅，书不外带，看完原位归还。

2. 让每一间教室都成为阅览室

每学年家长和学生积极参与班级的"捐一本读50本"活动，实现了每间教室的藏书量均在1000本以上的目标。书籍种类遍及儿童文学、历史故事、社会话题等知名作家的获奖书目，以及广受评书人和读者好评的书。教室里的图书室为孩子量身定做，或是活泼鲜艳，或是素雅宁静，各班有各班的风格。班级图书馆全天开放，主要靠诚信来管理。学生自由借书，自觉登记，及时归还。教室主要用书来装扮窗台、书架，甚至是学生的抽屉都是放书的地方。墙上、走廊上也以学生的书画等来展示学生的读书成果，营造书香扑鼻、韵味无穷的氛围。家长与学生共同参与布置，变废为宝，为图书角添砖加瓦，种植花草，呈现了"梅香班""沁书园""尔雅室""格物中队"等各具特色的班级文化。学生每日耳濡目染，岂有不喜欢读书之理？

我们鼓励每一个家庭为孩子设立一间书房、定制一个书架、订阅一份报刊，让香山学校的阅读文化从学校辐射到家庭，成为家庭教育的新标杆。

（二）阅读课程

1. 经典诵读，培根固本

多年来，我校一直把经典诵读作为建设书香校园、推进素质教育的有效

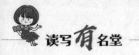

途径，并加以全面贯彻实施。学校充分利用中华经典文化的丰厚资源，形成了以校本课程开发为主线，以校园文化活动为平台，以《经典诵读童子功修炼手册》为导向的多级体系，提高香山学子的道德修养、人文情操，弘扬民族精神。

我校编印的分级《经典诵读童子功修炼手册》，学生每学年人手一本，它潜移默化地在孩子心中播种，在孩子心中生长成一种世界观、人生观和价值观。如何使其发挥最大的效能呢？我们做了以下的实践探索。

（1）演好每个节目。利用全校升旗仪式后，每班每周轮流展演经典诵读内容的机会，穿插汉服唐装、古琴茶道、书法绘画展示等活动，使经典诵读的优美文字化作一幅幅生动的画，一曲曲悠扬的歌，一幕幕动人的景。

（2）上好每节课。将经典诵读写进课表，将每周星期一下午第一节列为全校经典诵读课，让人在校园到处听到的都是学生的琅琅书声。班级按照教材制订诵读计划，把厚厚的经典读本均分成若干个小任务，让学生持之以恒地诵读。

（3）用好每一分钟。每天微诵5分钟，由小班长带领全班诵读经典。诵读声与上课铃声同时响起，每周滚动复习所学内容。

（4）做好每套作业。每周有固定的作业套餐，经典诵读在周末也不打烊。学生将《经典诵读童子功修炼手册》天天带在身边，随时诵读记录。

2. 阅读富翁，香山童功

阅读已经成为在世界范围内讨论的主题，课外阅读对提升学生素养、促进精神成长的重要性，已得到普遍认同。我们全面推进"海量阅读"课程，提出"阅读千万富翁"行动计划，让每一个香山孩童在小学6年时间完成1000万字的课外阅读量，成为"阅读千万富翁"。

（1）师生爱阅读，让阅读渗透在日常的学习中。

我们把课外阅读引进课堂，我们将语文教材中零碎的、单一的内容有效整合起来，如以文化主题"诚信、思乡、信赖"等内容进行统整，承接孩子的精神世界、现实生活；或以有关历史典故、风土人情等为主题，构建整本书的阅读指导策略和方法，务求探索出适合小学生阅读的整本书阅读指导策略。通过阅读指导，激发学生的阅读兴趣，提高学生选择阅读材料的能力，使学生逐渐学会预测、推理、联结等阅读策略，提升理解能力和领悟鉴赏作品的能力。

我们将课外阅读课内消化，通过课外强化、内外互化、写作活化等举措深化阅读活动。此举不仅解决了阅读重课外轻课内的普遍问题，也有效化解了阅读只有任务没有时间的现实矛盾，让学生爱书、热爱阅读，帮助学生养成终生阅读的习惯，成为真正的读书人。

每个班级成立"班级读书会"，督促学生扎扎实实地完成阅读计划；每学年评选的"书香少年"，成为全班学生阅读的标杆和榜样；每年12月定期举办的"读书节"，成为辞旧迎新的最好的礼物……

于是，在班级里、校园里随处可以看到正在阅读的人。早上、课间、中午，不再局限于教室，走廊、运动场等任何场所都能看到正在阅读的学生，似乎每个人的背包里都有一两本书，只要一有时间，他们就拿出来读一读。学生捧在手上的书，不是那些肤浅的漫画畅销书，而是一些有深度的、能引起大家思考的经典文学作品，例如，《一千零一夜》《林汉达讲中国历史故事集》《横看三国》《希利尔讲艺术史》等经典文学；《季羡林自传》《了不起的比尔·盖茨》《钱学森传》等伟人传记；《了不起的狐狸爸爸》《时代广场的蟋蟀》《小王子》等受欢迎的小说。

（2）亲子爱阅读，让阅读渗透在日常的休闲中。

我们把阅读延伸到家庭中去，开展多种形式活动来推动阅读。我们提出"阅读千万富翁"的修炼计划，使每名学生在香山学校6年的时间里成为"阅读千万富翁"。每个班级教室正门口张贴的"阅读千万富翁养成计划"排行榜，激励学生形成你追我赶的局面。我们定制了"阅读千万富翁海报"，派发到每一个学生的家庭中，并且要求所有家庭将阅读海报张贴在家里最醒目、最显眼、最易受到关注的位置，让家长成为"阅读千万富翁"的支持者、参与者、见证者和同行者。

在香山，阅读不为形式，但所有的形式都是为了促进阅读。所以，阅读几乎是全校学生的共同爱好，从而帮助学生形成良好的道德风尚，塑造正确的价值观。

（三）阅读使命

我们把"阅读"作为一项必修的"童子功"，让每个香山孩童在小学6年时间里修炼好它。这是香山学校的教育哲学、理想追求和价值认同。所以，我们把阅读当作是一种理念、一项计划、一个行动。

我们无限信仰书籍的力量，信奉阅读为圭臬，这是我们的阅读主张——我们一直坚信，从未怀疑过，并且持之以恒，因为我们深知阅读的价值——腹有诗书，其品自高；腹有诗书，其德自谦；腹有诗书，其身自正；腹有诗书，其

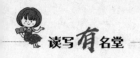

情自怡；腹有诗书，其行自雅；腹有诗书，其气自华。

　　培养"阅读千万富翁"，我们既讲数量，更求质量；我们遵循先有量变，再到质变；我们坚持数量与质量并重，以质取胜的原则。在总结实践经验的基础上，对学生提出了小学6年时间课外阅读总量达1000万字以上的总目标，超过教育部制定的要求小学阶段学生课外阅读总量"国标"的10倍。我们对1000万阅读量进行分级、分层、分解，既有明确的指标，也有清晰的目标，通过阅读的连续性、层次性、针对性，确保阅读数量与质量双双达标。

　　下面通过对五年级学生的数据调查，让大家了解我们的阅读教室里的学生的读书状况：在382个五年级学生中，有24%的学生养成了每天坚持1小时以上的阅读习惯，有65%的学生每天坚持阅读30分钟，有11%的学生每天阅读20分钟。在382个家庭中，90%的家长有和孩子一起看书的习惯；经过一个学期的积累，40%的学生达到每学期300多万字的阅读量，27%的学生每学期达到200多万字的阅读量，26%的学生每学期阅读量在50万字至150万字之间，接近7%学生每学期的阅读量在50万字以内；在阅读时，有47.8%的人喜欢边读边圈画词语、句子，作批注，有38.8%的学生有摘抄好词佳句的习惯，有31.3%的学生有写读书笔记的习惯，有59.3%的学生喜欢与人交流读书心得。

　　让阅读把世界带进教室，让阅读带领孩子走向世界，我们一路在逐梦。心有多大，世界就有多大；阅读量有多少，未来就有多好。

第三节　重新定义的语文学与教——博雅读写课程介绍

一、重新定义的自我意识

我依然相信，教师这个职业在如今这个社会是神圣的。

2015年，是我进入教师生涯的第15个年头。时间过得真快！对大多数人而言，日子就这样悄无声息地消逝。作为一名有十几年教龄的一线语文老师，相信很多同行都和我一样，曾经有那么一段时间十分迷茫与颓丧，感觉对职业的追求止步不前——日常的课堂教学已经驾轻就熟、学生成绩不会太差、能有几节拿得出手的漂亮课例、职称也差不多到头了……这大概就是大部分一线教师的常态职业倦怠心理。

倘若就这样老老实实地教书上课也就罢了，毕竟虽保守却扎实的教学也是能被接受的。但最可怕的是遇到一个令人担忧的现状，在应试教育的指挥棒下，教师不得不放弃自己的思想，然后逼着学生也放弃自己的思想。明朝的何景明在《师问》中说得一针见血："今之师，举业之师也。执经授书，分章截句，属题比类，纂摘略简，剽窃程式，传之口耳，安察心臆，叛圣弃古，以会有司。……师而至於举业，其卑而可羞者，未有过焉者也！"意思是说，今天的教师，只不过是应试教育中的教练。拿着教参死背，划分段落大意，总结做题规律，读"缩水"的名著，抄袭别人的套路，一心一意揣摩考试出题人的心思。把一批又一批失去个性、没有思想的学生当作工厂的统一产品源源不断地往外输出。当教师的当到这个份上，有悖"传道、授业、解惑"的使命，照这个套路，社会上一般人士甚至都可以担任教师这个角色，又何来神圣之感？

我的父亲也曾是一名小学老师，在那个年代，他对教书育人还保持着一份单纯的热情，后来，我上师范院校后，他也时时用热情洋溢的话激发我对教育事业的热爱。但这个时代太多的教师已经被各种繁杂事务磨得麻木不堪了，失去了理想，也失去了锐气。更可怕的是，一些本应让人感到可敬可畏的后生，却也用一种混着过的态度对待工作，空有新颖的理念和想法，习惯了按部就班的安逸节奏。每当遇到有教研任务、课题申报项目下来，他们的畏难情绪就上来了："这个我没有经验，我做不来……""那个嘛……还是等师父们做，我先跟在后面看看好了。"我在给一些青年教师做讲座的时候，也表达过深深的担忧。行不行是能力问题，想不想是态度问题。教师长期处于温暖的舒适区，习惯用熟悉的方式和方法去处理问题；对处理的效果与结果仅停留在幻想之中；不是不想去改变和进取，而是没有信心去面对不确定的因素。在这样求稳的态度下，教师越来越不思变通，犹如温水中的青蛙，慢慢地耗尽了余生。

我从事语文课堂教学十多年，从最初的懵懂、生涩、自卑，逐渐能应对自如，变得稳重和成熟，也上过一些被认可、被推崇的课，也得到过一些赞誉和

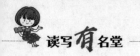

褒奖。今时今日回想起来，心中纵有千千结，却仍不乏遗憾和唏嘘——那些不过是我个人过去的一些成绩罢了，学生的语文素养、学习能力在这节课后又能有多大的改变呢？一个声音告诉我，不能继续停留在热闹的课堂了，必须要重新定义自我职业观念，必须要做更实在、更长远的事情。

所幸，在香山学校大力推行课程改革的环境下，2016年1月，春暖花开之时，珠海市香山学校决定开发博雅读写堂课程，致力于提高小学生的阅读和写作能力，尝试摸索出一套改善小学生阅读和写作能力的方法，培养小学生的阅读兴趣和阅读习惯，指导小学生掌握和具备必要的读写技能。这一举措是从课堂转向课程的全新挑战，注定是一条任重而道远的不平凡之路。从那一刻起，我的职业使命、我的教育理想、我的自我意识，被重新定义了。

二、重新定义的课程理念

对于语文、语文教学、语文学习，我们有过太多的定义。"一种文化，首先意味着一种眼光。""眼光不同，对所有事情的理解就不同。"这么多年一线语文教学工作，我们一直在用老眼光去检视语文的学与教。当我们停下脚步，重新检视长久以来我们的语文学习的时候，发现其中有很多值得我们思考的地方。

语文能力一般界定为听、说、读、写四种，又主要限定于阅读和写作。叶圣陶先生说过："学习国文，事项只有两种，阅读与写作。""国文教学自有它独当其任的任，那就是阅读与写作的训练。"而在阅读与写作中，又以阅读为重。但是纵观我们的语文学习，不管是公开课，还是平时的常规课，学生也许朗读得多了，感悟得多了，但对于写作的训练却越来越少了。有一种怪异的现象：教师在进行阅读教学的时候，只字不提作文教学；而在进行作文教学的时候，又只字不提阅读教学。这种读写分离的教学方式，既浪费了有利的作文教学资源，又不利于提高学生学习语文的积极性。

新一轮课改，反复强调培养学生的独立思考和创新能力，鼓励学生勇于提出自己独特的见解。这对学生来说有着莫大的吸引力，可是我们的教师跟上学生的节奏了吗？当学生提出独特见解的时候，教师是否能稳稳地接招？可是现实是，很多教师底气不足、精力有限，只能搪塞应对。20世纪语文大师叶圣陶先生提出了"阅读本位论"，力导"求甚解""讲透"的阅读教学方式，用以指导当时的语文教学，这种阅读方式逐渐成为教学的主流方法。但时至今日，时代不同了，教师的眼界更新了，可是教师还是以这种"讲透""嚼烂""满堂灌""满堂问"的方式统领课堂，从"字、词、句、段"到"语、修、逻、文"，从段落大意到中心思想，一节复一节的机械式讲授套路，占据了课堂的主要时间，使语文学习变得低效、疲惫。如果遇上语文知识素养过硬的教师还好，但若遇到本身素养不足的教师，他们照本宣科，学生却不知所云，岂不误人子弟？此种累赘重复的讲课方式，完全败坏了学生学习语文的兴致和阅读的心情，进而使学生失去对语文学习的期待。

基于此，博雅读写堂课程研发团队决心强势改变课堂结构，构建以阅读和写作为核心的课程体系，力求把更多的课堂时间归还给学生。读写堂，顾名思义，就是把阅读和写作集中在一起，作为一个课程中的两大主要构成部分。"读"即阅读，"写"即写作，"堂"取古代"学堂"之意。古代教育重视读书撰文，学堂既是学生的学堂，更是教师的学堂，而香山学校贯穿全校的以读写为核心的课改精神则与古代的学堂有异曲同工之妙。

从博雅读写堂成立的那一天起，就不断有人问我，你们的"读写堂"到底搞的是什么名堂？是"读书+写作"的课堂吗？看似简单，细说起来却是一言难尽。确实是这样，一场教学的革命，从课程最初的确立到"蹒跚起步"，再到"阔步前行"，个中的曲折不是用三言两语就能说清楚的。时至今日，读写堂课程已经经历了3年多的时光，回顾整个读写课程体系的从无到有，从"颤颤巍巍"起步到"步履蹒跚"往前迈步，虽然尚未平稳，更还谈不上"健步如飞"，但一路走来，还是日益壮大起来了。

三、重新定义的课程体系

在我看来，博雅读写堂课程的探索，等于把语文教学的整个课程体系进行了重新定义。它致力于构建"一个中心、两个基点、三个策略"的校本特色课程，即以提高语文核心素养为中心，以"海量阅读+个性写作"为两个基点，以"主题式教学+整本书阅读+拓展性活动"为三个策略。细化的课程具体包括教材统整课程、阅读课程、写作课程、实践课程和保底课程。

读写堂课程的学习宗旨，以整本书阅读和写作为两大教学整体。在教学过程中进行大胆创新改革，不再以单篇的教学讲析为主，而是以教材统整后的主题串讲代替，将每学期若干本整本书排入阅读课时计划，利用课堂时间，采用

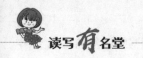

略读、精读、专题研究、读写结合、研讨交流等方式解构学生的整本书阅读；摒弃传统的教师讲授、学生倾听的"满堂灌"方式，代之以学生的阅读、批注、交流、写作、研讨、表演、辩论等学习方式。期望能在当今多样的语文教学改革路上多一分尝试，多几分收获。

尤其值得一提的是，读写堂课程将课外阅读列入课程大纲、纳入课时计划、引入课内教学的举措收获了巨大的成效。教师们向来习惯于"课内教材，课外读物"的教学模式，将一篇课文翻来覆地去用两三个课时来讲授，把大量的阅读任务交由学生在课外完成。其结果就是教师无法监控学生的阅读成果，学生读与不读不知道，读得深入与否不知道，阅读成了一件让学生放任自流的、可有可无的事，这也难怪不少学生不把阅读当回事了。

读写堂课程最重要的三个核心任务是"教材统整""海量阅读""创意写作"。

第一个任务：教材统整。课程研发教师首先要思考的，是如何在一定时间内高效完成教学任务，以留出更多时间给学生进行阅读和写作。如果按照传统的教学进度安排，几乎要把整个学期的课堂时间用于教材讲授、单元测试。这样紧锣密鼓、马不停蹄的学习，一个学期下来也只不过解决了一本语文书的内容，这是远远不够的。我们期望带给学生教材以外更多的内容，加大学生的阅读积累，开阔学生的眼界。那么，时间从哪里来？只能摒弃低效重复的教学内容，删繁就简，高效统整。

为了能有更多的时间进行阅读和写作，我们尝试进行教材的统整，将整个学期的教材按照一定的主题进行拆散重编。传统的语文教材以人文主题为单元编排的依据，读写堂课程重整后的主题则以写作为第一目的，人文要素次之。我们把有写作题材的课文归并为一个主题，删繁就简，让学生课前提前预习；课堂上，教师再以让学生分组学习、汇报讨论为主要学习手段，快速梳理一组文章的结构、内容等，力求达到提高课堂效率的目的。

第二个任务：海量阅读。读写堂课程大胆摒弃翻来覆去、重复低效的课堂教学，借助精心整合后的教材，带领学生在一定时间内快速、高效地完成通用教材的学习，把更多的课堂时间还给学生进行整本书阅读。另外，教师还根据每学期选定的若干书目，精心设计可圈可点的阅读活动，给学生开启了语文学习的另一扇大门，如给书籍设计书腰书签、参加《草房子》剧场表演、绘制

《城南旧事》的人物图谱、寻找藏在《端午的鸭蛋》里的民风民俗、绘制读书海报等。在这些系列读书活动中，学生始终处于主动阅读的学习状态，在学习过程中全情投入，学习成果富有个性。这种形式多样的课内外阅读活动，能够切实帮助学生成为语文知识的发现者和自我构建者。学生在这样的阅读活动中得到乐趣，发现自我，激活创意的火花，从而更加自信地投入书籍的阅读活动中。

第三个任务：创意写作。这是比阅读更高级的学习目的，大量的阅读是"输入"，但仅有输入可不行，宋人陈辅说过："万卷人谁不读，下笔未必有神。"所以，并非书读得多，作文就写得好。不加理解、吸收、消化，不能转换成自己的思想与写作的营养品，写作还是无法下笔。这个道理古人早已洞悉。清代学者袁枚，将读书与写作的关系做了生动的比喻："蚕食桑，而所吐者丝也，非桑也！蜂采花，而所酿蜜也，非花也。读书如吃饭，善吃饭者长精神，不善吃者生痰瘤（疾病）。"可见，只读不写假把式。

通常，学生按照教材的计划，一个学期完成每个单元一次的习作则已矣，但靠一学期8次的写作练习是远远不够的。写作技能的长进，离不开持之以恒甚至是重复性的训练。"操千曲而后晓声，观千剑而后识器。"读写堂的写作训练，让学生进行大量阅读的基础上，把写作训练视作常规。所涉及的内容、体裁、形式丰富多样，除了教材中的常规习作，更多的是与整本书阅读相结合，提炼出角度新颖、符合学生写作心理特点的创意系列写作题材，如童诗童话、谈鲁迅作品中的"吃"、男孩女孩的童年、《杨氏之子》剧本创作、我为×××写人物传记、我心中的三国英雄、穿越千年会苏轼等。这些突破传统局限的写作题材既富有创意，又需有大量的阅读作为基础积累。其一个非常重要的初衷是避免把学生培养成死读书、读死书的"人形鹦鹉""两脚书橱"，鼓励学生写作时要有自己独特的见解，甚至敢于去质疑作品，把自我见解形成文字、形成篇章。

教材统整学习、引进海量阅读、重视创意写作，是读写堂课程的三大重要策略，共同构成读写堂课程的核心内容，旨在达成提高学生语文核心素养的终极目的。

四、重新统整的主题教材

自20世纪以来，教育部每隔一段时间会对语文教材进行修订、完善。但平心而论，无论教材怎么修订、怎么改，都很难达到尽善尽美的程度。在实施教学

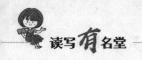
的过程中，也会因不同区域、不同师资、不同学情等而有所差异。"一刀切"的教材教法只能满足大众，很难培养出个性化的人才。为此，教师要有自己的认识和魄力，因材施教、因时调整，灵活使用规定教材，如进行增、减、换、合的调整，以便适应学情，打开学生的视野，提高学生的认识，积累更多的语言材料。

博雅读写堂课程自创立以来，做的第一件事，就是将现行教材进行统整、优化和合并，即根据写作规律和原则，将原教育部通用教材中与写作题材相近的课文归并为一个主题，抓准要点、删繁就简。

传统教材主要根据人文主题进行单元划分，每个学期有8个单元左右。而读写堂统整的教材则以写作作为学习的首要目的，人文主题次之，将每个主题大概整合成4~6个学习主题；不采用逐一细细分析讲授每篇课文的方法，而是主要采用群文阅读、组文共赏的学习方法，让学生以分组探讨、汇报交流、研究辩论的形式完成学习。同类写作题材的组文，能明显突出文体的基本特点，学生一段时间集中学习一类文体，吸纳其写作方法，使学生能比较容易地掌握这一主题下的写作规律，形成完整的写作概念。

以人民教育出版社版（以下简称人教版）语文教材为例，我们把五年级上册全册8个单元整合成4个读写主题：话说汉字、表情达意、走进生活、我爱阅读，具体见下表。

五年级上册语文教材的整合

主题	整合内容	习作内容	阅读书目
话说汉字	1~8生字 1~8个单元的日积月累 课文背诵 遨游汉字王国（第五单元）	撰写简单的汉字调查报告。 本次活动的心得、收获	《汉字树：活在字里的中国人》廖文豪著
表情达意	爱国家、敬伟人（第七、八单元）	学写读后感。 学习《开国大典》场景描写的方法，按时间顺序描写一个场景	《世界儿童历史小说经典·小英雄与老邮差》马景贤著 《城南旧事》林海音著
	思故乡、爱家人（第二、六单元）	想象作文"二十年后回故乡"。 写出对父母的爱	

续 表

主题	整合内容	习作内容	阅读书目
走进生活	学习说明文（第三单元）	用说明文的写作方法介绍一种物品	《细菌世界历险记》高士其著
	生活的启示（第四单元）	写一件事、一句名言、一句警句或一幅画带给你的启示	
我爱阅读	与书为友（第一单元）	写自己的读书故事。采访"身边的读书人"，并整理成采访记录。记"开卷是否有益"的一次辩论	《季羡林自传（典藏本）》季羡林著

六年级上册，我们把8个单元整合成6个读写主题，即爱国情怀、我与自然、心灵之歌、走近鲁迅、与诗同行及艺术之旅，具体见下表。

六年级上册语文教材的整合

主题	整合内容	写作内容	阅读书目
爱国情怀	《詹天佑》《怀念母亲》《彩色的翅膀》《中华少年》	演讲稿、读后感	《红岩》罗广斌、杨益言著
我与自然	《山中访友》《山雨》《草虫的村落》《索溪峪的"野"》《老人与海鸥》《跑进家来的松鼠》《最后一头战象》《金色的脚印》《只有一个地球》《鹿和狼的故事》《这片土地是神圣的》《青山不老》	图片报道、人与动物之间的故事、听音频写故事画面、化身大自然的一员、倡议书	《生于天空》【日】椋鸠十著
心灵之歌	《穷人》《别饿坏了那匹马》《唯一的听众》《用心灵去倾听》	续写、生活中的真情关爱	《绿山墙的安妮》【加】露西·莫德·蒙哥马利著
走近鲁迅	《少年闰土》《我的伯父鲁迅先生》《一面》《有的人》	写写"我眼中的鲁迅"、介绍自己的小伙伴	《小学生鲁迅读本》钱理群主编、刘发建编著
与诗同行	《诗海拾贝》《与诗同行》	撰写活动总结	《向着明亮那方》【日】金子美玲著
艺术之旅	《伯牙绝弦》《月光曲》《蒙娜丽莎之约》《我的舞台》	介绍一项你最感兴趣的艺术作品	《希利尔讲艺术史》【美】维吉尔·M.希利尔著

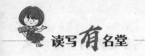

这些读写主题的先后顺序还会遵循重大节日或学校活动的安排，灵活调整。例如，结合学校12月份的读书节活动，我们把原本是第一单元的"我爱阅读"主题放在学期的最后，让学生整个月份都沉浸在书香节日的氛围中。又因为马上要迎来国庆节，我们就把原本是第二单元的"爱国情怀"主题放在前面来学习，结合节日因时制宜地在学生心中播下爱国的种子。

教材统整的不仅是课文内容，还有与之相关的其他资源，特别是写作资源。我们带领学生通过组文的学习，把主题内容作为一个整体，把"教教材"变成"用教材教"，让学生发现这些同类文章的写作规律，并尝试着把这些写作规律运用到自己的写作中去。

以四年级下册"人性的真善美"为例。在这一主题中，我们抓住人物细节描写这个点作主题的横向联系，整合了12篇写人物美德和品质的课文，例如，《触摸春天》《永生的眼睛》《全神贯注》《鱼游到了纸上》《中彩那天》……其中有描写外貌神态特点的文章3篇，有描写心理特点的课文2篇，有描写动作特点的文章5篇。我们将这篇文章放在一起让学生进行对比阅读、跨越课内课外多篇连读，领悟各篇文章的独特之处。在整个学习过程中，我们慢慢给学生渗透人物描写的方法，让学生在类似文章的比较中发展新的观点，发现语言描写、心理描写的写作技巧，掌握抓住人物的外貌、神态、心理等特征去表现人物性格的写作方法。

这一主题我们分3个模块，即群组课文整体感知（统整教学）——主题阅读《草房子》（整本书阅读）——发现身边人物（个性写作），搭建成一个完整的读写主题框架。

再如，四年级下册主题四"故事中的善与恶"，我们通过单篇细读让学生学习语言文字运用，由"学、教、用"三个课堂环节组成。其中，"我认识"用于学生合作的学，具有很强的操作性；"我认为"主要用于教师的教，具有很强的示范性；"我懂得"用于学生自己的用，具有很强的实践性和内化性。这样的安排，既发挥了教师"教"的主导作用，又把课堂还给了学生，从而让学生有更多的时间去学、去用，达到学以致用的目的。

再举一个例子。五年级上册主题二"表情达意"，其中一个模块是"思故乡"，我们整合的是《泊船瓜洲》《秋思》《长相思》《梅花魂》《桂花雨》《小桥流水人家》等一系列的"思乡"类古诗散文。学生通过横向比读，领悟了睹物思乡、借景抒情等表达思念之情的写作方法。

另一个专题是"爱家人"。通过学习《地震中的父与子》《慈母情深》《"精彩极了"和"糟糕透了"》《学会看病》这4篇课文，学生以教材为写作范例，完成关于"家人的爱"的作文。这类文章都离不开一个"爱"字，学生通常写这类作文的时候，往往选材非常受限，只会写自己生病了，父母怎么照顾自己之类的内容，这就是不会从生活细节表达爱的一种表现。群文教学中，我们以课文为例，引导学生发现日常生活中很多被视而不见的"爱的细节"，让学生明白了其实生活中"爱的物语"有很多，于细微之处更能见真情。

概言之，"统整教学"力求从学生的"已知经验"出发，结合教材的范例，使课外文本课堂化，改变传统的单篇教学、逐个单元教学的模式，把教材进行重组和整合优化，力争打通学生"阅读"与"习作""课内"与"课外"之间的屏障，形成一个能真正引发学生进行有意义的学习，为发展学生能力而奠基的课程构架。

五、重新定义的整书阅读

在20世纪的中国教育界，已经有研究者提出用整本书推进语文教学的主张。当时，由于图书资源的匮乏及社会民众经济生活的普遍不富裕，因而很难在语文教学中实施。后来，即使是到了人们经济条件富足，学生能轻而易举拥有数量众多的图书的当今社会，整本书教学依然无法在语文教学中落地生根。基于中国根深蒂固的应试教育制度，阅读成了应付考试的工具。考试考什么，学生就读什么，不考什么就不读什么，这似乎是理所当然的事。更有甚者，连考试都不想应付，就更不用提读书了。靠着应试作为阅读的动机，是被动的、消极的，相信一旦没有考试扼喉，学生群体中阅读的人数又将减去许多。愿意去阅读的，大多又是以"悦读"为动力，娱乐性、消遣性的成分很多。这样算下来，愿意"啃书"的人，就所剩无几了。放眼望去，我们身边的学生进行阅读，都是合自己胃口的流行书越看越舍不得放下，不合自己胃口的经典书翻两下就束之高阁了，这和"娱乐阅读"如出一辙。

纵观近些年的中高考，语文考试中对"名篇名著"的阅读的考查力度进一步加强，对阅读的广度、速度、深度、细度要求越来越高。在大阅读的推动下，渐渐催生了阅读的泛滥和盲目，学生以为只要多读、读了，就有应试资本了。在茫茫书海中，家长和孩子毫无头绪地捞起书就读，乱读盲读、超前阅读、滞后阅

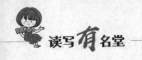

读，各种阅读乱象层出不穷。于是又出现了各种各样的书单推荐。不可否认，书单的出现在一定程度上缓解了学生选书困难的焦虑，但即便是在书单画定的框架下读书的范围有所缩减，很多学生读书仍然免不了"走过场"。学生没有通过阅读去掌握读书方法，提升阅读能力，引发个人思考。对整本书、大部头的书的阅读，更是囫囵吞枣、不求甚解，读罢不留痕，如过眼烟云。

我们无法将所有的好书拿出来给学生，这不现实也没必要，但我们至少可以参照一些整本书阅读的样例，找出整本书阅读教学的有效策略，教给学生一些阅读整本书的方法，让他们能带着这些法宝上路。例如，要教会学生对于不同的文学样例，知道可以用哪些方法、从哪些角度去读，读完能了解到什么，又会产生哪些质疑，进而养成读书思考的习惯。把读书作为一个认识、思考的过程，把所读内容加以过滤，努力辨别真伪、优劣，去发现、提取、探究问题，再经过消化、吸收，最终变成写作的营养。

本着这样的目的，读写堂课程的设计增加了阅读的教学比例，将整本书阅读以课程化的形式体现在学校教育中。舍得拿出宝贵的课堂时间，在师生和生生间进行探讨、碰撞、分享，把课堂时间归还给学生进行课外书目的阅读，是读写堂课程进行的大胆的举措。我们每学期都会根据统整后的教材主题，安排相对应的整本书阅读课程，每个主题对应一本书，并将其纳入常规课堂内，作为课程实施过程中的重要内容。

读写堂选取的整本书样例，尽量遵循不同年级段的主题内容，兼顾不同类型的文学文本。例如，四年级的书目选取曹文轩的儿童文学《草房子》、肖红的回忆体小说《呼兰河传》、神话故事《古希腊神话》；五年级的书目选取《汉字树：活在字里的中国人》、回忆体散文《城南旧事》、战争类儿童小说《小英雄与老邮差》、科学童话《细菌世界历险记》、个人传记《季羡林自传》等；六年级的书目选取动物小说《生于天空》、科学艺术类《希利尔讲艺术史》、散文《端午的鸭蛋》、外国名著《鲁滨孙漂流记》、战争小说《战马》等等。对这些书阅读的详略要求不是一概而论的，有细读、有粗读。在引导学生阅读的过程中，我们会教学生哪些该细读，哪些可以粗读；哪些必须精读，哪些可以泛读；哪些必须提前读，哪些可以放在课堂上大家一起读。这些都取决于不同的阅读目的与具体书目的内容。

读这些书的时候，我们主要用两种方式。第一种是课外自读，即让学生按照自己的方式、速度先通读。以暑假初读《西游记》整本书为例，我们分层设置了不同的自读任务以引领学生自读，学生根据自身情况完成。课外自读要求如下：

阅读《西游记》，同步观看《西游记》连续剧，然后任选其中一项任务完成：

1. 设计"我最难忘的取经路上十大人物集"。

2. 梳理"我觉得最有意思的十个降妖故事集"。

3. 完成一份《西游记》读书研究报告，内容可参考《书中人物形象与电视中人物形象的差异研究》《书中情节与电视情节的差异》《〈书中的西游〉与〈影视剧中的西游〉的"发现"》。

第二种是课内共读。这是读写堂整本书阅读教学的重要环节，亦是最能体现读写堂"阅读"理念的部分。教师通常会提取几个关键性的阅读话题或问题，让学生在课堂上进行讨论、争辩。具体如何指导呢？为了让读者对读写堂整本书阅读教学的环节和步骤更清晰，下面用表格列出读写堂在六年级进行《红岩》整本书阅读时共读部分的教学设想，具体见下表。

六年级《红岩》整本书阅读共读部分的教学设想

教学阶段	主要任务	教学资源	拟达成的目标
第一阶段	评选最受欢迎的4位人物	人物分析方法	了解人物个性、对人物有自己的理解
第二阶段	1. 观看《小英雄雨来》《鸡毛信》《红岩》等电影； 2. 对比电影中人物和本书人物的相似点	电影资源	通过对比把握人物形象
第三阶段	为此书设计腰封、书签	腰封的历史、作用；国内外图书腰封展	整体把握作品
第四阶段	1. 写作《为××写简介》； 2. 挑选最精妙的人物细节描写、片段，改写成一个小剧本	剧本样式、舞台剧片段欣赏	内容重构、整体把握

以上是其中一本书的整本书阅读教学设想。对不同的书籍、不同的年级段，阅读要求是不一样的。我们对每一本书阅读教学活动的设计都有所区别，例如，给《三国演义》编写人物名片，给《草房子》画出人物关系图，观看电影、设计电影票，给《端午的鸭蛋》设计腰封，等等。我们以这些具有独创性、趣味性、挑战性的读书活动为任务驱动，"迫使"学生在整本书中"走"几个来

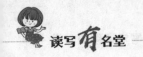
回，让学生在此过程中进一步丰富自己的阅读体验，提高学生对语言的敏感度。

六、重新定义的语文教与学

长久以来，学生从迈入学校的第一天起，就要正襟危坐、洗耳恭听，因为传统教育要求他们要这么做。大多数语文课堂还是"教师讲学生听、教师说学生写"的教学方式，老师甚至还不允许课堂上有其他声音，"满堂灌""一言堂"，在这种状态下，学生只能被迫学习、被动吸收。

读写堂课程就是要立足学生发展的无限可能，强势扭转语文的教与学，大力改变课堂教学的传统模式，树立教师的"教"服务于学生的"学"的教学思想，重新定义语文的"学"与"教"。读写堂课程倡导以学生为中心、以活动为中心、以学习为中心，以学定教、先学后教、多学少教、生生互教。这样的课程理念，促使教师重新去调整和定义自己的教学方向和方法，促使学生重新去调整和定义自己的学习方式和方法。

读写堂注重以学生为课堂主体，即"学"先行，"教"在后，要求教师用简洁明了的导学语言辅助学生学习，少"讲"多"学"，把大部分的课堂时间还给学生，充分尊重学生的学习权利。学生以6人小组为单位组成一个学习共同体，更容易进入自学、交换、互学、助学的学习状态。优秀的学生也可以带动组内较弱的同伴一起学习，从而培养学生的合作精神、创新能力、互助心态。在读写堂的教室里，总能看到学生围坐在一起，在教师的引导下，他们各抒己见、大胆陈述、共同探讨。组与组之间的竞争，也促进了学生之间的合作。而教师更多只是担当问题的引导者、学生的倾听者、课堂的总结者。

对于学生来说，这种学习方式无疑是新鲜的。这也要求学生积极走在课堂之前、教师之前。学生不能再像从前那样等教师教、听教师讲，而应提前进行准备，带着问题进课堂。从长远来看，这种学习方式虽具有难度，但在一定程度上促进了学生的自主学习，使学生终身受益。

同样，教师也应该重新定义自己的"教"。教师一要转变角色，从"讲授者"变成"引导者"，把"教本"用成"学本"，不再用传统的讲授方式，花两三个课时把每篇教材都讲细、讲透、讲碎，也不再用教师讲、学生听的机械授课形式，而是舍得留给学生课堂时间。这对教师来说也是极具挑战性的。教师要思考：一是导学问题设计得合理与否；以学生活动为中心的课堂该如何设计；当把话语权重新还给学生的时候，自己是否有足够多的知识储备量来灵活应变。二是教师要改变学科本位、单打独斗的现状，重塑学习、工作和交往的方式方法，形成民主、平等的师生交往文化。三是教师要改变唯成绩论的观点，让评价趋于多元化，杜绝急功近利的思想。四是教师要充分挖掘、合理利用一切为学生学习读写服务的资源，善于吸收精华、抓准特色；要有敏锐的眼光、广阔的视野，善于捕捉有利资源。五是教师要不断地充实自己、认识自我，有独特的教学思想和意识，对学科有个人的独特理解；要不断提升个人的知识和能力，以及整体综合素质，能给学生多于书本的东西。这一切，对读写堂教师来说都是挑战，可以唤醒教师的变革意识。教师要有"高屋建瓴"的课程意识，不仅要做一名勤勤恳恳的课堂讲授者，更要做一名具有长远大局观的课程研究者。这条路很远，也很艰难，回到本章的最初，教师要重新定义课程的教与学，就要从重新定义教师的自我职业意识开始。

2

第二章

进入读书的殿堂

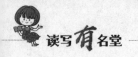

第一节　聊聊读书

一、童书滋养童年

阅读是提高学生修养的重要途径，也是提高学生语文能力的重要途径。苏霍姆林斯基说："让学生变聪明的方法，不是补课，不是增加作业量，而是阅读，阅读，再阅读。鼓励和指导学生进行大量的课外阅读，是加强语文课外学习的一个重要方面。"

童年时阅读从儿童图书中获得的滋养，形成的意识、习惯等，会对人的一生产生深远的影响。语文老师都认为应该让学生阅读、阅读、再阅读。但每名学生喜欢阅读的程度都不一样，持续的时间也各不相同。学生读书亦需要指导，如何使孩子们自主地去阅读，并在阅读中得到快乐，是教师的目标。教师要寻求合适的方法，激发学生的课外阅读兴趣，使其养成自主阅读的习惯，并想方设法让他们享受这一愉悦的阅读过程。

（一）以课堂为载体，扩大阅读范围

《语文课程标准（2012年版）》（以下简称《课程标准》）中明确规定五年制学校学生课外阅读总量不少于100万字，六年制学校学生课外阅读总量不少于150万字。如此庞大的阅读量，绝不可能只在课堂内、学校里产生，这也不符合"终身学习"的观念。但课外阅读如何保证质量，是教师面临的一个重要问题。只有将课内阅读和课外阅读有机结合，巧妙地"取法课内、用之课外"，才能让学生的阅读兴趣永不枯竭。

1. 以教材为"辐射源"，增加阅读量

以教材篇目为切入点，拓展学生的课外阅读量，是最便利也是最有效的引导学生阅读的方法。在学习课文内容的基础上，教师可以引导学生选读与之相关的书籍，不仅可以巩固课堂学习内容，而且更容易激发学生的阅读兴趣和探究欲望，比凭空寻找其他课外阅读书籍更容易让学生接受。在平时的教学中，

教师要有意识地在学生当中引发"阅读效应"，并观察学生在学习课文过程中的兴趣点，以便向学生推荐相关读物。例如，学习了《寓言两则》，可以向学生推荐世界四大著名的寓言作品——古希腊的《伊索寓言》、法国的《拉封丹寓言》、俄罗斯的《克雷洛夫寓言》及我国的《中国古代寓言故事》；在学习《我和祖父的园子》的课堂上，可以乘机让学生读一读萧红的《呼兰河传》的节选内容；学习了《恐龙》一课，马上就有不少关于"恐龙"的书籍和相关话题在班上流传；在学习完《三顾茅庐》之后的几天里，有关有"三国"的历史典故图书就成了班上最热门的书籍了……不少学生养成这样的阅读习惯后，在还没开始学习新课之前，就已经找到与课文相关的书籍并阅读完。几年下来，大部分学生都会阅读到相当数量的与课文相关的书籍，学生的阅读量积累到一定的水平，语文课上的思维也显得特别活跃，学生不但能够侃侃而谈，写作能力也有所提高。

2. 让学生先"泛读"再"精读"

书并非读得越细越好，童年时代的读书主张量多，没有一定的量，谈不上"质"。《课程标准》要求学生在九年义务教育阶段的课外阅读总量不能少于400万字，所以，首先应该鼓励学生多读、广读、杂读。

例如，读写堂在对高年级学生进行"儿童眼中的战争"专题阅读指导时，就先推荐、鼓励学生广泛阅读关于战争方面的书籍，不要求必须读哪一本，只要跟战争有关即可。在接下来相当长的一段时间，学生搜索到了各种关于战争的书目，读了《数星星》《小英雄与老邮差》《战马》《铁丝网上的小花》《穿条纹衣服的男孩》《花颈鸽》《村里来了马戏团》《红岩》《白洋淀纪事》《小英雄雨来》等。还有些男孩喜欢《二战中的武器》一类的书。虽然在这个过程中，教师未做统一要求，但就是在这明松实严的氛围下，学生围绕着"战争"题材进行了大量的泛读，为接下来的精读奠定了基础。

一段时间过后，就可以安排几次读书会，组织学生们逐层进行精读了。教师可以分几个课时引导学生交流各自看的战争书目，比如，用"说梗概——聊情节——评人物——谈感受"这样的交流脉络，带着学生从宽广面到小视点、从粗线条到细节点，从泛读跨入精读。这种读书方法的好处是，每个学生虽然只读了其中的一两本书，但是通过生生之间的交流，还能"听"到三四本甚至更多的书做内容。通过同学的介绍，也可以激起学生自身延续课外阅读的兴趣。至此，教师就完成了对学生从泛读到精读、再到泛读的阅读指导。

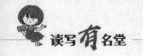

3. 让学生养成"不动笔墨不看书"的阅读习惯

很多学生没有"动笔读书"的习惯，读完就拉倒，这样的阅读不能留下深刻的印象，过一段时间就忘了。要让学生养成"不动笔墨不看书"的习惯，指导他们边阅读边在书上作批注，不要怕把书弄脏；要让学生敢于在书上写出自己的见解和感受。学生可以品评遣词造句的精妙，写出自己的体会和感想，提出问题，指出原文的纰漏，等等。

4. 利用写作契机，激发学生的阅读兴趣

习作靠阅读，阅读为习作。这两者之间的相互作用在这里不再一一赘述。通常善于写作的学生，也一定是一个热爱阅读的学生。如果有学生的习作发表在各级报纸杂志上，教师可以及时把他们的作品张贴出来，让小作者拥有更多的读者群。这种做法，既满足了小作者小小的"虚荣心"，又点燃了其他学生大大的"发表欲"，变"要我写"为"我要写"。教师再乘机请这些小作者分享写作的经验，可以因势利导地鼓励学生要"多读书、勤创作"，从而将"要我读"变成"我要读"，使学生的阅读和写作兴趣大力增加，此种态势一发不可收。

但毕竟作文能发表的机会不是人人都有。每名学生都渴望自己付出的劳动能被人承认，但如果长期不能实现，学生阅读和创作的热情便会慢慢冷却。怎么办呢？作为教师，应该有意识地利用多种形式，为每名学生建立"读者群"，如课堂展示、刊登黑板报、带作文回家跟父母交流、自创班刊、自创作文集、写长篇续集小说等。这些特殊的"发表"方式，都能激发学生的创作兴趣，促使他们继续从大量的课外阅读中寻找写作灵感。

（二）以班级为中心，营造书香气息

读书需要良好的氛围，需要一种被认同的大环境的支持。作为学校的细胞——班级，首先要营造浓厚的书香气息，让教师和学生，人人热爱读书。

1. 做一位爱读书的教师

教书人不一定是读书人。很多教师除了《课程标准》、课本、参考书、习题集外，就不接触其他书籍了，虽然知道《红楼梦》，也了解"三国"，但大多是支离破碎的片段，只闻其名。

作为教师，要"授业"，要"解惑"，更要"传道"。我们常说要给学生一杯水，教师要先有一桶水。教师如果不读书，知识便会愈教愈少、愈教愈旧，教学水平也会愈来愈低。教师不仅要读自己学科的书，还要广泛涉猎各个学科的内容，成为一本"百科全书"。教师唯有知识广博，才能带出爱好广泛的学生。

"亲近母语"的倡导者、儿童阅读推广人徐冬梅曾说："如果有人问我，让孩子爱上阅读最重要的因素是什么？我一定会不假思索地回答：一个热爱阅读的家庭，一位热爱阅读的教师。"阅读指导最有效的办法就是用热情点燃热情。想让学生多读书，教师首先应当多读书，自觉地多读书。唯有热爱读书的老师，才能带出热爱读书的学生。很多优秀的儿童文学，大人也是很应该读的，比如，《鼹鼠的月亮河》《窗边的小豆豆》《草房子》《小王子》……每当静下心来读这些书时，总有一种回归童年的快感。教师不仅在私底下要多读书，也要让学生经常看到你在读书的模样。教师是学生最容易模仿的对象，学生把教师读书的样子看在眼里、记在心里，长此以往，学生肯定会受到教师的影响，成为一个爱读书的孩子。

2. 培养一群爱读书的孩子

（1）课前5分钟读书

一些教师培养学生阅读兴趣的做法很值得效仿。比如，从低年级开始，教师利用每一节语文课前的5分钟时间给学生们读适龄优秀读物，如《了不起的狐狸爸爸》《小狗钱钱》《夏洛的网》《南方分级阅读套书》等。在教师绘声绘色的朗读声中，孩子们听得如痴如醉；在精彩之处的戛然而止，又把孩子们渴望进一步聆听的兴趣调动了起来。很多孩子等不及老师在课堂上把整本书读完，便会私下找到读物自己看完。

（2）从"书中"得到的赚钱念头

《小狗钱钱》是读写堂推荐给四年级学生阅读的一本书。书中的小主人公吉娅是一个普通的12岁女孩，一次偶然的机会，她救了一只受伤的小狗，并给它取名叫"钱钱"。没想到，钱钱居然是一位深藏不露的理财高手，并彻底改变了吉娅一家人的财富命运……这本书教会学生如何从小学会支配金钱，如何正确认识金钱。

学生都非常喜欢这本书。读完此书，随即在全班引发了一场模仿的热潮。学生模仿书中的小主人公吉娅制作了"梦想储蓄罐"，写起了"成功日记"，以及在银行里"养了一只会下金蛋的鹅"……几名学生还萌生了挣钱的念头，提出想在班上进行有偿租书活动的想法。这一"异想天开"的主意，是一种"两全齐美"的做法。教师依照实际给出积极的响应，满足了学生在"钱钱"

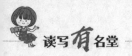

的启发下的理财愿望，在班级中设立租书点，指导学生将书目列出来，供同学们查看，一时间，班上掀起了读书热潮。此时，教师就是一个幕后"导演"，精心"导演"着这出"阅读剧"，看着"演员们"在书海中穿梭。

（3）班级图书柜的作用

不少班级教室里有图书柜，但里面书籍的更新周期很长，学生早已失去了阅读的兴趣。教师应该鼓励学生"把书漂起来""让书活过来"。在每学期开始，教师发动每名学生都从家里带一两本书存到班级图书柜，以丰富班级的图书资源。每名学生都可以从书柜里借阅不同种类的书籍。一学期下来，学生都可以阅读到相当数量的书籍。这种一举两得的方法是教师常用的阅读推行办法，也是很奏效的方法，但要求教师必须对学生所带书目进行把控和筛选，以确保班级图书的质量。

（三）与家长携手，鼓励亲子阅读

1. 鼓励家长和孩子进行亲子阅读

利用家长会等，与家长交流孩子课外阅读的重要性，并以家长熟悉的诸葛亮、鲁迅、老舍、茅盾等名人的读书事迹感化他们，使他们懂得"唯有满腹经纶，才能出口成章""读书破万卷，下笔如有神"的道理。"秀才不出门，能知天下事。"让家长们知道，大量阅读可以上知天文、下晓地理，博古而通今。也让学生们和家长们认识到，语文书里的文章虽然优美，但只是能指导我们阅读的典型例子，其中的知识是有限的；而课外书里知识却是无限的，犹如浩瀚的大海，只要学生勇于探索，就能享受书海中的无穷乐趣。可以适时给家长推荐指导孩子阅读的实用书——《朗读手册》系列、《陪孩子读古诗词》等，呼吁家长们重视孩子的课外阅读，跟孩子一起大声阅读，及时鼓励、肯定孩子的阅读行为，并跟孩子交流读书心得。

2. "怂恿"孩子们向家长要书

以往过生日、儿童节、春节、圣诞节等节日，学生都会挖空心思地向家长们要这要那。教师可以利用这一契机，"怂恿"班里的学生向家长索要自己想要的书当礼物，让学生利用这一机会，得到自己梦寐以求的书。

小学生的生活环境，始终离不开家庭和学校，离不开家长、教师和同学。教师只有全方位地调动这些因素，营造更加适合学生阅读的环境，才能让每一名学生都能畅游在阅读的海洋中，享受到阅读的快乐。

总之，阅读氛围的构建在于教师的用心营造。教师可以通过树立阅读榜样、激发学生的阅读兴趣、办个性化的图书角、取得家长的配合、延伸课外阅读等方式，逐步营造浓厚的班级阅读氛围，努力让书香之气赶走班级中的喧嚣和浮躁之风，引领学生孜孜不倦地阅读，在阅读中与大师对话，与高尚为伍，与经典为友，与快乐同行。童书滋养童年，让学生在自由的书海中获得心灵的快乐，在读书的过程中不断完善自己的人格和品德，从书中获得良好的人格修养，是教师最大的心愿。

二、读书需要仪式感

《小王子》里有一句话："仪式感就是让某一天与其他日子不同，让某一个时刻与其他时刻不同。"

古人的仪式感甚于今人，但相比于今人的节日泛滥和各种打着噱头的凑热闹的所谓仪式，古人对古时仪式的庄严与虔诚的态度更值得今人尊重与学习。今人往往偏爱现代或西方舶来的节日，中国的传统节日却不受青睐，这种现象实在使人感到惋惜。

生活中的仪式感无处不在，并非只有到了节日才能举行仪式，也不需多少物质作基础，它往往就在细微之处——开学前仔细地准备一套新文具、给新书包上书皮、课前说一句"老师好"……能用心去热爱和尊重生活，这就是存在于生活中的仪式感。

今天要说的是读书的仪式感。古人接受的文化教育，仪式是其中一个非常重要的内容，古人读书前甚至须焚香净手，以示对读书的敬意，严肃的仪式感让读书增加了庄重之感。而今人，往往是随意读之，或坐，或躺，书籍任意散落摆放。地点可以不固定，时间可以不在意，方式可以很随意。当然，这样读书未尝不可，怡然自得、心情愉悦，但这样的读书方式只能当作消遣，把读书当作和看电影、喝咖啡没什么两样的事情。后者大多只能带给我们一些短暂的刺激，这种快感没有持续性，只是短暂的愉悦感，久之未免会养成惰性，亵渎读书这一行为。试问，用这样的心态去读书，有多少人能达到"结庐在人境，而无车马喧。问君何能尔，心远地自偏"的境界？

读书不能只是为了消遣，更不能作为现代人的一种炫耀——装文艺或扮深沉。开卷，应该是一件神圣的事情，要有仪式感。比如，学校的"读书

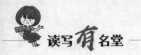

节""书香班",不能把这些当作形式,而应作为一种郑重其事的仪式,让学生通过这些仪式,一次次强化对读书的强烈意识和美好愿景,认识到阅读本身的神圣,形成一股向上的文化力量。这和升旗奏唱国歌,举行开学、散学典礼是一个道理。试想,如果我们从小在学生的心里种下一颗阅读的种子,让学生从小就在阅读活动和读书仪式中浸泡,这样的学生会不会拥有更高的精神境界和更好的精神气质?

哪些是读书的仪式感呢?

(一)纸质阅读:不改初心的读书仪式

不知从何时开始,各类电子阅读形式逐渐兴起,以APP、电子书,到朋友圈的帖文……大有取代纸质书籍的势头。更可怕的是,在网络世界里,一夜涌现的各类恶搞段子、速成快餐泛滥。这些浅层次内容是对文化和经典的亵渎与颠覆,造成当下社会严重的文化缺失、人们心理扭曲的病态,连青少年也深受影响。不同于电子书的高速更替,纸质书籍更像是一个能让人沉心静气的"智者"。一本书的出版面世,需要经过很长时间的细火慢炖,而不是急火猛攻、一夜能成文的。翻开书,如同和作者正襟危坐地对话。油墨的清香扑面而来,手抚过纸张的质感,唤起内心的神性。倘若日后想起某章某节,再次翻阅其中,仿佛与一位等候已久的老友再次相会。看纸质书,就是一种仪式。

想起有一次在日本旅行,地铁里、公车上、新干线中,寂静的车厢里最常见的景象就是人们手握一小卷书,低头阅读。仔细观察,这些小书大多是比手掌大不了多少的小册子,方便收取,方便随时阅读。日本是一个科技发达的国家,要制造信息容量庞大的电子阅读器何等容易,但人们却更愿意手握书卷,静守一方安宁。估计旁边的乘客见了此状,想大声说话都不好意思了吧!想想倘若换成人手一部手机、一部阅读器,那种场面估计就完全不一样了吧!非纸质书不能读,这也是一种阅读的仪式。

(二)晨诵午读:回归朴素的读书仪式

大信息化时代,在学生避不开电视和网络的背景下,我们呼吁能让孩子们拥有更多回归朴素、回归原点、回归心灵的儿童生活方式。

古人言:一日之计在于晨。早上的诵读,能让孩子们在精力最佳的黄金时段得到文化的熏陶和浸润,这个效果是一天其他时段所不能相比的。每天清早,孩子们在晨暮中陆续返校,在一日的伊始,诵读母语,这是一种神圣的仪式。学生既可以领略祖国语言的美感，又习得了语言的美好，唤醒了孩子们沉睡的心灵，为一天的校园生活奠定愉悦、饱满的精神。

晨间诵读也可以选用国学经典来开启学生每一天的生命之门。根据儿童的心理发展规律和语言特点，我们给不同年级段的学生精心挑选传统文化的精华篇目，让学生在晨读时间大声吟诵，有《三字经》《诗经》《论语》《幼学琼林》《世说新语》等以及大量唐诗宋词。凡选文必须优美典雅、催人奋进。让学生在这种晨诵仪式中反复咀嚼回味我国古诗文文化的深远意义，感受其中的力量与美。

午读，又是一个重要的阅读仪式，这也是一个安静共读的阅读时光。如果说，早上的晨诵是开口吟诵，那么，午间阅读就是静心回归。对于高年级的学生来说，他们也许更喜欢自由阅读。在课后阅读没有拘束，随意而行。但也有部分学生难免缺乏自觉性。倘若学校能有一段时间集中让学生安静的阅读，用共读的安静氛围感染每一个学生，那么，这种阅读方式就相当于一个潜移默化的仪式，可以唤醒学生心灵深处与生俱来的那种真、善、美，让不善于或不能自觉自主阅读的学生也能拿起书本，进行自觉阅读。

（三）读书节：不是形式是读书仪式

校园内最常见的读书仪式莫过于读书节了。每年至少举办一届，几乎成了每所学校的指定课外活动。在读书节里，阅读成了独特的交流方式。通过为学生提供交流碰撞的平台，可以大面积实现学生与书本之间的对话，建设共同的精神家园，点燃学生空前的读书热情。学校举办读书节的目的在于通过这一特殊的、大范围的阅读仪式，建立书香校园的理念，用这一理念去影响更多的学生、家长、教师去读书。阅读年、阅读月、阅读周、阅读日……这些仪式，可以增强人们的读书热情，使人们在节日般的氛围中心灵得到净化。

读书节的形式信手拈来，可以数得出的有很多，例如，图书漂流、阅读大讲堂、读书海报、名段朗诵、读书征文、捐书赠书……名目繁多。我们努力使每一个读书活动都变成一个个小小的仪式，而不是充斥着领导讲话、教师指导等繁杂的内容，以免剥夺了学生的读书权利，侵占了学生的读书时间，打消了学生的读书热情，最终破坏了学生与阅读间的关系。

（四）毕业赠书：让阅读无限延续

在香山学校上学的学生都知道，与读书相关的仪式有很多，但有一个活动只能经历两次，那就是毕业赠书。第一次，受赠。作为五年级的孩子接受六年

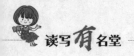
级毕业班的大哥哥大姐姐们的赠书。第二次，赠予。以毕业班学生的身份给五年级的学弟学妹们赠书。

这个读书仪式在香山学校是一件很让学生期待的事情，不管是从哥哥姐姐们手里接过书，还是给弟弟妹妹们赠书，高年级两年间这两次重要的读书仪式，学生必定会认真对待，精心准备。通常，学生会提前选好心仪的书册，工工整整地在扉页写好给学弟学妹们的寄语（大多是鼓励下一届学弟、学妹们好好读书的励语），等待这一天郑重其事地把书册交与学弟、学妹。每次五年级的学生都会雀跃地从哥哥姐姐们手里接过书册，小心翼翼地抚摸着封面，好像得到了珍宝的样子。这样的毕业赠书活动给阅读又赋予了一种神圣的色彩，在学生心中种下阅读的种子，无限延续。

阅读一事，是学校多年苦心营造的头等大事，更是一件需要严肃、认真对待的大事。读写堂的师生，对于阅读更是怀有一份诚挚的敬意。这与学校无处不在的阅读仪式感有关系。如果说，生活中的读书是个人所好的话，那么学校的这些读书仪式则在校园文化中起着非常重要的作用。读书节、书香日、图书募捐、晨诵午读、亲子共读等，通过这一系列的读书仪式，可以让读书这件事情在大集体中获得神圣之感、庄严之感与尊重之情，这就不仅仅是个人的阅读喜好了，而是赋予了意义与目的的师生共同的日常生活。

"外物之味，久则可厌；读书之味，愈久愈深。"读书，需要仪式感。

三、巧花心思，低配高品，享受阅读——走进香山学校班级阅读区

珠海，凤凰山下，石溪路旁，香山学校伫立于此。学校校园环境优美，

悠久的历史更令其有着得天独厚的文化氛围。学校每一个班级都有自己的班级文化，从各具特色的班名就可以感受一二。有"格物班""致远班""尔雅班""笃行班"……这些充满书香味的班名寄寓着各种希望。希望学生成为温柔敦厚、有修养的尔雅少年。教室布置以"雅致·书香"为环境文化的主题。进入班级，最引人注目的就是各个班级的阅读区。这一区域是师生们重点花心思的班级文化主笔，设计巧妙、自然古朴、藏书丰富，极富书香气息。在建设班级图书阅读区时，我们通常从以下几方面进行布置。

（一）选址：给图书角安个家

读书区域的选择宗旨是不在于地方大小，而在于巧妙利用。如果教室小，可以开辟一个或数个小角落，在讲台旁、教室后、窗台下、黑板下都可以，要方便学生取阅。若教室宽敞，则可以开发一个稍大的专门的阅读区域。我班教室比较宽敞，我将教室后面大约1/5的空间都改为学生独立的阅读区，并与前半部分的上课区域用一排书架做隔断，使教室的功能区分明显。上课的时候，孩子们正襟危坐，专心听讲；下课的时候，孩子们就到阅读区选择自己喜欢的书阅读。孩子们或席地而坐阅读，或站着、靠墙阅读。阅读成为一种学生休闲和放松的方式。

（二）配色：让阅读更愉悦

阅读是一件需要静心进行的事情，所以这一区域不能过于花哨，讲究沉静、温馨、和谐。我班的阅读区主体以静谧的天蓝色为主，地面铺设蓝色和黄色相间的泡沫垫，配合书架原木的颜色，会让人如置身于大自然之中。学生在阅读区内可以尽情放松身心。

（三）配饰：锦上添花的书香气息

让阅读区更具生活气息和独特创意，也是香山学校师生一直乐此不疲的事情。2017年8月，一场"天鸽"台风袭来，使珠海这座城市满目疮痍，大量树木被突如其来的飓风刮倒。沉痛过后，有些教师带领学生走上灾后的街道进行清理，寻找已经倒下又形态保存相对完好的小型树木，把它抬回教室。等天气放晴，将它彻底晒干，风干成一棵天然小树，放在教室中阅读区的一角，再用仿真的树叶进行装饰，这棵小树就仿佛活了过来。"树"下再放置几张凳子，这样一来，仿佛真的有一种置身于"树"下阅读的感觉。课余闲暇，这棵"阅读树"成了学生最"抢手"的区域。剩下来的木料也没浪费，我们请来家长志愿者把树干锯成一片一片的小木片，做烘干防霉处理，学生可以在上面作画、题字，等风干后挂在"阅读树"上，这又成了图书区一道亮丽的风景。师生们用自己的智慧和双手，让这些已经被台风摧残、即将被丢弃的树木以另一种方式延续其生命。

香山学校的教室阅读区还有一道道独具特色的配饰风景，有的用竹匾题字，有的用书画装裱，有的用纸扇装饰……以"尔雅班"阅读区的纸扇艺术墙为例，墙面有序排列着50多把各具特色的纸扇，这是班上的学生亲手绘制的扇面书画。上面题写着与读书有关的名言、诗句，表达着学生对中国文化的理解。原本空白的中国纸扇，经过学生的创意设计，成为一把把富有个性的书画作品，提升了整个"尔雅班"的格调氛围，让这一阅读区域的书香气息更加醇厚。

（四）配置：解决基本的阅读需求

1. 动手制作书架（书柜）

教室里的阅读区，不同于家里的书籍可以随意摆放，往往要求工整、美观、一目了然。图书多了，一个坚固的书架（书柜）是教师最需要的。书架的常规材质一般是木制、板制、不锈钢制。如果教室里能有这样一个或多个书架（书柜）来安置数量较多的图书，那是最好不过的。但并不是所有的学校、每一个教室都有这样的条件，有些或者是空间不够，或者是资金缺乏。应该如何解决这一问题呢？

记得在曾经任教的学校，因为校区改造的原因，有相当长一段时间教室的活动区域受限，也没有像样的书架。那么怎么解决班级图书角的问题呢？有些教师找来几个大小均等的纸箱，裁去多余的盖板，口朝外摞在一起；再用透明胶粘连固定（用长尾夹固定也可）；最后把外面用彩色卡纸粘贴包装，排列在讲台旁边的角落里，就成了独具匠心的分格书柜。一个纸箱格放一个类别的书，

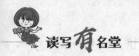

分门别类，标上序号，一目了然。书本身的重量还能固定这些纸箱，不让它左右晃动。学生们围在这个自制的书柜面前，对这个创意非常满意。好多学生迷上了"废物利用"，在家里也做了大大小小不同的纸书柜。什么鞋盒子、玩具盒子、牛奶箱……只要够坚硬的箱盒，都被他们奇思妙想地叠成各种造型，改造成书架，摆在家里的各个角落，使原本家里无处安放的书，现在都有了"家"，连来家里做客的客人都啧啧称赞呢！有了这么有创意的自制书架，看起书来也带劲了，小书虫们也慢慢养成自觉收拾书籍的习惯。

除了废纸箱，教师还在美术老师的指导下发挥创意，把生活中的材料变废为宝，做成各具特色的书架。比如，把拆下来的百叶窗框刷上油漆，钉在墙上，就可以当作一格一格的杂志摆放架；家居市场上的接雨槽，可以按照尺寸裁开，一条一条钉在墙上，把书立起来摆放，做成一个特别的书籍展示墙面。麻绳、皮绳、木板等，只要是安全的材料，都是可以成为自制书架的材料。

这些原本与书籍无关的物件，通过巧手改造，成了具有装饰性与实用性的书架，教室里的图书角摇身一变，成了学生最喜欢的区域。学生自己的书在第几号格子，想要看几号格子的书，学生都清清楚楚，图书的管理也变得井然有序起来。

2. 图书角变存书区

阅读区最重要的当然是——图书这一核心配置。如果由学校统一提供图书，一是耗资大，未必每个学校都有条件；二是更新缓慢，往往是"滞阅"的陈书居多；三是未必受学生欢迎，成了书架上的"鸡肋"，食之无味、弃之可惜。

香山学校的班级图书大多采用"存书制度"，大部分图书由学生自己带来班级"存放"，多则一人10本甚至更多，少则一两本亦可。学生量力而行，互相借阅，期末归还。如何让学生愿意带书来存放，舍得带好书来漂流？教师可以动员学生。现在的家庭越来越重视孩子的阅读，家里都藏有不少优质书籍，但是如果只是自己看完就放在家里，书就"死了"。只有让更多的读者去翻阅，书才会"活起来"。在教师的动员下，学生不再犹豫、纷纷响应。每学期开学初，每个班的"存书"征集，大约都能收集到500本书。其中，有家里大人、兄长传承的旧书，也有价格昂贵、包装精美的图书。教师特别鼓励学生收集家庭成员看过又保留下来的旧书，一来教会他们继承一种家庭阅读的精神；

二来让学生养成爱护书籍、手手相传的习惯。

学生的书大体可以分为中外名著、诗词、传记、科普、绘本、优秀习作这几类。上架前,各班的学生图书管理员会按照类别进行书籍归类,设立专格专层摆放。还仿照书店的归类方式,在书架上张贴醒目的类别标签贴,使学生一目了然,方便借阅。此外,学校还不定期往书架投放《读者》《儿童文学》《珠海特区报》《珠江晚报》等期刊、报刊,告诉学生有时也可以读读这些辅助性的阅读材料,既受经典滋养,又能与时俱进。

(五)配套:更有效地读书激励

学生读书的兴趣渐渐培养起来了,但是读书的热情随着时间的推移,也有渐渐冷却的时候。如果教师观察到学生陆续出现阅读的倦怠感,进入阅读"疲怠期",就应该发挥智慧创造有效的读书激励活动,以刺激学生读书的欲望,使其重新拥有读书的热情。以下是香山学校班级独具创意的一些读书激励活动。

1. 种子阅读成长竞赛

教师可以把阅读区留出一小块墙面,设计成"种子阅读成长竞赛"评比栏,专门用于学生的读书竞赛和进度监控。评比栏由两部分组成,一个是必读书目的进度监控,一个是自读书目的读书竞赛。

在必读书目的进度监控位置,教师可以根据每隔一段时间班级的共读书目,如《红岩》《鲁滨孙漂流记》《战马》等,设计阅读柱状图、曲线图、饼状图等,用形式多样的方式来督促学生及时完成阅读。而另一部分的自读书目竞赛栏,教师可以设计成一个"种子阅读成长园",把全班学生的照片贴在最下端的"种子贴纸"上。每颗"种子"上贴着一根弯曲的、向上的"藤蔓",学生每读完一本书,就可以到老师这里领取一片特制的"树叶",在上面写上已经读完的书名,然后贴在"藤蔓"上,这就算完成了一本书的"打卡种植"。这种富有趣味的读书竞赛深受学生的喜爱,学生都会暗自比赛,看哪根"藤蔓"的叶子更多,谁的"藤蔓"长得更茂盛。日子久了,阅读区读书竞赛栏上的"藤蔓"越长越高,"叶子"越来越茂盛。而这些伴着书香成长的孩子们,也正像一颗颗被雨露滋养的种子,生根、发芽,茁壮成长。

2. 最热门、最冷门书展区

如果我们走进书店,迎面醒目摆放的必定是最近的畅销书籍。在一些班的阅读区显眼处,也安置了一个专门的架子,师生们把它称作"图书展示区"。

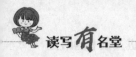

凡是本周同学们一起共读的书籍、上周被借阅次数最多的书籍，都被摆放在这个书架上。旁边的留言本上，会有阅读过此书的学生写下的几句阅读感受，这是图书吸引其他同学借阅的依据。而最受欢迎的图书的主人，将有机会获得老师奖励的一本图书。

与此相反的是，学生带来的图书，有一部分是不适合目前年龄段的学生阅读的，图书内容或者偏深偏难，或者过于幼稚简单，这些长期被冷落、没怎么翻阅过的图书，管理员会定期清理，把它们放入旁边透明的回收箱，命名为"最冷门图书回收箱"。每隔一段时间，我就会提醒这些"冷门书"的主人，把书带回去进行更换。

（六）配音：换一种方式读书

阅读，可以在无声中进行，也可以赋予它声音的色彩；可以是视觉活动，也可以是听觉活动。只要教师善于发掘阅读的各种形式，无论是什么途径，都可以在孩子幼小的心灵中播下阅读的种子。

1. 教室里的小小"朗读者"

平时一些闲暇时间，教师会不定期地在班上给学生播放央视的《中国诗词大会》《朗读者》等节目，学生非常爱看。受《朗读者》栏目的影响和启发，有些教师在教室后面的阅读区也设置了简易的小音响和立式话筒，一个小小的舞台就搭建好了。可以按照学号请学生轮流朗读班级共读书目中的精彩章节，让学生过上一把"朗读者"的瘾。每次要轮到自己之前，学生都会做好充分的准备，私底下认真练习要朗读的片段，以便在大家面前展示最好的朗读效果。有些学生会找小伙伴一起合作朗读；有些学生还自己找了配乐，要求边播放边朗读；有些学生干脆来一把"演读"，配上手势动作，表现的自信大方，舞台范儿十足……这可是真正的"读"书，这样独特的展示机会让学生的读书兴趣更浓厚了。

可别小看大声朗读的力量，这个看似简单的行为背后，其实潜藏着巨大的能量。在西方家庭中，常常出现这样的画面：摇篮旁、壁炉前、闲暇时、入睡前，父母会轻声为孩子读书，这是多么美好的时刻。当我们渐渐习惯于这种以自我为中心的默读、跳读的阅读方式时，逐字逐句的朗读，将更有助于学生放慢脚步，理解、倾听、积累、记忆和运用知识，同时融洽师生、生生关系。一天天轮读下来，既朗读了一遍共读书目中相应的精彩片段，又锻炼了学生的口头表达能力，特别是平日不爱说话的学生，也渐渐放得开了。教室里的小小"朗读者"，让校园充满了琅琅书声。

2. 用耳朵阅读——听书

日新月异的科技手段，让阅读方式变得丰富多元化。一个与时俱进的教师应该善于利用这些应用媒介，开阔学生的阅读视野，提升学生的媒介素养。除了让学生用眼睛阅读，教师还可以鼓励学生用耳朵阅读。例如，在某些APP上听一些有声书，可以不受地点、时间、光线的限制，随时随地"听书"。这一方式打开了阅读的另一扇大门，让读书变得无时无处都在。教师可以鼓励学生利用课余时间陆陆续续听一些如《百家讲坛》《中华文化的发展脉络》《希利尔讲艺术史》《探索科学百科》等有声书。对于一小部分不喜欢或不善于用视觉阅读的学生来说，听觉阅读的方式无疑为他们提供了一种更好的"阅读"方式。更难得的是，这种做法让学生渐渐有了一个"阅读无处不在"的意识，养成利用碎片时间阅读的习惯，这对学生的一生来说，都是大有裨益的。

班级图书角、阅读区的设计和布置，要靠教师发挥聪明才智，巧花心思。以实用、活用、妙用为原则，教师可以带领学生各尽其才、物尽其用、创造创新，使班级图书角呈现最鲜活、最实用、最有品位的状态，成为香山学校班级环境文化一道最亮丽的风景，让学生闻香悟道、徜徉书海、喜爱阅读、享受阅读。

四、从破纸箱图书屋到最美教室阅读区

曹文轩说："阅读是一种宗教。"读书使人类完成了宗教性的一个伟大的理想，没有什么姿态比阅读更值得赞美了；毛姆说："阅读是一座随身携带的避难所。"阅读使人能够躲在文字中，忘却外界的烦恼、忧伤、痛苦、麻烦，就像躲在一个安全的帐篷里，暂时支起了一个无忧无虑的空间；博尔赫斯说："天堂应该是图书馆的模样。"图书的出现，图书馆的出现，使人类从凡尘步入天堂成为可能，书就是直入云霄、通往天堂的台阶。

对于我带过的一届又一届的学生来讲，阅读是什么？在他们眼里，阅读是由一个个破纸箱构架起来的简陋图书屋，是获得"全区最美教室"殊荣的最美阅读室。不管是简陋的，还是格调高雅的阅读环境，只要能徜徉于书海，那一刻对学生来说，都是一段美好的时光。

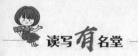

　　5年前我所在的旧学校，因为拆建校舍，教室环境变得局促而简陋，很多班级能简则简，都不想留着更多的物件。我的班里也狭小地挤着一张讲台和几十张课桌椅，此外已经没有可以安放图书的地方了。学生读书的精神一下子涣散了，用原先图书漂流的读书方式，已经出现了不少问题，孩子们带来的图书，漂了一段时间后，逐渐就漂得不知去向了，剩下来的不是破损书，就是不受欢迎的书，导致后来再倡议漂流时，谁也不愿意把挚爱的书籍带来班级。这样的读书漂流活动除了敷衍了事，还有什么意义呢？

　　班级图书角没了，能不能再造一个出来？我想了个办法，找来几个结实的大纸箱，建立了班级的"图书漂流箱"，号召学生把自己的图书都存放在这几个箱子里。每次学生借完书，我就把书箱再搬回办公室。大家一听，自己的宝贝书还由老师亲自保管，这个靠谱！过了几日，学生带来的漂流书质量都挺高的！我还鼓动学生："哪名同学带来的图书最受欢迎，就能得到老师的'神秘大礼'！"

　　或许是凭着新鲜劲儿，或许是没有见过这种简陋的"纸箱书屋"，学生们显得劲头十足。我让几位能干的学生对所有图书进行分类、编号、登记、打印。细心的学生还想了很多管理图书的办法，比如，设计借阅表格，给图书分类、编号，以及想办法应对同学们一窝蜂涌上来借书忙不过来的情况，等等。

　　筹备多日，终于到了图书"开箱"的时间，待我宣布完诸多借阅的规则后，这些憋了好久的孩子们，早已按捺不住内心的兴奋之情。估计他们早就瞄准了自己心仪的书了吧！负责登记的图书管理员身旁，排起了长长的借阅队伍……花了整整一节课的时间，每个孩子都喜滋滋地借阅到了一本图书，教室里一下子安静了下来。我抬头一看，所有的孩子都没时间讲话，都在埋头看书！

　　在这些"纸箱书"的陪伴下，每天都有孩子欢天喜地更换着自己喜欢看的书；每节课下课都有孩子挤到墙边的书目一览表前搜寻自己想借的书；每天都有学生自告奋勇地从我办公室把书箱抬到教室，再吭哧吭哧地抬回办公室，乐此不疲……虽然那时候条件真的简陋，但就是这样的方式，让这一批学生如饥似渴地看了不少图书。现在再遇到毕业后的他们，提起"纸箱书屋"，他们依旧津津乐道。

　　两年前我调入新校，校园环境一流，教室更是舒适宜人，特别是每个教室都有一个专门划分出来的阅读区域。相比于之前简陋的"纸箱书屋"，这里可真算得上是"高大上"的阅览室了。在宽敞明亮的环境下，学生读书是何等便利，各种书籍唾手可得。宽松的阅读环境允许他们坐着、靠着、趴着、半躺着。教室里的阅读时光依旧是安静的，但多了几分舒适、几分享受。在这个窗明几净的阅览室里，我们开展过多次读书沙龙、亲子阅读、家长导读员等活动，孩子们在书的海洋中扬起风帆，与经典为伍、与智者对话，书香启智，润泽童年。

在阅读这条道路上，无论你身处怎样的环境，只要不忘"书"心，始终怀有一颗热爱阅读的心，即便是在恶劣的环境里，也能看到美丽的风景，也能寻求到通往安宁的道路。当内心被充实感、价值感和意义感所充盈的时候，就是人最美的时候。

五、边读边做点有趣的事

读书应是一件充满乐趣的事情，对于儿童，他们对书有着与生俱来的好奇心和热情。儿童是天生的阅读者。给婴儿看对应的视觉图片，他们的眼睛会发亮；给幼儿园的小朋友发放绘本，他们会欢呼继而安静地沉醉其中，然后一定会有数不尽的问号冒出来，缠着大人问个没完没了，直到被大人不耐烦地打断。一个他们感兴趣的故事，可能会被他们翻来覆去地看很多遍，或者要求大人读很多遍，这几乎是在每个儿童身上都会发生的现象。儿童也是阅读哲学超级忠实的拥护者，他们总能因为书中的一个故事、一个人物，发散出无数的想象，生发出稀奇古怪的想法，以及得出各种天真无邪又堪比哲学家的结论。读书之于儿童，是一件多么美好的事情。如果大人了解儿童对书的渴望和追求，小心翼翼地去保护这份最初的纯真和美好，让他们随着自己的喜好去阅读，相信这种美好的感觉会一直伴随着儿童。

可惜成人并不太愿意陪着儿童一直徜徉在这样的世界里。随着儿童年龄的增长，尤其是入学以后，出于种种目的，成人会认为读书应该有明确的目的性，小到为写读后感，大到为应试答题加分。这些带有一定功利性的"伪阅读"逐渐代替了儿童最初的"纯阅读"，使阅读慢慢成为加在儿童身上的一道枷锁。常常听到不少家长诉苦，自己的孩子不爱阅读，一看书就头疼，总用各种理由逃避；或者只读轻松的漫画、笑话或流行读物，从不读那些需要静下心来读的经典书籍。不少教师也反映，在班级中用经典书目来推广阅读有一定的难度，只能调动个别孩子的阅读积极性。久而久之，大部分孩子就成了流行读物的消费者，很难成为经典阅读的鉴赏者。

其实，面对这样的问题，有因可循。大体是由于成人给儿童的读书提出了很高的要求，如选书范围过于专制、单一，读书方式过于苛刻、拔高。儿童真正头疼的是阅读过后的"任务"，想逃避成人强加的阅读要求，并非想逃避阅读本身。阅读本身带来的愉悦感和快感是仍然存在的，只不过对年龄尚小的儿童来说，短暂的阅读愉悦感远远抵不过阅读过后的作业带来的压力，从而慢慢抹杀了孩子的阅读兴趣。成人大多有这样的体会，小时候没有好好阅读，等到成年以后，生活渐渐稳定下来，就开始后悔、自责没有利用从前的时光多读点书，开始产生能在有限时间里读上那么几本书的想法。这个时候读书，没有人强迫，纯粹是内心对阅读的一种觉醒。但如果是领导要求你读，写作要求你读，工作要求你读，就未必能唤醒个人的阅读自觉性，因为这是非内心阅读意愿推动的任务，此时的阅读是一种带有功利性的阅读。这个道理和目前很多孩子身上的"阅读恐惧症"是大体相似的。

为什么不能让阅读变得有趣些呢？难道我们只能通过写读后感、完成阅读记录卡、摘抄好词好句等这些传统的方式来检验学生的阅读情况吗？能不能让学生边读边做点有趣的事情，让阅读变得好玩起来，变得更有吸引力呢？

答案是肯定的。以下提供几种读写堂经常办的读书活动，这些活动在带领学生读任何一本书时都能用到。当然，在实际操作中，我们会根据书目的具体内容做相应的调整。设计这些读书活动的目的是希望用新颖的创意、活泼生动的方式去丰富学生的各种读书体验，以从不同的角度回归儿童视角的方式去诠释书的内涵、意义，并希望学生能带着期待走进书里，充满自信地走出书本，不把读书当成是一件苦差事，以此来保护、延续儿童对阅读的兴趣和热情。

（一）制作读书海报

我们在带着学生读某一本新书时，首先邀请个别读过这本书的学生制作若干份大型的读书宣传海报，再在面向学生的正式图书推介会上"公开发行"。要求制作者在海报上体现书名、内容简介、插图、获奖经历、作者介绍、独创的推介广告语等。每

次新书推介会上，海报制作者都会带着这份"作品"隆重地向全体同学进行书目的推介，阐述海报设计的思路、创意点，这本书的阅读价值，起到"广告宣传"效应。推介会后，这份海报会郑重其事地被陈列在教室里，直到全班学生都完成这本书目的阅读。在学生都完成该书的阅读以后，教师再分小组集体制作大型读书海报，图文并茂。可以分别用几句简洁的话概括，表达各自的读书感受；可以发表对书的评论，褒贬皆可；可以写对作者或主人公想说的话。

每次读完一本书，就举办一次读书海报展。课余时间，各班、各组学生可以互相参观、学习、借鉴。这既是一次读书交流，也是一轮美的鉴赏，更是一件乐事。

（二）小剧场演出

布置学生与同伴一起，从近期所读书目中选择一个片段，进行小剧场表演。这是对学生挑战较大，但也吸引力十足的项目。学生都乐意在排练、表演的过程中加入自己对原著的理解，进行合理的渲染和二次创作。这一过程大大满足了学生的表现欲，非常能调动学生的积极性。每到这个时候，学生总是三五成群地聚在一起，兴致勃勃地交流阅读感想，选择剧本片段，分配台词，寻找道具，编排动作。正式演出时，一个组在表演的时候，其他学生就是忠实的观众，认真地对该组演绎进行点评或打分。比如，品评与原著的吻合度有多大，或者区别和差距在哪里，等等。也可以对演员进行发问，提出质疑。演员

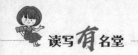
团队则会对本组表演的构思给出回应或解释……在这个过程中，学生是敬业好学的演员，是把控大局的导演，是情节再构的编剧，是尽心尽力的场务，是眼光独到的美编，是严格苛刻的评委……其中的每一个环节都是对阅读的独立生成，是对阅读的二次创作。学生如果要把这些都做好，必须建立在深层阅读和个性理解的基础上。借助小剧场这一平台，学生通过演出潜移默化地把阅读任务落实在趣味性活动中，达到润物无声的评价效果。

（三）电影票设计

在四年级学生阅读《草房子》的过程中，我们安排学生同步观看原著改编的电影。为了让这一活动更有仪式感，我们把放映厅选择在学校的大型报告厅，门口陈列了一整排学生制作的大型海报，每个入场观看的小观众须手持电影票。这些电影票均为学生亲手制作，上面标明电影的片名、座位号、售价、放映时间、配图等。学生沉浸在电影票的设计制作中，让阅读更具仪式感。观看结束后的"电影票展览"是活动的延续，与海报展同时进行，让每一个参与其中的学生的作品得到最大程度地展示。

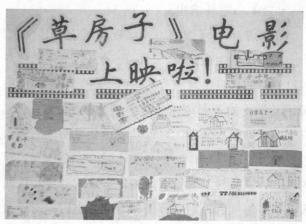

（四）制作腰封

为了让图书更畅销，营销高手会制作吊人胃口的腰封。放眼望去，经过精美包装的图书，几乎没有不加腰封的。但是有些腰封设计得有点浮夸，噱头太过，溢美之词言过其实，读者若被上面的宣传标语蛊惑掏钱购买，便会上当！但其中也不乏设计得确实精美、亲切的腰封，包裹在图书上如锦上添花，这些有设计感的腰封看着还是非常舒服的，值得保存下来。

作为图书设计的一部分，我们也让学生试着去设计制作个性化的腰封。大体可以从以下几个步骤去实施：①了解腰封。收集图书的腰封，开展一次图书腰封欣赏活动，让学生自主发现不同腰封的特点，看看上面包含哪些图书信息、推荐导语、设计元素等。②辨别优劣。从视觉感官效果上看腰封的优劣，比如，腰封的大小、配色、字体、图案等；从阅读体验上辨别腰封的好坏，如根据自己对这本书的阅读体验，判断该书的腰封宣传是否符合书籍的实际内容，有无夸大其词之嫌，选出"好评"和"差评"的腰封。③设计制作。在辨别优劣的基础上，根据自己阅读喜好，选择一本你感兴趣的图书，尝试给该书设计制作一条腰封。④欣赏评议。展示学生的图书腰封作品，进行评选、互赠。

制作腰封不仅是为了好看。仔细看学生的腰封作品，学生对图书信息拿捏得还是挺准的。读书读累了的时候，做个腰封，既是放松，也是对阅读成果的一次小小的检测。

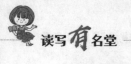
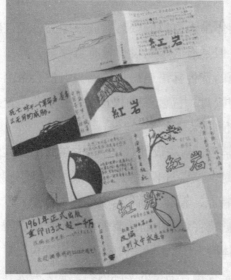

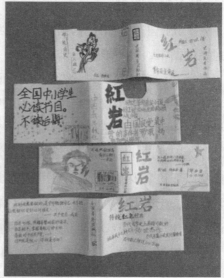

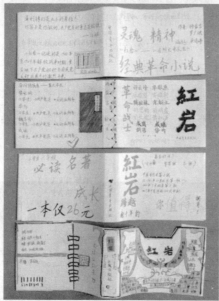

（五）个性书签设计

每一种跟书有关的元素都可以成为阅读活动设计的灵感来源，书签代表着一种读书文化。好的书签具有独特的设计感，起到的不仅是提示阅读进度、阅读位置的作用，更是一种艺术的享受和收藏。来自学生设计的书签，除了有上述的价值，更增添了一份天真的童趣。设计书签的过程，也是学科互相交融的过程。学生把语文、美术相互结合，既有独创的艺术感，更有对书目的理解，图文兼备，赏心悦目，使用起来也多了一份自豪感和成就感。

（六）完成人物关系图

这项活动多用于小说类的书目阅读。借助人物关系图，学生可以较快地理清小说中错综复杂的人物关系，同时也可以清晰地带出小说的另一重要因素——情节。学生在读书的过程中，完成了《草房子》《根鸟》《战马》《三国演义》《小英雄与老邮差》《夏洛的网》《红岩》等书的人物梳理。这一梳理过程对于他们完成整本书阅读，起到了事半功倍的帮助作用。

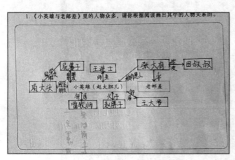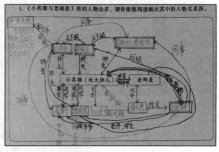

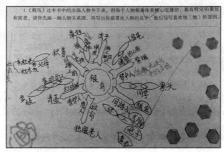

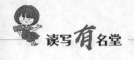

（七）晒书架、晒书单

　　这是读写堂课程亲子共读的其中一项活动，即请学生把家里的书架陈列拍照上传到班级QQ群、微信群，供不同的家庭之间相互学习、效仿。每隔一段时间，各个家庭会把最近阅读的书单发到群里，以此来促进、刺激家庭阅读书目的互鉴、交流和更新。通过这些途径，营造了家庭亲子阅读的浓厚氛围。

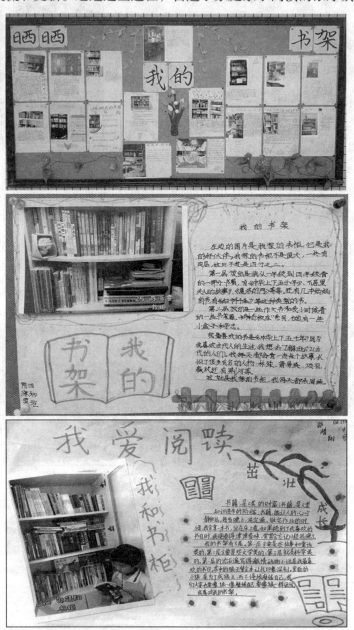

以上是读写堂部分阅读活动举例。此外，还设有读书沙龙汇、辩论会、给书中的角色写封信、我来改编故事情节等活动。阅读需要合理的检验手段和科学的评价标准，但这些都不是唯一的，也不是单一的。不应该仅通过考试、分数高低来说明阅读质量的优劣，应该通过教师富有创意的设计，灵活多样、水到渠成地完成对学生的评价。这就需要教师发挥创意，集思广益，想方设法设计各种活动来调动学生阅读的积极性，创设各种有利于学生阅读的情境。倘若通过这些有趣的活动，学生能养成良好的阅读习惯，并把这一习惯巩固下来，对其一生发展都是大有裨益的。

六、比较阅读策略下的新发现——以"童年的读书滋味""小古文中的语言艺术"两组群文阅读教学为例

比较阅读，是群文阅读最实用的策略。通过一组文章的比较阅读，能发现单篇阅读难以发现的观点、看法。通过比较，可以找出文章之间的相同点和规律，更重要的是还能找出相互间的不同之处，有利于训练学生的发散思维、求异思维。群文阅读相较于单篇阅读，其统整提炼的议题、精心组合的群文、多篇文章的比较阅读更有助于学生质疑，激发学生真正的思考力，使其能进一步深入地探究文本。这样的群文阅读，教师用比较的阅读策略实现"发现至上"的探索性教学，弥补了单篇独立教学的不足。

下面以五年级的两组群文阅读"童年的读书滋味""小古文中的语言艺术"为例，谈谈比较阅读策略在群文阅读教学中的运用。

（一）比较阅读："童年的读书滋味"

发现：同样的读书热忱，不一样的读书滋味

第一次比较发现：同样的读书热忱

本组群文阅读，我确定的议题是"童年的读书滋味"，组合了《窃读记》（原文）《高尔基的童年》《钟楼读书》3篇文章。第一次速读，我先让学生自由阅读这3篇文章。学生读通文字，了解大意后，初步发现3篇文章都是讲作家小时候读书的真实事情，而且都是写作家小时候对读书的渴望，主人公都对读书怀着强烈的热忱，并痴迷于此事。

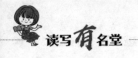

第二次比较发现：不一样的读书方式

再次浏览时，我稍做引导后，让学生比较3位作家童年时的读书方式有什么不同之处。学生通过浏览3篇文章，很快梳理出3位作家小时候读书的背景不同、读书的方式也不一样，分别是"窃读""躲读""乐读"。学生慢慢发现了文本之间的规律和差异。

第三次比较发现：不一样的读书滋味

接下来是第三次精读，这也是本次群文阅读最重要的一次比较阅读。我让不同的小组分别选取其中一篇文章在组内共读。学生借助阅读纸的帮助，各自专注地深入文字去体会"不一样的读书方式，会有哪般不一样的读书滋味"（见阅读纸1）。

阅读纸1

3篇文章都写了作家小时候读书的故事，但他们当时读书的心情和个中的滋味并不一样。请选择其中一篇阅读材料，把你的阅读发现填入下面的表格中。

篇名	我体会到作者当时读书的滋味是 （用词语表示、越丰富越好）	对应的具体词语或句子

如果说以上还是对单篇文章的品读，那么，接下来小组之间交流阅读感受的过程，就是读书过程中思维的碰撞，其产生的火花，也引爆了学生深度思考的燃点。这里可以借助第二份阅读纸。与第一份不同的是，这一次要求学生边听边记录同学在汇报过程中关于另外两篇文章的阅读分享（见阅读纸2）。

阅读纸2

其他两篇文章中的主人公当时的读书滋味又是怎样的呢？认真聆听同学的汇报，试着将同学的分享有选择性地记录在下表中。

篇名	同学体会出故事中主人公读书的滋味是	我的补充

学生在交流中渐渐发现：虽然这3篇文章都写了作家小时候读书的故事，但因读书方式、环境、条件等方面的不同，他们当时读书的心情和其中的滋味也不一样。《窃读记》中的小英子"窃读"时感到"很快乐，也很惧怕"，同时又有得到店员关怀后的感动之情；《高尔基的童年》中因"躲读"而挨打的阿廖沙是既无奈又享受的，"他想尽方法读书，他读书的热望是谁也阻止不了的"。他为了读到书，"挨些打又算得了什么呢"，颇有点"苦中寻乐"的乐观滋味；而《钟楼读书》的作者郭风在儿时的阅读却是无比自由、令人羡慕的——"真的，我非常喜欢我们学校的阅览室"。进而我再让学生比较自己的读书经历，谈一谈自己的读书体会。这样一层一层比较下来，所引发的思维碰撞是单篇阅读所不能及的。学生在谈到自己实际生活中的读书体会时，也多了几分感慨，多了几分感恩。

第四次比较发现：不一样的写作特点

我引导学生继续进行比较发现3篇文章的作者是通过哪些写作方法来表达读书时的不同滋味的（见下表）。同样也是运用比较阅读策略，但目的不一样。在这一步的比较中，学生很快发现：《窃读记》一文是"独白体"，作者是通过细腻的心理、动作描写来表达读书的感受的；《高尔基的童年》是"故事体"，作者通过讲述主人公身上几个故事的形式道出阿廖沙的读书的感受；而《钟楼读书》是"散文体"，文中多处使用了同一个反复句式，反复咏叹作者喜爱读书的感受，层层推进。

"童年的读书滋味"群文比较阅读结果发现

篇名	相同之处	不同之处		
		方式	感受	写作特点
《窃读记》	对读书的渴望、热爱和痴迷	窃读	快乐、惧怕	独白体：心理、动作描写
《高尔基的童年》		躲读	无奈、享受	故事体：讲述同一主人公的多个故事
《钟楼读书》		乐读	自由自在	散文体：用同一个反复句式

（二）比较阅读："小古文中的语言艺术"

发现：同样聪慧的少年，不一样的应对方式

接下来再列举比较阅读策略在第二组群文阅读教学中的运用。本组群文

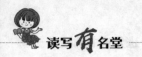

阅读，我确立的议题是"小古文中的语言艺术"，组合的文章为一组古文，均出自《世说新语》一书，分别节选了《排调·口中狗窦》《言语·杨氏之子》《方正·陈太丘与友期》这3则古文。这样选文的用意，既用于让学生做群文阅读，也是为整本书推荐作铺垫。

第一次比较发现：同样聪慧的少年

第一课时我带着学生解决古文的字音、理解等基本问题。我教给学生学习古文的4个基本方法（读准音、会断句、看注释、联系上下文），指导学生运用这些方法和工具书，读懂前两篇古文《口中狗窦》和《杨氏之子》的意思。第二课时是群文方式下的比较阅读。第一次我让学生比较思考两篇古文讲的故事有什么共同点。学生很快得出文中的"张吴兴"和"杨氏子"这两个孩子都聪慧过人、能言善辩，都能有理有据地用语言巧妙地还击对方。但如果学生对文本的阅读只停留在这一层的认识上，那么未免太过于浅薄。如何让学生的思考能更深入一层呢？于是，第二次我运用了比较阅读策略。

第二次比较发现：不一样的应对方式

学生在深一层的比较中发现两个孩子应答的方式、还击的轻重程度是不尽相同的。《口中狗窦》一文中张吴兴应声答曰："正使君辈从此中出入。"（意思是：正是为了让你这样的人从这个狗洞里出入呀。）而《杨氏之子》中的杨氏子应声答曰："未闻孔雀是夫家禽。"（意思是：没有听说过孔雀是您家的鸟儿呀。）同是"以牙还牙"，但相比于杨氏子的婉转和有教养，张吴兴显得未免有点过于不尊重"先达"。我不做定论，而是马上引导学生进一步深思：什么原因让两个孩子还击的轻重程度不一样？学生此时不约而同地发现：不是张吴兴不尊重前辈，而是对方故意用"狗窦"嘲笑张吴兴缺少牙齿，侮辱的成分居多，此时他的应对之语自然也直截了当，丝毫不讲客气。孔君平虽然也是玩笑，但只是善意的调侃，无伤大雅，故机敏的杨氏子也给对方留了颜面，采用迂回应对的方式。这些细微之处的"发现"，正是比较阅读的价值所在。如果没有这一步的比较，这一节课下来，也许就会传递给学生一个错误的信息——学会骂人是件很过瘾的事情。

接着，我让学生进行小小的辩论：你是欣赏张吴兴的回答，还是欣赏杨氏子的应对？一石激起千层浪，学生热情高涨，有的赞同张吴兴"大快人心"的回答，认为自己受到了奇耻大辱，可不能忍气吞声；有的赞同杨氏子婉转礼貌的说话方式，认为虽然对方有意刁难，但毕竟面对的是长辈成人，还是应该收敛一下，注意说话的艺术……在此起彼伏的热烈讨论中，学生已经达到了思维碰撞的高潮，有了许多令人惊喜的"发现"。

第三次比较发现：古人智慧的语言艺术

有了前面这些比较阅读的基础，我再次点拨学生去发现：古人之所以称赞这些"小儿"，并不全是因为他们"智商"高。他们之所以比常人更"聪慧"，在于"情商"高，而不是逞一时口舌之快的"回骂"，这充其量只是"小聪明"；能针对具体的事件进行得体的应对，既不失礼于人，又不默默承受，这才是古人要教给我们的"大智慧"。学生点头顿悟之时，我又乘势引出《陈太丘与友期》一文。我故意留白文中小儿"元方"的回答，让学生尝试联系上下文去补白：

陈太丘与友期行，期日中。

过中不至，太丘舍去，去后乃至。元方时年七岁，门外戏。客问元方："尊君在不？"答曰："待君久不至，已去。"友人便怒曰："非人哉！与人期行，相委而去。"元方曰："＿＿＿＿＿＿＿＿＿。"

友人惭，下车引之。元方入门不顾。

有了前面道德是非判断的基础，学生补白得有理有据，既还击了文中狂妄的"友人"，又挽回了父亲的尊严。有学生这样写道："你失信在先，还辱骂家父，不足为友。""你本迟到者，理应自我检讨，反怨家父不守信，还口出狂言，恕不能招待。"……待学生尽情畅言之后，我出示了原文中小儿元方的回答"君与家君期日中，日中不至，则是无信；对子骂父，则是无礼"，再次让学生感受"聪慧小儿郎"的不卑不亢和惊人之语。至此，既带领学生完成了文本的对比阅读，又教给学生与人交往的正确方式，让学生领悟了小古文中的"大智慧"。

以上两组群文阅读的例子，使比较这一阅读策略在教学中得到了有效的运用。通过对同一议题下几篇文章的不同角度进行比较阅读，可以使很多东西马上变得清晰起来，让学生轻松达到单篇阅读很难达到的思维高度。这种"发现至上"的课堂，为学生提供了充分交流的机会，学生都愿意分享比较阅读过程中获得的观点和看法，坦率真诚地讨论、辩论，甚至尝试像作家一样去思考，教师也无须多言。这不正是我们追求的群文阅读的教学取向吗？

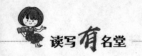

七、找风俗、聊人物——打开汪曾祺《端午的鸭蛋》的两把阅读钥匙

我们确定读写堂六年级下册第二个读写主题为"民俗民风",作为与主题配套的阅读书目,我们给学生推荐了汪曾祺的专集《端午的鸭蛋》(彩绘本)。

曹文轩在《阅读是一种宗教》一书里专门对汪曾祺的文字有过整篇的评述,他说汪曾祺的文字是"水洗的文字""是一种古朴、明净的风俗美学""汪曾祺基本上属于一个地域性作家,体现出来的汪式'地域性'很明显,他把绝大部分文字篇幅交给了三四十年代江苏高邮地区一方土地,但又很得当、很有分寸地体现了这种地域性"。

相比于其他较为强势的地域性作家,汪曾祺的这一特点未免显得过于平静,但越是这样平淡如水,就越像一泓清泉,读者反从其中得到了一种美学的净化。汪曾祺也是受另一位文学大师——他的老师沈从文的影响。其对这种创作风格的敏感和觉悟、共鸣和传承,让我们不难看出他俩是一脉相承的。

但如果给六年级的小学生讲这些,估计他们会睡着吧!

汪曾祺先生的人生阅历丰富,其成长、求学、游历遍布祖国各地——家乡高邮、昆明、上海、北京、张家口。他对每一个地方的特殊风俗都有着特别敏锐的视角体验。把《端午的鸭蛋》一书放在这个主题来让学生阅读,用意很明显——试图让学生跟着汪氏平淡亲和的讲述,去了解一方水土、一方百姓,由此加深对"民风民俗"这一主题的阅读体验。

对于这些年龄尚小,又具有一定阅读思考力的孩子来说,应该用怎样的方式来让他们接触汪氏的文学世界呢?

我们尝试交给学生两把阅读此书的钥匙:一把钥匙是"找风俗";另一把钥匙是"聊人物"。带着这两把阅读的钥匙,学生打开了《端午的鸭蛋》这本书的一扇小窗,窥见汪式文学世界的小小一隅。

第一把阅读钥匙——"找风俗"

翻开书,缓缓打开属于汪曾祺的"清明上河图",带着学生启用第一把阅读钥匙——寻找藏在篇目中的风俗画。

借助表格,学生迅速梳理出书中各地特有的"风土人情"。

篇目	地域	风土人情
《泡茶馆》	云南昆明	吃围鼓茶：一边听围鼓，一边吃茶，也叫作"吃围鼓茶"。 吸烟筒：这家茶馆是"老式"的，是因为茶馆备有烟筒，可以租用。在连蓬嘴里装了烟丝，点以纸媒，把整个嘴埋在筒口内，尽力猛吸，筒内的水咚咚作响，浓烟直灌肺腑，顿时觉得浑身通泰。 吃葛根：这种东西可以当零食来吃，我也是在昆明才知道的。一根葛根，粗如手臂，横放在一块板上，外包一块湿布。给很少的钱，卖葛根的便操起有点像北京切涮羊肉的肉片用的那种薄刃长刀，切下薄薄的几片给你
《昆明的雨》	云南昆明	旧日昆明人家门头上用以辟邪的多是这样一些东西：一面小镜，周围画着八卦，下面便是一片仙人掌——在仙人掌上扎一个洞，用麻线穿了，挂在钉子上。 昆明菌子极多。雨季逛菜市场，随时可以看到各种菌子。最多，也最便宜的是牛肝菌。牛肝菌下来的时候，家家饭馆卖炒牛肝菌，连西南联大食堂的桌子上都有一碗。 卖杨梅的都是苗族女孩子。戴一顶小花帽子，穿着扳尖的绣了满帮花的鞋，坐在人家阶石的一角，不时吆唤一声："卖杨梅——"，声音娇娇的
《端午的鸭蛋》	江苏高邮	家乡的端午风俗：系百索子、做香角子、贴五毒、贴符、喝雄黄酒、放黄烟子、吃"十二红"。 重点：高邮咸鸭蛋的特点；孩子们端午时在衣襟纽扣上挂"鸭蛋络子"，用鸭蛋壳装萤火虫玩
《五味》	全国各地	南甜北酸东辣西酸—— 花样繁多的"酸"：山西人能吃醋！辽宁人爱吃酸菜白肉火锅。北京人爱吃羊肉酸菜汤下面。福建人、广西人爱吃酸笋。傣族人爱吃酸笋炖鸡。 互不相让的"甜"：苏州菜、无锡菜带甜味。四川夹沙肉、广西芋头扣肉极甜。广东人爱吃甜食。北方人爱喝白糖水。 不受欢迎的"苦"：北京人爱吃苦瓜，初春吃苣荬菜。贵州人吃"择耳根"。 各出奇招的"辣"：上海的辣、贵州的辣、越南的辣、川北的辣、云南的辣、四川的辣，各不相同。 数之不尽的"咸"：浙江的咸、福建的咸、湖北的咸、云南的咸，各有各的咸。 各尽奇葩的"臭"：长沙有油炸臭豆腐干，南京有臭豆腐干。各地皆有的臭蔬菜——莴苣、冬瓜、豇豆、冬笋、芥菜、臭苋菜秆。北京的王致和臭豆腐乳

篇目	地域	风土人情
《胡同文化》	北京	胡同的分布、胡同的取名来源、大小胡同的数量、胡同的位置、四合院的居住方式、四合院的"街坊里道"、北京的大白菜文化、胡同的"忍"文化
《异秉》	高邮	这地方一般人家是不大吃牛肉的。吃，也极少红烧、清炖，只是到熏烧摊子去买。这种牛肉是五香加盐煮好，外面染了通红的红曲，一大块一大块的堆在那里。买多少，现切，放在送过来的盘子里，抓一把清蒜，浇一勺辣椒糊。蒲包肉似乎是这个县里特有的。用一个三寸来长直径寸半的蒲包，里面衬上豆腐皮，塞满了加了粉子的碎肉，封了口，拦腰用一道麻绳系紧，成一个葫芦形。煮熟以后，倒出来，也是一个带有蒲包印迹的葫芦。切成片，很香。猪头肉则分门别类的卖，拱嘴、耳朵、脸子——脸子有个专用名词，叫"大肥"。要什么，切什么
《大淖记事》	大淖	他们也有年，也有节。逢年过节，除了换一件干净的衣裳，吃得好一些，应是聚在一起赌钱。赌具，也是钱。打钱，滚钱。打钱：各人拿出一二十铜圆，造成很高的一摞。参与者远远地用一个钱向这摞铜钱砸去，砸倒多少取多少。滚钱又叫"滚五七寸"。在一片空场上，各人放一摞钱；一块整砖支起一个斜坡，用一个铜圆由砖面落下，向钱注密处滚去，钱停住后，用事前备好的两根草棍量一量，如距钱注五寸，滚钱者即可吃掉这一注；距离七寸，反赔出与此注相同之数。这种古老的博法使挑夫们得到极大的快乐。旁观的闲人也不时大声喝彩，为他们助兴

　　边读边梳理下来，发现书中描写的存在于中国各地的风俗，离城市、今人甚远，对生活在城市里的孩子来说更是遥远。虽然大部分学生缺少亲身体验，但这并不妨碍学生兴致勃勃地通过作者娓娓道来的文字去感受其背后的民俗风情。也正是由于这种经验的陌生感，这种生活和地域的距离产生的美，让学生多了几分新鲜，让学生感到新奇而雀跃，以至于学生在分享的时候也大谈特谈起自己家乡的风俗。这实在是非常有意思的阅读延伸。虽然存在距离，可是因为作者用的是家常话似的语言，让人读来亲切异常。汪曾祺的文字就这样淡淡如水地流淌着，仿佛把人带入现场，写的是记忆中的"俗习"，说的是大篇大篇的"食事"，而抹不去的却是"乡情"和流露的真挚"童心"。

第二把阅读钥匙——"聊人物"

　　书中各篇人物形形色色，繁多却不杂乱，有同在西南联大生活的老舍、做花炮的陶虎臣、画画的靳彝甫、靠卖草帽为生的王瘦吾、炕房师傅余老五、"陆鸭"陆长庚、摆"熏烧"摊的王二、受戒的明海和尚……有赫赫有名的大家，也有市井气浓的小人物。

　　一些非地域性的作家，他们对笔下的人物多多少少都赋予了一定的假设意义，哪怕是生活中的人物，进入作品后也要么将其有意淡化，要么将其过度加工，让人读来总不那么自然。但汪曾祺不同，他很固执地坚守着曾经生活过的熟悉的，他笔下的人物总是放在特定的、有着浓重地方情调的文化背景之下，在这其中完成对人物形象的塑造。读来很有分寸感又不失美感，如同读沈从文先生《边城》中的翠翠充满灵性的形象总无法取代一样，汪曾祺先生笔下的人物亦是显示人性光辉的载体，充满地气又不俗气。

　　针对六年级的学生，教师在课堂与生共读《端午的鸭蛋》的时候，设计了以下阅读导学问题，带着学生启用第二把阅读钥匙。

　　确定你印象最深的一位人物，结合书中的篇目，思考：

　　你为什么选择这个人物？

　　他身上哪一点特质让你印象深刻？

　　文中有哪些例子能看出他的这种特质？

　　你欣赏、佩服或喜欢他的这些性格特点吗？如果不喜欢、不赞同，请说出你的理由。

　　你选的这个人物命运如何？如果他当时不那样做，他的命运会不会有转折？

　　回忆我们五年级读过的《俗世奇人》一书，你觉得《端午的鸭蛋》中哪些小人物可以称得上是市井"奇人"？何以见得他"奇"？

　　还记得"泥人张""快手刘"吗？如果请你也给汪曾祺笔下的"奇人"起个外号，你打算怎么取名？

　　这些导读问题的设计，立足儿童的视角，非但没有过度拔高小学生对汪式作品的品读，反而更有利于学生理解这类作品，而更多的品悟就留到学生升入中学后再去进行更深的感受吧！学生们在阅读的过程中，选取的重点人物不尽相同。整体阅读过后，再举行班级"话说人物"交流会，全过程下来等于是在

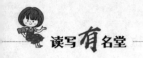

学生脑海中建立起一组奇人群像。把这些人物穿起来，就是汪曾祺作品的人物素描群像了。

领着学生，带上这两把阅读的钥匙，打开汪氏文学世界的门窗，窥见了名家的柔情和浪漫，徜徉于他们悉心构建的美学世界——没有强烈的色彩，只有"言语的亲切"；市井的风俗、笔下的小人物都显得那样心平气和。阅读《端午的鸭蛋》，也为小学高年级学生进入中学后，进一步了解汪氏独特的语言特点打下阅读的基础。

八、那些不能遗忘的历史——《小英雄与老邮差》导读

2017年12月13日，为南京大屠杀国家公祭日，所有的网页都变成了黑白色，一种肃穆的氛围氤氲回荡，使人心情低落。

一大早，我就沉痛地跟学生说，你们不要只知道双十一、双十二，只知道剁手节、圣诞节、平安夜……今天的日子比那些都重要得多，更应让我们铭记！

教室里一群正在哗闹的孩子，慢慢地安静下来，都不说话了。这样的转变让我一时间很心痛，我轻轻地讲着，把我知道的一些历史战争事件讲给他们听……这些新时代的少年儿童，完全没有经历过这种事件，随着时间的推移，他们甚至都不知道有这些骇人听闻的历史。对他们来说，现在有更多节日值得他们去雀跃、去期待、去庆祝。每当看到这些，我就有一种想要大声疾呼的心情。历史不该被遗忘，很多时候，我们得放下语文，去讲"立人"！

读写堂课程设计在五年级第一学期阅读《小英雄与老邮差》的任务，我们刻意把这本书与"爱祖国，敬伟人"的主题组文放在一起。这一读写主题包含《圆明园的毁灭》《狼牙山五壮士》《难忘的一课》《最后一分钟》《七律·长征》《开国大典》《青山处处埋忠骨》《毛主席在花山》这几篇课文。在这一主题的学习过程中，学生已经收集到了不少关于近代中国的屈辱历史资料和战争资料，已经对历史事件有了一定的认识和感触。这一学习历程也在一定程度上加深了孩子们对近代战争的认识。然而，在孩子的心目中，这些仅仅是"资料"，只增长了学生对历史的某些认识，远远未能成为震撼学生心灵的文学。资料只是资料，它肩负着还原历史真相这一特殊的使命，这让它不能有过多的讲述性和情感色彩。文学与资料最大的不同，就是文学具有"振聋发聩，荡气回肠"的感动力，会让读者与人物同喜同悲，产生心灵的震撼与认同感。

《小英雄与老邮差》不一样，作为战争题材作品，它跟很多历史小说不同，它首先是属于儿童的，用的是孩子爱读的文字。它带着学生推开一扇回到过去的门，到时光的河里游了一次泳；穿过历史的时空，和主人公经历了一次真实存在的、发生在70多年前中华大地上的战争，它用学生的眼睛去看那些为国而战的英雄们如何英勇地牺牲，怎样艰难地活下来，最后心怀感动地回到现代。尽管小说中的某些人物和情节是虚构的，但有真实的历史背景。小说是"建筑在真实历史背景上的虚构主角与故事"。

书的作者马景贤爷爷，在本书中化身为主人公赵国强、赵大胆儿，70多年前，他还是个住在河北琉璃河镇的孩子，和那时候的很多乡下孩子一样，经历过快乐无忧的童年。是战争，抗日战争，让这些宁静而美好的生活彻底破碎。在恐怖、冰冷的战争的魔爪下，最终，孩子们坚强地和大人一起，默默抗争，迎来最后的胜利。小主人公赵大胆儿经历的事，都是作者马景贤爷爷以前的亲身经历。战争中活下来的马爷爷后来去了台湾。等他两鬓斑白再回到自己的故乡时，已恍如隔世，儿时的一幕幕就像梦一样浮现在眼前。泪光中，他仿佛又和小伙伴儿项大头、屁篓子一起，在那条琉璃河里摸鱼，在关帝庙小学上课，偷偷去坟地里捉蟋蟀；等送信的老邮差带回来关于前线的消息，听关老校长和田老师偷偷给他们上课，听福音堂好心的雷牧师带给他们些许的安慰……

马爷爷喜欢给孩子们写故事，但他这一次写的故事与以往孩子们听到的都不一样。你们喜欢听的国王王子公主统统都没有，也没有什么魔法和会隐身的巫师，只有一个小孩儿——他在烽火延绵、残酷战乱的世界里与敌军周旋，但直到战争胜利的一刻，在那样冰冷残酷的世界里，仍然没有忘记对祖国、对民族、对故乡、对朋友的爱。光凭这一点，就足以驱使我们去读这本书。

读这样一本儿童历史小说，哪些是值得我们关注的方面呢？要带着学生从哪些方面去鉴赏呢？围绕着"那些不能遗忘的历史"，我们梳理出几个全书的核心要素，以方便如今生活在幸福中的学生重新认识那个真实存在又逐渐远去的时代。

（一）无法重来的童年

如果小说不是以战争作为背景，那么赵大胆儿和他的小伙伴儿的童年，绝对足以让这些现代社会的孩子羡慕至极。没有成堆的作业、补习班、兴趣班之类也就罢了，可他们竟然还能一天到晚做很多我们想都不敢想的事情：用柳条做笛子吹着玩；在大柳树下捉迷藏、折柳枝做帽子；课间十几分钟扎到河里

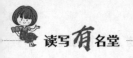

玩；往老邮差的邮差袋子里塞蛇或毒蝎子；夏天去粘知了；4月清明逛庙会吃糖炒栗子；去乱葬岗捉蛐蛐儿、斗蛐蛐儿、捅马蜂窝。学生定会边看边羡慕——这样的童年才是真正的童年啊！

可是战争，突如其来的战争把这一切都粉碎了，停课、炮轰、逃难、挨饿……如果不是战争，赵大胆儿可能还是那个调皮捣蛋的、胆大包天的"熊孩子"。之所以说他是熊孩子，因为哪怕是身处危险境地，他还是去不掉身上的孩子气：因为舍不得家里的老母鸡，所以抱着鸡一起逃难；因为"鸡是他提着逃出来的，吃蛋却没有他的份儿"而赌气，直想把鸡蛋扔到山沟里去；因为张叔叔是打劫抢钱的坏人而愤怒；哪怕是和乡亲逃难到了山里，也会忘掉敌人的存在，憋不住要跳到溪流里去摸鱼抓虾……然而，当战火绵延到自己的故乡时，这个淘气的孩子开始越来越懂事——他虽然害怕得要命，但还是奋不顾身地掩护游击队员；老邮差走到了生命的尽头，他陪伴老邮差最后一程。结尾处一个小小的镜头甚是感人：抗战胜利后，久井大佐将被遣送回国，赵大胆儿却阻止了那个要去踢日本人的小伙伴。他在心里懵懵懂懂地想，也许久井大佐不是自己想来中国的吧。他的眼前似乎浮现了久井大佐给他看过的全家福。是的，彼此都是战争的受害者，但被战争魔爪笼罩的孩子始终没有丧失内心深处善良的心。这就是孩子的世界与成人的世界最大的不同。

只是他弄不明白，久井大佐为什么要跑到中国来？人类为什么要有战争？为什么要打仗？小说结尾处，秋风、落叶、雁鸣，把人间不该有的一切哀愁，全都给了赵大胆儿。那个上树掏鸟窝、下河摸鱼虾的赵大胆儿，因为战争，思考了很多，明白了很多，也成熟了很多。

抗战胜利了，童年也结束了。儿时的小伙伴天各一方，再也难相聚了。战争结束，赵大胆儿蹲在小河边，望着那带走他悲欢离愁的河水，眼泪一直往下流。他捧了一把河水，洗洗脸上的泪水，跟小河说再见，跟童年说再见！

这是一段完全被战争掠夺的童年。小说透过孩子那双清澈的眼睛，既没有大篇幅的死伤描述，也没有对敌人的愤慨指责，只留下一些淡淡的哀愁在里面，以这样的一幅画面为愈走愈远的童年送别，让小河带走一切回忆。

童年，无法重来，更无法忘记。

（二）不能忘却的苦痛

20世纪中国最大的苦痛，莫过于日军发动的侵华战争。80多年过去了，战火平息，警钟长鸣，历史是最好的教科书，也是最好的清醒剂，不忘却曾经的耻辱和苦痛，是对历史最好的纪念，也是对历史最深的敬畏。

年幼的赵大胆儿，第一次知道"九一八"事变，是从老邮差伤心低吟的歌里："中华民国二十年呀，九月十八那一天，关东起狼烟……"可这个顽皮的孩子对战争完全没有概念，老邮差一唱，他就和小伙伴瞎起哄。直到把老邮差给惹火了，惹难过了，他心里才算舒坦了。但随着老邮差带回来的坏消息越来越多，赵大胆儿终于知道战争不是那么好玩的了。随着老邮差传递的消息，跟着赵大胆儿和乡亲们的逃难经历，我们带着学生从小说中细数一连串日军侵华的罪行："九一八"事变、西安事变、卢沟桥事变。和赵大胆儿一起经历敌机轰炸、被逮捕，亲眼见乡亲们逃的逃、死的死，翻山越岭去逃难，忍饥挨饿，度日如年，重返小镇却要在太阳旗下弯腰低头生活。佩服赵大胆儿克服恐惧"伪装"成游击队员的儿子，使游击队员得以从日军处脱险，帮助游击队歼灭敌人。更难忘勇敢的游击队员为了摧毁敌军的补给线，在日军重重防守下，去破坏日军火药库、炸毁大桥，不惜牺牲自己，这正是舍生忘死的英雄壮举。

我带领学生逐一提炼出书中提到的关于战争的描述，这是一个体验历史温度的过程。小说没有把焦点直接对准残酷的战场，没有把战争赤裸裸地呈现在读者面前，写的只是一方百姓从战前到战后的家破人亡、血流成河、辗转流离。人民是战争最大的受害者，这些情节呈现给读者的是中国人民因日军侵华罪行而遭受的创伤和苦难。

历史不该被遗忘，也不能被遗忘，读的是小说，看到的是孩子，记住的，却是一段苦难的历史。

（三）不可不提的英雄

小说第19章中"谁是英雄"这个问题完全可以抛给学生。小说读到这里，相信学生对"英雄"已经有了自己的判断。到底谁才能称作英雄呢？是赵大胆儿、老邮差、张大有叔叔，还是田叔叔、雷牧师、王老师？

我以"我心目中的英雄"为线索，带领学生反观本次阅读——合上书本，想一想：谁是你心目中的英雄？其实，小说中的每一个角色都可以称作英雄。

赵大胆儿是个调皮蛋，但又是个勇敢善良的小男孩。他在游击队员张叔叔面临暴露身份的危急关头挺身而出，用"儿子"的身份掩护张叔叔。他还帮助游击队员潜到水里，偷走在河里游泳的鬼子的衣服，让他们在遭受游击队袭击

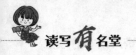

的时候无处可逃。"屁篓子"掉进悬崖，是赵大胆儿第一时间飞奔找人营救。老邮差孤独地去世，是年幼的赵大胆儿亲手帮他料理的后事。这样的赵大胆儿，毫无疑问也当之无愧是学生心目中的"第一英雄"。

当然，很多学生会投票给老邮差。这个勤勤恳恳不服老的老人，把儿子送上前线，自己只身留在小镇上给乡亲们积极地传递信息，或寄信、送信，或者传递前线的消息，邮差的职责让他第一时间把消息送到乡亲们手里。为了获得这份让他引以为傲的成就感，他每天不辞辛苦，骑着自行车往返于小镇和火车站，把从拉车的、挑担的、逃难的人嘴里辗转打听到的前线第一消息，飞奔回去告诉每一个乡亲——在战火纷飞的时代，老邮差的角色实在不可替代。终于等到胜利的那一天，可是他的儿子却永远不能回到他身边了。一个把自己的独子送到前线的孤独老人，就这样无声无息地去世了。他对赵大胆儿的慈爱、对乡亲们的照顾、对土地的眷恋、对国家的热爱，都定格在他一次次佝偻着身躯往前拼命蹬着自行车的身影中。这难道不是英雄吗？

或许有学生会选择张大有——老邮差的儿子，一个篇幅描写不多的角色作为英雄。他也许不算是小说的主人公，却非常重要。自从上了前线的那一刻起，他就义无反顾地随时准备付出年轻的生命。作为一名游击队地下情报员，他有勇有谋、机智果断，为了切断日军的补给线，破坏了敌人的火药库。在被敌人围捕的过程中，他和素不相识的赵国强（赵大胆儿）上演了一出"父子情"——在战争的环境下，每一个陌生的中国人都能随时携手并肩作战。当他看到翻山越岭逃难的雷牧师带着一大群人躲在深山、没有粮食的时候，命人赶着毛驴送来粮食；当他得知逃难孤儿回到小镇上粮食匮乏，又想办法找到并哀求飞行员把自己积攒的银圆空投到庄稼地里。最后，他倒在了缅甸的战场上。他，怎能不是英雄……

千万不要忽略"王近视"王老师，他是小说中能使故事情节跌宕起伏的一个人物。日军侵华的战争打响了，他踩着风琴，对学生唱起悲痛的爱国歌曲《中国心》，一字一句地告诉学生祖国山河面临沦陷、每一个中国人都要发奋救国。对赵国强的贪玩他恨铁不成钢，语重心长地告诉赵国强要像自己的名字一样，国家强，才不会被日本人欺负……可是到了日本人攻打到小镇上驻扎下来的时候，他却给日本人做起了翻译，对乡亲们大声呵斥，转身又对皇军点头哈腰、尽心尽力。这样的一个角色，小读者们读着读着就恨得牙痒痒。小说直到最后一刻，揭晓"谁是英雄"，用浓墨重彩的一笔让王老师浮出水面——所谓的日本翻译，其实是王老师忍辱负重的掩护；暗地里他利用日本人对他的信任，不动声色地悄悄救下了被捕的同志，协助游击队员炸毁大桥。

这些幕后英雄，绝对都是抗日的大英雄！

小说除了他们，还有假装买柿子的游击队员田叔叔，慈悲心肠的美国老太太雷牧师，关帝庙小学矮胖的老校长……在那个战争的岁月里，谁都可以是英雄，面对日寇的暴行，没有谁会坐视不理。在这些善良又普通的百姓身上，因为战争而衍生出"人类的共性"——爱与恨。人人都渴望和平，渴望受尊重。读懂了这些，就读懂了这些最平凡的生命。他们用自己的英雄壮举来告诉在现代公寓里生活的孩子，即便是战乱炮火、敌军环伺，每一个中国人都没有忘记对国家的爱，对民族的爱，对乡亲、对朋友的爱。只要心怀家国情怀，坚决捍卫祖国的土地，就是英雄！

（四）不能忽略的插图

是的，插图！这本书很难被忽略掉的，是穿插在其中的一幅幅插图。我还记得小时候邻居家百看不厌的连环画，没错，就是这种格调的黑白画。从封面开始，每一章节都穿插全幅漫画，每一个题目下，都有一个抱着老母鸡的小男孩。每一页最上面的卢沟桥、最下面的蹬着自行车、佝偻着身子送信的老邮差，以及最后"历史宝盒"中的漫画，都充满着浓浓的中国味——黑、白、灰的手绘风格，三分写实七分写意的笔法，像《三毛流浪记》张乐平先生的手法，又颇有几分丰子恺先生的味道。画面中随处可见的"保卫中国，爱中华，爱国土""救国不分男女老幼"等标语又无时无刻在提醒读者战争形势的严峻。

读这本书，每翻几页，就会跳出一幅极简的图画。说它简单，寥寥几笔的黑白写意，甚至连人物的五官都无法辨析。不仅如此，还带着孩子般幼稚的笔法，人物清一色都是没有头发的人，偶尔出现一个老师的形象，也是架着眼镜张着"O"形的嘴，不由得让人想起自己小时候偷偷藏在课桌里的、恶搞老师的画像。孩子的形象有时是几个小伙伴在草地里捉小蛇；有时是庙会上"风调雨顺"的大戏台；有时是教室里黑压压的几排小脑袋；有时又是几个围着斗蟋蟀的小脑袋。即使是表达乡亲被敌机轰炸、结伴逃难的画面，图画中也没有血腥和暴力，简单几笔却勾勒出了局势的紧张和人们的恐慌。

这些插画，就这样静静地穿梭在一本儿童历史战争小说中。作者用黑白的

色彩、简洁的线条传递着战乱中一代人苦难生活的印记。那些童年时的玩伴、战乱中的人们、中华民族的英雄，无声地打动着读者的心。也只有这种风格的插画，似乎才能提醒我们，历史没有被湮没，历史是不会被遗忘的。

歌德说："历史带给我们最好的礼物是感动。"可是，住在现代公寓里的孩子，有多少会回头去看过去的历史？大家都没时间，都不愿意停下脚步去鉴往知来，当历史渐渐离我们远去，还有多少孩子能了解20世纪中国那场巨大的灾难？谁会记住那些在战争中为国捐躯的有名或无名的英雄？肤浅的说教，告诉孩子你们的幸福生活来之不易，是多少烈士抛头颅洒热血换来的，这些真的能引起孩子们的共鸣吗？当今的孩子，太需要有血有肉的历史感召了。如果资料无法做到这些，那么，文学必须肩负起这一使命，用文字的魅力让孩子接受鲜活的洗礼，唤醒孩子们对人性的爱与恨、战争与和平的认识。《小英雄与老邮差》带给我们的感动，在于它并没有口号式的、妖魔化的、英雄主义的渲染，也没有史料上的暴力、恐惧和触目惊心的数字。你能读到的是一群天真善良的孩子、一方普通得不能再普通的百姓，在战火烧至家乡的时候，同仇敌忾地守卫着自己脚下的这片土地。即便我们知道，它真的是在诉说一场痛彻心扉的苦难，但清澈干净的文字，对国家、对故乡、对亲人的爱，是那样地自然，以至于在合上这本儿童文学小说的那一刻，让人潸然泪下。

写下这篇文字，刚好是九月十八日。愿历史不要重演，愿所有在战争中为人类和平献出生命的人们安息……

九、在忧伤的世界里浅浅地笑——从《小狐狸阿权》走进新美南吉的世界

如果说，要选一个作家，他的作品要始终散发着爱的光芒，每读一次都能触及你内心最柔软的部分，能给纷繁杂乱的日子带去一股清新的风、一丝悸动的爱，那么，被誉为"日本安徒生"的新美南吉无疑是最合适的人。

为什么？

原因在于，很多文学作品在用犀利、强硬、迂回的方式传递某种观念的时候，新美南吉却站在儿童的视角，带着一颗纯洁的童心，用明快清新的文字，构建一个个极简单又发人深思的故事。其用至纯至简的视角对这个世界进行考量，内心干净得让人惭愧。就像孩子们都很熟悉看他写的童话《去年的树》，

寥寥数百字道出了一只小鸟与一棵逝去的树之间的友情。这是一篇极其短小隽永的童话故事，说它浅，两三岁的幼儿都能听懂；说它深，它又有直抵内心深处的力量。这个世界有一个不二定律：复杂容易，简单难；深涩容易，平易难。新美南吉做到了。他的作品简洁、单纯而有力量，这样的作品，我喜欢！

原因还在于每次读新美南吉的作品，都有一种直抵内心的孤独感、不可复制的淡淡的忧伤，百转千回的带泪的微笑。这与他年幼丧母的成长经历密不可分。但如果因为命运让他的作品只存有孤独之感，未免就太过于冰冷了。新美南吉的与众不同之处，就在于他明明是孤独的、不幸的，但其故事却始终贯穿着一个个充满爱与人情味的主题。《去年的树》，树化作一束火苗，永远留在小鸟的心中。小鸟为火苗唱起了去年的歌；火苗轻轻摇晃着，好像很开心的样子——即便两个朋友天各一方、成了两个不同世界的人，可是心灵却依然可以相通，化作永恒的交融。这个早逝的日本儿童文学家，内心是怎样地笃定和安宁——在孤独的世界里温暖地活着，在忧伤的文字里浅浅地笑着。这样的作品，我喜欢！

原因更在于，新美南吉并没有向任何人强加他所向往的人性之善、人间之爱。他构建的故事，始终是一个温和的存在，轻轻地讲述，慢慢地倾诉，充满亲切感和人情味。没有黑白分明的对立，没有苛刻强势地指责，没有大张旗鼓地对峙，没有剑拔弩张的爱与恨，语言质朴却荡涤心灵。这样的作品，我喜欢！

读着《小狐狸阿权》这本故事集，不知不觉，就被代入一个个故事中去，一个个可爱的形象跃入眼中，刻在心田。

（一）真想有一只小狐狸

从未有人把传说中狡猾的狐狸写得这么通人性，让人情不自禁地想靠近它、触摸它。新美南吉是写狐狸的高手，他的童话作品很多，最脍炙人口的是它的"狐狸三部曲"——《小狐狸阿权》《小狐狸买手套》《小狐狸》。在日本，狐狸几乎成了新美南吉的代名词。

说起狐狸，往往是"狡猾、鬼怪、魅惑"等的化身，可是在新美南吉的笔下，每一只小狐狸都是善良的小家伙，惹人喜欢，可爱至极——想赎罪却命丧枪口的小狐狸，独自去镇上买手套的小狐狸，被派去买油灯的小狐狸……每一只狐狸，都有着一样纯真无邪的品德，却又都有着不一样的命运。

小狐狸阿权，是一只孤零零的小狐狸。这只没有人约束管教的小狐狸，无

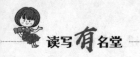

聊时喜欢去村子里捣乱。有一天它遇到了兵十，这个最终决定他宿命的人。它恶作剧地把兵十从河里抓到的鳗鱼一条一条全扔回了河里。过了十来天，阿权再去村子，得知兵十的妈妈去世了。它一下子自责起来，认为是因自己捣乱而导致兵十妈妈吃不上鳗鱼，所以她死去了。为了赔偿兵十，内疚的阿权悄悄地往兵十家里隔三岔五地送栗子和松口蘑，还从卖沙丁鱼的人的车上偷走几条沙丁鱼，扔到兵十家后院。它想用这样的方式来弥补兵十，可没想到反而令兵十被人冤枉是小偷而招致一顿狠揍。最终，小狐狸阿权再次送栗子来的时候，被兵十误会又来捣乱，倒在了他的枪口下。

另一只小狐狸，大雪天里要独自去镇上买一双手套。妈妈告诉它人类很可怕，小心翼翼地叮嘱了又叮嘱，做了很多准备以防止小狐狸在买手套的时候被人类给抓走。小狐狸虽然经历了一些波折，但总算成功地买到了手套，平安地回到了妈妈的身边。它想：人类其实也不是那么可怕嘛！

最好玩的是那只被朋友们派去买灯油的小狐狸，大家等呀等。可谁知道这只贪吃的小狐狸在买了灯油回来的路上，实在忍受不了油的香味，一路上慢慢舔着灯油回来。一小口，又一小口。等它回到山里，油已经全都舔光了！朋友们非常失望："真不该派狐狸去买东西呀！"

这些是不是颠覆了你对狐狸的印象？淘气又自责的阿权，倒在被误会的枪口下的那一刻，你的泪水是不是随着升起的青烟而落下？这是一个永远无法弥补的遗憾，让人怅然若失地伤感。买手套的小狐狸并不知道人类有多可怕，即使妈妈警告过它，人类会把它抓起来，但小狐狸依然觉得"人类也不坏啊"，多么纯洁的一颗童心啊！也只有像儿童一般纯净的心，才会在敌人面前依然选择相信敌人。面对毫无防备的小狐狸，你忍心要把它抓起来吗？还有那只偷油吃的小狐狸，跟贪吃的小朋友一模一样。你是不是也有过像它一样的经历，遇到好吃的就停不下嘴了？小狐狸的好朋友们舍得责怪这样可爱的小狐狸吗？反正，我可生不起气来！

新美南吉似乎天生就对狐狸有着特殊的感情，他对狐狸的痴迷让读过他作品的人印象深刻。在日本，只要你提起新美南吉，认识他的人都会说："哦，就是那个写狐狸的作家啊！"他笔下的狐狸个性迥异，可爱纯真；那么温柔，又那么温暖。读着读着，你没有办法不喜欢上它们，甚至会忍不住发出"真想有一只这样的小狐狸"的感慨。

（二）孩子是爱的天使

再来看看新美南吉笔下的孩子。他说过："童话的读者应该是孩子，而不是文学青年。"所以，他很愿意在故事中让孩子的角色频频出现。天真烂漫的儿童在他的故事中无处不在，也许是童年对他的影响实在太大，也许是幼年失去母亲的痛让他想再重新体会一次童年，所以他愿意把很多自己对童年的向往放到故事中的孩子们身上去弥补。他并没有因为童年的阴霾而让故事笼罩上一层阴郁、怨恨的色彩。相反，他的故事是那样明快、清澈，天真无邪。

孩童的世界就是这么一个干净的存在，童话注定是孩子的归属地，读它的是孩子，故事中的角色大多数也是孩子。在《小狐狸阿权》这本故事集中，除了狐狸的题材以外，孩子是他使用的最多的题材，例如，《打气筒》中的正九郎、《铁匠的儿子》中的新次、《钱坊》中的坦吉、《一张明信片》中的少年、《久助的故事》里的久助、《小和尚念经》里的小和尚……世态很炎凉，人情很冷薄，或许只有纯朴清澈的孩童世界，才能给新美南吉带来一丝暖意，也给我们现在的儿童读者带来挥之不去的温暖和感动，给成人读者提供一个走进孩子内心世界的机会。

替父亲入山送信的少年，手攥着小女孩翘首以盼的明信片，永远地倒在了那个下雪的夜晚。这个少年短暂的生命，如同一颗流星，终没能等来自己的春天。

新次的家庭，仿佛集结了所有的不幸：妈妈早逝、爸爸酗酒、哥哥痴呆。命运是如此不公，小小年纪的新次注定要少年老成。他既想让爸爸戒酒，但是看到爸爸因为不喝酒而逐渐憔悴，又主动给爸爸买回了酒，可是自己呢，却躲在一旁悄悄地哭了。这个少年，承受了他这个年龄本不该承担的一切。

那个喜欢孩子的小神仙，渴望和孩子们一起玩但又不敢显形，只好隐身藏在一群孩子中加入游戏。被发现后连忙慌慌张张地逃回树林，却不小心把一只热乎乎的小红鞋跑掉了。原来，神仙也爱玩耍呢！读着读着你就会发现，这不就是日本版的灰姑娘吗？那个跑掉了鞋子的小神仙，下次还会不会再来和孩子们一起玩呢？

夏末的傍晚，坦吉和哥哥在海边捡了一只独眼的小狗。渐渐地，这只被取名为"钱坊"的小狗成了坦吉的好朋友，他们再也分不开了。可是叔叔要把小狗送给他的同事。最终，钱坊被带走了，消失在远处的松树林里。坦吉无法割舍这份情感，脑海中不断地浮现钱坊可怜的、悲惨的样子。正当他悲伤的时候，他看到

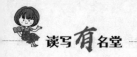

一只瘦骨嶙峋的狗，被风推搡着、沿着冷冰冰的马路、踉踉跄跄地走了过来。它的两只眼睛都失明了。等到坦吉连滚带爬地冲到楼下的时候，那只失明的狗已经像风一样消失了。是幻觉还是真的？可怜的钱坊，到底去了哪里呢？

还有那个可爱的小和尚，要代替师父去施主家给亡灵念经，路上却被油菜田里的一只小兔子诱惑，把经文"归命，无量，寿如来"念成了"对面的小路上，牡丹花开了，开了，开了，牡丹花开了"，让前来悼念亡灵的人们哧哧地笑了。他们从来没有听过这么可爱的经文呢！是啊，死亡也许只是生命的轮回，又何必一定要哀哀戚戚呢？欢快地送别不也一样是对生命的尊重吗？走在回家的路上，小和尚没有忘记那只兔子，他把小馒头分了一半给它。多么可爱，多么天真的小和尚呀！坦然对待生死，或许才是新美南吉在故事中想要表达的情感。

在新美南吉的心里，到底住着多少个孩子呀？他们仿佛都是爱的小天使，都有着不一样的面孔，有着不一样的故事，就算你阅遍新美南吉所有关于孩子的故事，你依然会不厌其烦地一看再看。那些承载着爱的小家伙们，将人世间最单纯、最清澈的爱，一点一点渗入你的心里，唤醒你内心那些久违的感动，且余音袅绕。对于孩子们纯真的心灵，南吉常常给以非常温柔宽厚的对待，就如他本人所说："我心中涌起欣喜感激的波涛，眼泪也流了下来，用力地拥抱着每一个孩子。"

（三）悲情的底色

读完新美南吉所写的一段文字的时候，或许读者很快会发现一个规律，新美南吉即便是写涉世未深的孩子，也充满着单纯的、难以沟通的人生悲情。看《小狐狸阿权》这本书，我们读到很多简单的童话，很多日常朋友的、邻居的普通故事，可就算最后故事的结局是美好的，但整本书依然充斥着难以言说的感伤。新美南吉与生俱来的多愁善感的气质，与这个民族悲哀伤感的审美特质相吻合。他一生失去过太多东西：母亲、家人、恋人、健康。他一直在孤独地承受着各种苦难，人生的悲情贯穿了他几乎所有的文学作品，烙下了深深的无法抹去的底色。

《久助的故事》讲了一个再简单不过的事情。男孩久助好不容易做完了一小时的功课，跑出去找小伙伴们玩，可是小伙伴们早就回家了。他只看到了平日不太受欢迎的"吹牛兵"兵太郎。失落的久助这个时候突然觉得跟兵太郎玩也挺不错，于是他就和兵太郎在草垛子里玩了起来。玩着玩着，扭打在一起，越打越凶。打着打着，好像又在闹着玩。到最后，连久助都分不清这是在闹着玩，还是在真的打了起来。两个男孩就这样一直扭打着玩到傍晚，直到该回家的时候，这是多么常见的一个童年场景——男孩之间一场平常的打闹。但故事的最后却偏偏没有轻易让两个小男孩说"再见"，出现了新美南吉惯有的、意味深长的结尾：兵太郎站在久助的面前，用一种无比寂寞的目光，默默地看着远处的地平线。

久助呆住了。站在面前的不是兵太郎，而是一个他从未见过的满脸寂寞的少年。

怎么回事？自己还以为是跟兵太郎，其实是跟一个陌生的少年扭打了半天。

这个跟自己扭打了半天的陌生少年，究竟是谁？

噢，原来还是兵太郎啊！原来还是那个平日一起玩的伙伴兵太郎啊！

弄清了这些，久助松了一口气。

后来，久助这样想，即使是一个我很熟悉的人，有时也会变得像陌生人一样。而且我是否真正熟悉那个人的一切，也不是那么简单能下结论的。对于久助来说，这又成了一个新的悲哀。

旧的哀愁未散，新的悲哀又来了。那个少年的脸上，为何突然写满了寂寞？是因为朋友之间要分别？还是因为从来没有一个朋友这样肆无忌惮地亲密地与他共度了一个下午？这种亲密是否触痛了他内心深处隐藏已久的对友情的渴望？当黑夜让他们必须分别的时候，是不是也意味着这段美好时光的结束？站在那里默默地看着远处的地平线的兵太郎，寂寞无比的目光里，写满了一种深深的忧伤。而久助，当他意识到朋友也有陌生的一面的时候，不由得也心生悲凉。人与人之间的热情和伤感，极有可能在一瞬间切换，这让久助感到一种强烈的陌生感，好像对身边的人都产生了疏离感。或许这正源于新美南吉骨子里不安的性格。幼时经历离别、寂寞、冷清，而产生的这种孤独感和失落感让他幼小纤弱的心灵永远无法得到温暖和抚慰。

新美南吉是有多么的怀念他的母亲呢？从另一篇《小狐狸》中大概能窥见他的这种强烈的情感。文六和小伙伴一起去镇子上买了一双新木屐，却被一位老奶奶说晚上买新木屐是要被狐狸附体的。可怜的文六和小伙伴们胆战心惊地走在月光照射下的回家的路上，好不容易才走回自己的家。故事令人感动的是，妈妈得知文六怕被狐狸附体，表示会变成狐狸妈妈陪伴他生活在山里；若是遇上猎人，狐狸妈妈会跑在最后，让猎狗咬住自己，这样就能让宝贝和爸爸

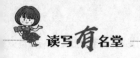

趁机脱身了。惊呆了的文六听到这里，不由得号啕大哭……让我们借用书中的一段对话，来感受这种母子间的爱吧！

"如果在那么跑的时候，狗突然从后面追上了怎么办啊？"

妈妈沉默了一下，然后显得极其认真的样子，一字一句地说："如果那样，妈妈就一瘸一拐地慢慢跑。"

"为什么？"

"狗就会扑上来咬住妈妈的啊，那样，猎人就会追上来，把妈妈捆起来。那样，宝贝你和爸爸就可以逃走了。"

文六吃惊地凝视着妈妈的脸。

"我不要妈妈那样啊，那样不就没有妈妈了吗？"

"可是只能这样了啊，妈妈一瘸一拐地慢慢跑。"

"我说我不要那样了，妈妈！那样不就没有妈妈了吗？"

"可是只能这么做啊，妈妈一瘸一拐地慢慢跑……"

"我不要，我不要，我就是不要！"

文六大吵大嚷地扑进妈妈的怀里，眼泪夺眶而出。

妈妈也用睡衣袖子悄悄地擦了擦衣角。随后，把文六踢开的小枕头又枕到了他的头下。

人世间最伟大的爱，莫过于母爱。不了解新美南吉身世的人，是不是会觉得他就是在这样的爱中长大的？事实上，自新美南吉出生后，他几乎没有享受过母爱的温暖，母亲的早逝让母爱离他太久、太远，久远地让他只能把这份情感寄托在故事中，借书中孩子的口说出他对妈妈的怀念。不知道他写下这段对话的时候，是不是泪水也在一滴一滴地往下滴落；他颤抖的心，是不是也在一声一声地呼唤早逝的妈妈，喊着"我不要，我不要，我不要失去妈妈……"

作为这种悲情的寄托，《蜗牛的悲哀》也是一个典型。这个只有200个字左右的童话，篇幅极其短小，其中却包含着儿童所难以理解的"大家都是背负着悲哀而生活，今后必须忍受我的悲哀"的内容。对新美南吉而言，生命中哀伤的情绪已经深深融入他的血液。我们明明知道这是好玩的童话，是在讲简单的生活，看着看着却不知不觉让人泪流不止，掩面叹息。

（四）诗意的文字

新美南吉短暂的一生创作了大量的童谣、童话、俳句，他生活过的故乡和原野，那些一草一木，薄云淡雾，竹影霜树，对他的作品产生了深厚的影响。所以他的文字朴实、平淡、自然，仿佛不经意间讲述着平凡人的普通事，却处处流露诗意，形成一种朴素洁净的、回归心灵的美感。

这是《和太郎和他的老牛》中的一个场景：

不久，月亮出来了。无论是油菜花盛开的时节，还是稻子插秧的时节，只要月亮一出来，原野上便会呈现一派明亮秀丽的景色。

再看《久助的故事》里的描写：

红蜻蜓从兵太郎身后飞过，落到了干草上。在阳光的照射下，蜻蜓的翅膀晶莹闪亮。

干草暄腾腾的，松软温暖地拥着久助。就在这时，一只蚂蚱蹦蹦跳跳地从他头顶跳到豆田那边去了。

久助的头上和耳朵里沾满了干草，可是他没有去摘。干草堆被阳光晒得暖洋洋的，靠在上面，可以联想到被母亲拥抱的温暖。久助像个小猫似的，身体发痒地涌起一种疯狂的冲动。

还有《爷爷的煤油灯》里这些让人宁静的文字：

快到西面山岭的时候，路边有一个名叫半田池的大水塘。溢满春光的池水，在月光下像个银盘似的，泛着朦胧的光。赤杨和柳树在岸边，弯身看着水里。

选择这样一个没有人的地方，他点着了煤油灯，点上一盏就挂到池边的树枝上，大大小小地挂满了一树。一棵树挂满了，又挂到旁边的另外一棵树上。就这样，终于把所有的煤油灯都挂在了三棵树上。

那是一个无风的夜晚，一盏盏煤油灯在静悄悄地燃烧着。四周如同白昼一样明亮，追光而来的鱼在水中闪闪发亮，如同一把刀子。

对岸亮着一盏盏煤油灯，五十多盏都在亮着呢。水面上也映出了五十多盏煤油灯的倒影，巳之助站住了，又久久地凝望起来。

煤油灯啊，煤油灯，让人怀念的煤油灯！

多美的一幅画，怅然若失又充满诗意。时而是读童话，时而是听故事，听着读着，一幅幅清新的、自然的画面自然涌现，像风吹过原野，像诗掠过耳畔。新美南吉这个短暂又闪耀的生命体，把骨子里对故乡、对风景、对亲人、对乡人、对恋人的情感在这些诗意的文字中肆意挥洒，直到生命的尽头。对读

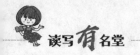

者来说，这种清澈的诗意，在情操上有洗涤的作用，在心灵上有净化的作用。可以想象，新美南吉在营造这些质朴无华的意境的时候，努力地保持着平静的创作心态，以近乎淡泊的笔调去写，用平静的画面呈现于读者面前。这种诗意，不是低级的、直白的喷薄，是暗隐的、明净的抒发。爱恨、苦痛、幸福都没有达到赤裸裸大声疾呼的程度，悲伤没有痛不欲生，幸福也没有乐不可支，这就是新美南吉及其作品的诗意的境界。

1929年，新美南吉写下了这样的话："我的作品蕴含着我的天性和远大的理想。所以，不管今后会发生多么复杂的历史，不管经过几百年、几千年，只要我的作品能够被承认，到那时，我也就能重获新生了吧！以此而言，我实在是非常幸福。"

原野尽头的天边飘着一朵云，新美南吉在他忧伤的世界里浅浅地笑着。不知如今远在天堂的新美南吉，是否感受到了他曾经所说的幸福？

第二节　阅读现场实录

一、那些恰如其身份和恰如其性格的人物塑造——《红楼梦》阅读活动设计与实施策略

（一）阅读指引

1. 推荐版本

书名：红楼梦（上、下册）	
作者：曹雪芹著，高鹗续	
出版社：人民文学出版社	
出版时间：2013年1月	
字数：1 137千字	

2. 内容梗概

女娲炼石补天，遗下一块顽石未用，弃在青埂峰下。此石已通灵性，因未被选补天常悲伤自怨。一僧一道携石下凡历练。不知历经多长时间以后，空空道人经过这里，见石上有所刻，便从头到尾抄下，后由曹雪芹披阅增删、分出章回。以下便为石上所刻内容概要：

姑苏阊门外有个葫芦庙，乡宦甄士隐居住庙旁，可怜寄居庙内的穷儒贾雨村，赠银让他赶考。元宵之夜，甄的女儿英莲被拐走。不久因葫芦庙失火，甄家也被烧毁。甄带妻子投奔岳父，遭白眼，随跛道人出家。

后贾雨村中进士，任县令。由于贪财被革职，到盐政林如海家教林的女儿林黛玉读书。京城起复参革人员，贾雨村托林如海求岳父家荣国府帮助。林的岳母贾母因黛玉丧母，要接黛玉去身边，林便托贾雨村送黛玉到京。贾雨村与荣国府联宗，并得林如海内兄贾政帮忙，得任金陵应天府。

黛玉进荣国府，除外祖母外，还见了大舅母，即贾赦之妻邢夫人；二舅母，即贾政之妻王夫人；年轻而管理家政的王夫人之侄女、贾赦儿子贾琏之妻王熙凤，以及迎春、探春、惜春和衔玉而生的贾宝玉。宝、黛二人初见有似曾相识之感……宝玉因见美如天仙的表妹无玉，便砸自己的通灵玉，惹起一场不快。

贾雨村在应天府审英莲被拐卖一案。买主为皇商之家、王夫人姐姐薛姨妈之子薛蟠。薛蟠虽为争英莲打死原买主，但贾雨村胡乱判案，放了薛蟠。薛蟠与母亲、妹妹薛宝钗也一同到荣国府住下。

宁国府梅花盛开，贾珍妻尤氏请贾母等赏玩……贾宝玉在贾珍儿媳秦可卿卧室睡午觉，梦游太虚幻境，见"金陵十二钗"图册，听演《红楼梦》曲，与仙女可卿"云雨"。醒来后因梦遗被丫鬟袭人发现，宝玉把梦中"云雨之事"相告并与袭人偷试"云雨"。

京官后代王狗儿已沦落乡间务农，因祖上曾和王夫人、凤姐娘家联宗，便让岳母刘姥姥到荣国府找王夫人"打秋风"。王熙凤接待，给了二十两银子。

薛宝钗曾得癞头和尚赠金锁治病，以后一直佩戴……黛玉忌讳金玉良缘之说，常暗暗讥讽宝钗，警告宝玉。

贾珍之父贾敬放弃世职，离家求仙学道。贾敬生日那天，贾珍在家设宴相庆……因林如海得病，贾琏带黛玉去姑苏。他的族弟贾瑞趁机调戏凤姐，却被

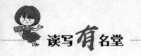

凤姐百般捉弄而死。

秦可卿病死，贾珍恣意奢华，不仅东西都选上等的，还花千两银子为儿子捐龙禁尉，以便丧礼风光。送丧途中，凤姐贪图三千两银子，拆散一对情人，使其含恨而自杀。

林如海死后，黛玉只得常住荣国府。一种寄人篱下的凄凉感笼罩着她。她常暗暗流泪，身体也更加羸弱。

贾政长女元春被册封为妃，皇帝恩准省亲。荣国府为了迎接她，修建极尽奢华的大观园，又采办女伶、女尼、女道士。出身世家、因病入空门的妙玉也进了荣国府。元宵之夜，元春回娘家，要宝玉和众姐妹献诗。黛玉本想大展奇才，但受命只作一首，深感遗憾……

宝玉说将来不放袭人，袭人乘机规劝宝玉读书……宝玉和黛玉两小无猜，情意绵绵，但又因有薛宝钗或其他小事常吵，在不断争吵中二人情感愈深。

宝钗过生日请人唱戏，一小旦像极黛玉。贾母娘家孙女史湘云口快说出，宝玉怕黛玉生气阻拦，结果惹得二人都生宝玉的气……元春怕大观园空闲，便让宝玉和众姐妹搬进居住。进园后，宝玉成天和这些女孩子玩耍……一书童将《西厢记》等书偷带进园内，宝玉和黛玉一同欣赏。

贾政妾赵姨娘所生子、宝玉庶弟贾环嫉妒宝玉，抄写经书时假装失手弄倒蜡烛烫伤宝玉，王夫人因此大骂赵姨娘……赵姨娘因恨凤姐，请马道婆施魔法，让凤姐、宝玉中邪几死。癞和尚、跛道人擦拭通灵宝玉，救好二人……黛玉性格忧郁，暮春时节因感伤，将落花埋葬，并写《葬花词》。

史湘云劝宝玉留心仕途，被宝玉抢白，并说黛玉从不说这种混账话。恰巧黛玉路过听到，深喜知心。王夫人丫鬟金钏儿与宝玉调笑，被王夫人赶出，投井而死。宝玉因结交一位王爷喜欢的伶人，使得王爷派人来找。贾政大怒，将宝玉打得皮开肉绽。王夫人找袭人，要她随时报告情况，并决定将来让袭人给宝玉做妾。

探春倡导成立诗社。第一次咏白海棠，宝钗夺魁；第二次作菊花诗，黛玉压倒众人。

刘姥姥二进荣国府，被贾母知道，便留她住下，在大观园摆宴，把她作女清客取笑。这位世故的老妇也甘愿充当这一角色。贾母又带刘姥姥游大观园各处。在拢翠庵，妙玉招待黛玉、宝钗饮茶，宝玉也得以沾光。

为凤姐庆生辰，从贾母起，各人出份子办席。凤姐饮酒过多，想回家休息，撞到贾琏正勾引仆妇。凤姐哭闹，逼得仆妇上吊。贾母迫使贾琏向凤姐赔礼。

　　由于行酒令黛玉引了几句《西厢记》曲文被宝钗察觉，但宽恕了她，二人关系好转。黛玉承认宝钗是好人，是自己多心……黛玉模仿《春江花月夜》写出《秋窗风雨夕》，抒发自己的哀愁。贾赦垂涎贾母丫鬟鸳鸯，让老婆邢夫人找贾母去要。鸳鸯不肯，贾母也不愿意，并斥责邢夫人。贾母与贾赦母子关系更加不好……薛蟠在一次宴席上调戏会唱戏而又豪爽的柳湘莲，被柳毒打。柳怕被报复，逃往他乡。薛蟠无脸，也外出经商。其妾香菱（英莲）到大观园学诗。又有几家亲戚的姑娘来到大观园中作诗、制灯谜。大观园空前热闹。袭人因母病回家，晴雯夜里受风得寒伤。宝玉为舅舅庆寿，贾母给他一件用孔雀羽毛织的雀金裘，但被宝玉不慎烧了个洞。街上裁缝不敢修补。晴雯重病中连夜补好。年关到，宁国府庄头交租，送的东西数量惊人，贾珍还嫌少。由于过年操劳，凤姐小产，无法理家，便由探春、宝钗等人协同理事。探春为赵姨娘所生，但赵姨娘弟弟死了，探春也按例不多给钱。母女大闹一场，探春又在园中实行一些改革，将各处派专人管理，既交公一些财物，又给管理人一些利益。

　　黛玉丫鬟紫鹃试探宝玉对黛玉是否真心，假说黛玉要回姑苏。宝玉相信而发病精神失常。由此，黛玉更知宝玉心，众人也以为他们定成美满姻缘……黛玉认薛姨妈为干妈，宝钗、黛玉二人关系到最融洽时期。

　　荣国府矛盾重重。贾环在宝玉处见到擦癣的蔷薇硝，想要些，宝玉丫鬟芳官却给贾环一些茉莉粉。赵姨娘到宝玉处大闹一场……芳官又给她干娘一些玫瑰露，引出她干娘的侄儿偷茯苓霜一事。几件事闹得险些打破仆人间的和谐关系。正当宝玉生日之时，贾敬吞丹丧命。尤氏办丧事繁忙，请母亲和妹妹尤二姐、尤三姐来帮忙。贾琏见尤二姐貌美，要作二房，偷居府外。二姐和贾珍原有不清白，贾珍还想搅浑水，贾琏又想把三姐给贾珍玩弄。尤三姐却正气凛然，将珍、琏大骂，她已有意中人（柳湘莲）。贾赦派贾琏外出办事，贾琏路遇薛蟠、柳湘莲。薛蟠遇强盗，被柳搭救，二人结为兄弟，贾琏为柳提媒，柳答应。

　　到京城后，柳先向三姐之母交订礼。遇宝玉闲谈尤氏一家而起疑，又去索礼退婚。尤三姐自刎，柳出家……凤姐知道贾琏偷娶之事，装成贤惠，将二姐接进府，请贾母等应允。贾琏因办事好，回来后，贾赦赏一妾。凤姐借妾之手逼使尤二姐吞金自杀。粗使丫鬟傻大姐在园中拾到绣有春宫图的香囊，王夫

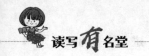

人大怒。在一些仆妇的撺掇下抄检大观园，迎春懦弱，听凭自己丫鬟被赶走。探春生气，怒打仆妇。惜春这时和哥哥嫂子断绝往来。晴雯被王夫人赶出大观园，抱恨而死。贾宝玉无可奈何，写《芙蓉女儿诔》祭她。薛蟠娶妻夏金桂后，又贪慕陪嫁丫鬟宝蟾美色。金桂为除香菱，答应了。在夏金桂的挑唆下，薛蟠打香菱，薛姨妈不准。夏和婆婆吵闹，薛蟠无法在家，只得外出。

宝玉年纪渐大，贾政逼他上学；迎春出嫁，宝钗被家事缠住。大观园冷清起来。黛玉思想终身之事无人可求，做噩梦而染重病。奉贾母意思，凤姐提出将宝钗嫁给宝玉的想法。宝玉见晴雯补的雀金裘，怀念亡人。黛玉听丫鬟谈论宝玉婚事，病得不能吃饭；后来听说议而未成，病即痊愈。

薛蟠在外饮酒，打死店小二，入狱。金桂和宝蟾要勾引薛蟠堂弟薛蝌。十月里，海棠开花，大家以为喜事，置酒庆贺。就在夜里，宝玉的通灵玉不知去向，人也痴呆了。祸不单行，元春这时死去……贾母做主，让宝玉娶宝钗，怕宝玉不同意，告诉他娶的是黛玉，且不让黛玉知道消息。黛玉在傻大姐处知道实情，梦幻破灭，迷失真性，焚烧诗稿，在宝玉成亲时，孤苦而死。洞房之夜，宝玉见是宝钗也大惊，人也更加糊涂，忧伤得差点死去。

探春远嫁之后，大观园更是凄清。凤姐月夜见鬼，尤氏又得重病，众人搬出园，请道士在园中作法驱妖。薛蟠案子要重判。夏金桂因为调戏薛蝌被香菱撞见，想毒死香菱，不料自己误食毒药而死。

荣宁二府种种作为，惹恼皇帝，终于被抄家。二府被革去世职，贾赦、贾珍被逮。凤姐由于突来大祸，病得奄奄一息……由于权贵帮助，荣府世职恢复，让贾政继承，正逢薛宝钗婚后第一个生辰，便摆宴庆贺。可是席间一片悲凉。不久，贾母病死。鸳鸯惧怕被报复，自杀殉葬。凤姐主办丧事，力不从心。大家怨恨，她因支持不住而死……一群强盗打劫荣国府，妙玉被劫走。惜春看破红尘，小小年纪便出家。

宝玉再次梦游太虚幻境，见到鸳鸯、尤三姐、秦可卿等薄命女子及为首的黛玉，醒后更心灰意冷。癞头和尚、跛足道人送回通灵玉，要宝玉弃绝尘缘。宝玉终于在应考之后出家当了和尚。尽管他中了举人，宝钗也已怀孕，但他全不管了。

贾雨村犯法被解职，在觉迷渡口碰见已成仙的甄士隐。甄士隐向他剖析、解释了这一切，小说结束。

3. 作者简介

《红楼梦》作者是谁？大致有十几种推测，目前普遍认同胡适的说法：前八十回由曹雪芹作，后四十回为高鹗续写。

曹雪芹（1715？—1764？），名霑，字梦阮，号雪芹，是中国文学史上最伟大的作家。晚年生活穷愁潦倒而又嗜酒狂放。他的不朽巨著《石头记》的前八十回，早在他去世前十年左右就已经传抄问世，书的后半部分据专家们研究，认为基本上已经完成，只是由于某种因素未能传抄行世，后来终于迷失，这是不可弥补的损失。

4. 文学地位

《红楼梦》被称为"中国古今第一奇书"，是清乾隆年间一部未标年代、没有署名的小说《石头记》（现通用书名《红楼梦》）。诸藏书家竞相抄录传阅，一时纸贵京都，更有"开谈不说红楼梦，读尽诗书也枉然"的说法。这部断臂的"维纳斯"为后人留下了太多的谜团，有人毕生都在从事红学研究。关于红学的争论更是持续了200余年，相沿不绝。

《红楼梦》是我国四大古典名著之一，具有高度思想性和高度艺术性。它塑造了众多独特而鲜明的人物形象，成为不朽的艺术典型。它突破了长篇小说情节和人物单线发展的特点，创造了一个宏大完整而又自然的艺术结构。它的语言艺术成就更是代表了我国古典小说语言艺术的高峰。

《红楼梦》也是一部古典文化的百科全书，其中的诗词歌赋、琴棋书画、医疗烹饪、园林建筑、服饰收藏、社会风俗等，无所不包，任何人都能从中找到自己感兴趣的东西。所以，人人心中都可以有一个《红楼梦》，它标志着中国古典小说创作的最高峰。[①]

（二）教学价值

1. 知识积累

【章回体小说】

章回体小说是中国古典长篇小说的主要形式，即一个总的故事，由若干个小故事串联而成。这种小故事或几个连成一回，或一个故事一回，或一个故事

---

① 图解经典编辑部.图解红楼梦［M］.北京：北京联合出版公司，2015.

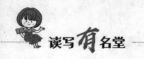

数回。小说的主要人物，一般都有相对独立的几回。在这几回中，这个人物始终处于故事的中心，并以他的活动作为情节发展的主线，所以，这些小故事具有相对的独立性。《水浒传》的结构形式最具代表性。

《红楼梦》这部小说虽保留了章回之目，却非章回之体。它在章回体小说单线式结构的写法上有所创新，创造了一个宏大完整而又自然的艺术结构，使众多的人物活动于同一空间和时间，并且使情节的推移具有整体性，表现出作者卓越的艺术才思。

【中国文化】

《红楼梦》中关于医药文化、饮食文化、服饰文化等描写有很多，学生可以从中了解许多清代的美食、饮食文化，以及汉族与满族的服饰特征。

【社会风俗】

《红楼梦》中，作者运用大量笔墨描写了贾母等人的生日宴会、秦可卿的葬礼，学生可从中了解官宦之家的喜丧习俗，也可以了解"一夫多妻"制、家奴制等内容。

【诗词鉴赏】

大观园里才女多，从元春省亲到芦雪庵联句，从海棠社到桃花社，产生了大量的诗词。其精妙之处在于作者精心安排的这些是为人物服务的，学生在读诗词的同时还可以加深对红楼人物的了解。其中，林黛玉教香菱学诗的教学方法也值得借鉴。

2. 能力提升

【文本信息的提取与整合能力】

学生在阅读过程中，能按照相关要求从文本中寻找符合要求的信息，用自己的语言对提取出来的信息进行描述或总结概述。

【赏析人物性格的细节描写】

作者在作品中描写了一个个栩栩如生、个性鲜明的人物，人物的性格呈现了丰富的多样性。学生在阅读时，对书中的人物形成了多角度的理解，能更好地掌握分析、评价人物的方法。如性格迥异的人说话方式不一样；同一个人，喜怒哀乐不同的时候，说话口吻也不一样，人物语言的丰富性可以帮助学生提升赏析语言的能力。

（三）教学策略

【从听入门，降低门槛】

白话文的写法会给学生增加阅读难度，但是作者白描的写法很适合朗读。教师通过范读部分章节，在适当的地方停顿解释，使书中不是很好理解的词语和段落一下子就变得好理解了。有时融入自己的读书心得，给学生说说人物的体验，进一步加深学生对文本理解的同时，还能提高学生的阅读兴趣。

【画人物关系图】

书中写到的人物多达400多个，各种亲属关系、主仆关系错综复杂。在读第二回冷子兴讲述荣国府、宁国府时，可以让学生边读边画出人物关系图。在后续的阅读中，可以让学生边读边对照，边读边补充，这样有助于梳理小说的框架，使整个故事的发展变得一目了然。

【细读文本，分析人物个性】

《红楼梦》中有不少单独写人的篇章，除书中对人物的细节描写外，连诗词韵文、环境描写等都是服务于写人的。还有更多的是把人物放在事件的发展中来描绘的，在各种事件交织中，让每个人都展示了自己。针对某个情节、某个场景的描写进行细读，会有如自己亲眼所见、亲耳所闻之感，因而倍感亲切，从而更能感受人物性格的多面性。例如，在"秦可卿的丧事"这一情节中，可以看出凤姐的管理水平；在"周瑞家送宫花"一事中，可以窥探到林黛玉敏感多疑的内心。

（四）阅读活动

【活动一：朗读提趣】

利用学校活动碎片化的时间为学生朗读《红楼梦》中的情节片段，按顺序每次在每章回中选取生动紧凑的情节作为朗读内容。刚开始朗读的时候，可边读边讲解。朗读后期，讲解可逐渐减少。学生在听书的过程中，逐渐接受白话文的表达风格，并为满足好奇心去阅读故事的结尾，甚至去追求情节跳跃之间的过渡内容。不到两周时间，阅读能力强的孩子就可以独立阅读了。

《红楼梦》的朗读内容及要完成的阅读任务，具体见下表。

《红楼梦》的朗读内容及要完成的阅读任务

每周朗读内容	阅读任务	设计意图
第一周：一僧一道石头下凡的传说、甄士隐家庭遭劫、贾雨村给林黛玉当家庭教师、冷子兴演说荣国府、贾雨村乱判案	第二回冷子兴演说荣国府，道出了主要人物关系图。学生听了教师的朗读后，画出简单的人物关系图。画时，人物之间的间隙适当留大一些，以便后续朗读时再补充	这是帮助学生迈出独立阅读的第一步，借助文本语句，画出人物关系图，理顺人物关系，就能梳理故事的发展脉络
第二周：林黛玉初进荣国府、刘姥姥一进大观园、宝钗治病需要"冷香丸"、周瑞家的送宫花、宝玉上学堂	第七回讲到周瑞家的去禀报刘姥姥已走，因为王夫人与薛姨妈在谈家事，所以周瑞家的和薛宝钗聊天，得知宝钗之病需要用"冷香丸"来治。后来还引出了薛姨妈让周瑞家的送宫花一事。根据第七回的内容选做以下作业： 1.让学生列出"冷香丸"的方子； 2.根据周瑞家的送宫花所走的路线图，让学生画出荣国府的概貌图	在独立阅读的同时，让学生借助文本语句，提取整合相关信息。这比第一周的作业难度有所提升。阅读能力弱的学生可根据教师朗读的内容列出"冷香丸"的方子，以提高学生的倾听能力。阅读能力强的学生可挑战第二项进阶作业，通过独立阅读来完成。阅读能力中等的学生，可以借助列"冷香丸"方子的文本信息，尝试独立阅读
第三周：贾母生日宴会、秦可卿丧礼	贾母及秦可卿的一喜一丧，带出了清代封建社会的礼俗习惯描写。阅读文本，选择完成以下作业： 1. 列出贾母生日宴会的流程； 2. 列出四个秦可卿丧礼的习俗	第三周的朗读篇目中所含的信息量非常大，为了适时保护学生刚刚才建立起来的独立阅读兴趣，可让其放慢朗读进度。作业的难度对提取整合的能力要求更高，需要学生反复阅读才能完成
第四周：贾政和贾元春试宝玉诗才、赵姨娘和贾环几次害宝玉	通读第十六回至第二十五回，选做以下作业： 1. 抄写三首宝玉创作的诗； 2. 列出大观园的景点名称； 3. 列出赵姨娘和贾环害宝玉的三件事	第四周的朗读是有意把十回里相关联的几件事串联起来讲，大面积地揭开故事的面纱，为后面学生的独立阅读打下基础

【活动二：场景再现】

　　第二十五回中，贾环推倒蜡烛油烫伤宝玉，随着宝玉"哎呦"一声，一屋子人就炸了锅了……让学生边读边收集现场所有人的语言和动作描写，分析人物个性特点。

贾环推倒蜡烛油烫伤宝玉的场景，具体见下表。

贾环推倒蜡烛油烫伤宝玉的场景

人物	语言和动作	个性特点
贾环	连忙将地下的戳灯挪过来	收拾现场，掩饰自己的罪状，装作自己是无意之失
王夫人	骂贾环。被凤姐提醒，又骂赵姨娘："养出这样黑心不知理的下流种子来，也不管管！几番几次我都不理论，你们得了意了，越发上来了！"命人好生送宝玉回房	心疼宝玉被烫伤，发泄往日对赵姨娘的种种不满
凤姐	三步两步上炕去。"老三还是这么慌脚鸡似的，我就说你上不得高台盘。——赵姨娘时常也该教导教导他。"又笑道："便说是自己烫的，也要骂人：为什么不小心看着，叫你烫了！横竖有一场气生的。到明儿凭你怎么说去罢。"	表现殷勤，说话讨巧，爱挑拨是非。故意这样说，震慑一下贾环和赵姨娘
赵姨娘	虽有怨气，但不敢表露，吞声承受，还得走去替宝玉收拾	表面屈服，暗自盘算着如何使坏
林黛玉	"我瞧瞧烫了那里了。有什么遮着藏着的。"一面说，一面就凑上来，强搬着脖子瞧了一瞧，问他疼的怎么样	关心宝玉，从小和宝玉一起长大，关系亲密
贾母	把跟从的人骂了一顿	特别溺爱宝玉
袭人等	见了都慌的不得了	宝玉对丫鬟一向没架子，丫鬟们真心关心宝玉，与宝玉的感情好
宝玉	"我有些疼，还不妨事。明儿老太太问，就说是我自己烫的罢了。""也不很疼，养一两日就好了。"	烫伤后为贾环打掩护。强说自己不疼，来安慰王夫人和林黛玉

【活动三：人物对对碰】

让学生选择一组小说中的人物，如贾母与刘姥姥、黛玉与宝钗、晴雯与袭人，通过对其言谈举止的研究，感受小说刻画人物的成功。贾母与刘姥姥举止的研究，具体见下表。

贾母与刘姥姥举止的研究

事情	贾母	刘姥姥	人物分析
刘姥姥二进荣国府	"老亲家。" "什么福,不过是老废物罢了。" "把那一张小楠木桌子抬过来,让刘亲家近我这边坐着。" "这定是凤丫头促狭鬼儿闹的,快别信他的话了。"	"请老寿星安。" "这叉爬子比俺那里铁锨还沉,那里犟得过他。" "这里的鸟儿也俊,下的这蛋也小巧,怪俊的。我且畲攮一个。"	贾母以"老亲家"称呼对方,十分亲切,不见外。笑责凤姐戏弄刘姥姥,宽容的长辈形象跃然纸上。 刘姥姥初次与贾母见面寒暄时,说话通俗又大方。吃饭时故意逗笑大家,自嘲孤陋寡闻

【活动四:大观园里论诗才】

大观园里众姐妹们结社论诗才,具体见下表。

大观园里众姐妹们结社论诗才

海棠社（第37回）		桃花社（第70回）	
成立时间	初秋时节	成立时间	春天
成立地点	秋爽斋	成立地点	潇湘馆
发起人	贾探春	发起人	林黛玉
海棠社（第37回）		桃花社（第70回）	
社长	李纨	社主	林黛玉
参加者		参加者	
成绩总评		成绩总评	
抄写一首你最喜爱的诗		抄写一首你最喜爱的诗	

【活动五:红楼小剧场】

让学生观看《红楼梦》的影视作品,选择印象深刻的一个片段在下表中记录相关信息。

《红楼梦》影视作品片段记录

镜头一：（简要描述情节）	地点、环境：		
	出场人物1	服饰：	
		台词：	
		动作神态：	
	出场人物2	服饰：	
		台词：	
		动作神态：	
	…… ……		

根据影视作品中的主要故事情节，找到相应的原著内容，在下表中填写相关信息。

影视作品与原著故事情节对比

	原著	电影	比较结果
相似的部分			
改动的部分			
删除的部分			

交流后整理"比较结果"，写一段简短的评论。

【活动六：如何读经典】

1. 小学生该不该读《红楼梦》？

"活动的最后阶段，老师想通过这样的方式来办我们的读书交流会。我在网络上搜索时，发现许多人都认为小学生不应该读《红楼梦》，你们的想法是什么？……"

"该不该读？关键看你从《红楼梦》中读到了什么。"

2. 昨日的经典，今天怎么读？

"如何看待书中那个你最不喜欢的人？怎么看待贾宝玉和薛、林之间的爱情？读别人的故事，别人的亲离聚散、悲欢离合，其实我们的一生中也会有这么一个过程。我们也会因关怀而多情，因猜忌而敏感。我们要带着一双慧眼去明辨是非，取其精华，去其糟粕。"

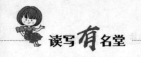

二、那些过眼云烟的人情事——《朱自清散文集》阅读活动设计与实施策略

（一）阅读指引

1. 推荐版本

书名：朱自清散文集	
作者：朱自清	
出版社：湖北教育出版社	
出版时间：2012年6月	
字数：220千字	

2. 内容梗概

《朱自清散文集》从朱自清的散文作品中选取了代表朱自清艺术水平的散文和诗歌百余篇，其中有《匆匆》《背影》《荷塘月色》《春》等名篇。从取材上可分为三个系列：一是描写当时社会现实，抨击社会黑暗的。代表作品有《白种人——上帝的骄子！》等；二是描写家庭生活、写父子、夫妻之间浓浓的亲情和爱情的，人情味十足。代表作品有《背影》《儿女》《给亡妇》等；三是描写自然景物、借景抒情的小品文。代表作品有《桨声灯影里的秦淮河》《荷塘月色》《春》等。

3. 作者简介

朱自清（1898—1948），原名自华，号秋实。后改名自清，字佩弦。原籍浙江绍兴，生于江苏东海，后随祖父、父亲定居扬州。其幼年在私塾读书，深受中国传统文化的熏陶。他是五四爱国运动的参加者，受五四浪潮的影响，走上文学之路。他是我国现代著名散文家、诗人、学者、民主战士。代表作品有诗集《踪迹》，散文集《背影》《你我》等。

作为一位散文大家，朱自清以他独特的美文艺术风格，为中国现代散文增添了瑰丽的色彩，为建立中国现代散文全新的审美特征，树立了"白话美文的模范"。朱自清是一位文化多面手，他给后人留下了近200万字的文学遗产。而他对中国现代新文学的突出贡献，无疑是他最擅长的散文小品。他继承了中国古典文学的优秀传统，在中西文化交流的大背景下，创造了具有中国民族特色的散文体制和风格。

4. 文学地位

《朱自清散文集》是中国现代散文的典范，也是教育部新课标推荐学生必读书目之一，是一本适合学生阅读的经典名著，也是《朗读者》节目第四期推荐的阅读书籍。《背影》《荷塘月色》等名篇入选人教版语文课本。

朱自清的散文有着独特的艺术风格，彰显了白话文文学的成就，树立了文质并茂、自然亲切的"谈话风"散文典范。他对"平易、抒情、本色"的现代散文的发展作出了不可磨灭的贡献。

（二）教学价值

1. 知识积累

【叙事散文，抒情散文】

叙事散文就是以叙述事件，描写人物为主；抒情散文是以抒发作者思想感情为主的散文，作者通过借对某一事件或景物的片段描写来抒发自己的思想感情。

【寄情于景，情景交融】

朱自清在写景散文中，不但写景，还把自己的感情寄予其中。其散文中随处可见一种诗意，其写景散文可以说是"文中有画，画中有诗"的典型。例如，梅雨潭醉人的绿、秦淮河的灯、威尼斯的异国情调、扬州城的风流与古朴，朱自清就像一个出色的导游，把身为读者的"游客"逐步引入美景中。[1]

【写作技巧】

朱自清的散文中运用了各种修辞方法，赋、比、兴起承转合，修辞用得贴切、自然，毫不做作。[2]

2. 能力提升

【体会散文中的真情实感】

朱自清的散文，注重抒发真实情感，写自己的所见所闻、所思所感；以"真情"贯穿全文始终，以小见大，抒发自己对生活、社会、亲情的感受。讲

---

① 新课程阅读研发中心.朱自清散文集［M］.武汉：湖北教育出版社，2012：1，3，5.

② 新课程阅读研发中心.朱自清散文集［M］.武汉：湖北教育出版社，2012：1，3，5.

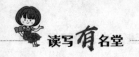

真话、描真情、绘实景，可以说是其散文的一个最重要的特色。①

【感受清秀隽永的文字风格】

朱自清的散文，在文字上非常讲究，经仔细斟酌却没有过分的雕琢，有的只是朴素、自然的叙述。在写景时，作者更多的是在白描，传达的真情实感却是精准而动人的。这是最难达到的艺术境界。②

【作品对个人的启发】

散文中对家国情怀、社会现实、人情世故等的描写，阅读后能使人懂得为人处事的方式，感受到浓浓的亲情；而对其中真善美、假恶丑的认识和理解，对人生哲理潜移默化的接受，又能对人的心智成长起到积极的作用。

（三）教学策略

【比较阅读】

从学生的实际接受能力和认知能力出发，通过让学生比较阅读《莫泊桑中短篇小说选》，体会小说与散文体裁的不同，把概念化的知识转化为体验式教学，避免用"概念化"的方式灌输给学生。

【批注式阅读】

在文本阅读过程中，引导学生对文本的字词、内容、情感、观点等进行分析、点评；引导学生深入思考散文中的优美语段，体会作者的深沉情感，形成个人的观点和感悟。可在书中空白处对文章进行批注，帮助学生掌握书中的内容，培养学生自主阅读的能力。学生自身感受的笔录，体现了其独特的阅读感受和情怀。

【预测与验证】

学生根据散文题目对散文内容、人物命运或文章的观点等进行预测，进入阅读后，再不断修正自己的预测，并提取关键词句进行验证。这是一种积极思维的阅读状态，也是进行有效阅读必不可少的一种技能。

（四）阅读活动

【活动一：看题目，预测整篇文章内容】

题目是文章的窗口，通过题目，我们可以预测文章的主要内容：

---

① 新课程阅读研发中心.朱自清散文集［M］.武汉：湖北教育出版社，2012：1，3，5.
② 新课程阅读研发中心.朱自清散文集［M］.武汉：湖北教育出版社，2012：1，3，5.

《背影》《旅行杂记》《荷塘月色》《春》《威尼斯》《阿河》《白采》《看花》《生命的价格——七毛钱》《女人》《怀魏握青君》《航船中的文明》

（1）写景抒情类的有：_____

（2）写人记事（游记）类的有：_____

【活动二：进入阅读，验证自己的预测】

汇报自己的预测与验证结果。

答案：

写景抒情类的有：《荷塘月色》《春》《威尼斯》。

写人记事（游记）类的有：《背影》《旅行杂记》《阿河》《白采》《看花》《生命的价格——七毛钱》《女人》《怀魏握青君》《航船中的文明》。

错点分析：

（1）有些学生把《看花》当成写景类，原因是误读了题目，忽略了"看"的意思。

（2）《旅行杂记》从题目看，是写景类的文章，但文章里的三个小标题都是叙事类的。通过小标题，更可以验证该文章是写人写景类的。

（3）《背影》写的是谁？（父亲。）写人往往要通过写事，才能突出人物的性格特点或品质，所以，可以确定《背影》是将写人写事融合在一起的。

【活动三：批注分享，了解多面的朱自清】

1. 批注情感：让学生分享构思新巧的句子，体会像诗歌一样美的散文句子

学生可以对人物描写包括外貌、语言、动作、神态、心理活动等方面进行适当批注，体会人物的内心情感；也可以对含义深刻的句子写批注，把疑惑标注在书中，进一步理清思路，深入探讨作品主旨及作者想要表达的情感。

2. 批注结构：让学生分享文章篇章，体验作者的人生经历和经验

读完每一章，都对主要内容要进行归纳，批注要点在每章题目旁；也可以用简洁的小标题来概括章节。将作者的情感关系图画出来，可以帮助学生理清整本书的情感脉络，多元化解读作者的写作意图。

3. 批注交流与展示

在全班基本完成整本散文的阅读和批注后，教师可按照不同的展示任务让学生分组。展示任务有人物个性分析、情节构成、主题情感分析等。各小组交流后，可统整出小组的观点，并选派代表向全班展示。

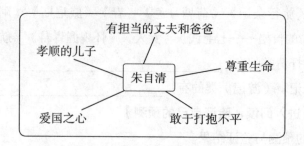

4. 总结批注

让学生读完整本书后，对其中3篇印象最深的文章进行总结批注，归纳散文特点，以获得丰富的人生体验。

【活动四：比较阅读，认识散文的特点】

回忆我们读过的《莫泊桑中短篇小说选》，通过将小说与散文做比较，探究散文的特点。

《朱自清散文集》全篇以第一人称视角展开叙事。"我"既是主人公，也是作者本人。文中加入故事的叙述，使整本书充满了很强的主观性。《莫泊桑中短篇小说选》以第三人称写别人的故事，里面的故事情节一波三折，十分吸引人。把握故事梗概后会发现，故事主题十分鲜明。散文与小说的比较，具体见下表。

散文与小说的比较

比较阅读	散文	小说
	《朱自清散文集》	《莫泊桑中短篇小说选》
叙事视角	第一人称	第三人称
文章结构	谋句	谋篇
情感抒发	主观、直抒胸臆	客观、讽刺
语言特点	自然清新	生动幽默

教师做活动小结：散文表面上是写所见所闻，实际上是通过所见所闻表达所感所悟、所思所想，所以读散文就是在分享作者的感受。由于我们的经历与思想和作者相比相差甚远，今天读书体会的只是作者思想的一小部分。将来我们生活经验丰富了，再来读这本书的时候，我们的收获肯定会更加丰富。

不同年龄的人读散文，都会有不同的读书感受。《朱自清散文集》就像一杯清茶，让人越品越有味，越品味越醇。让阅读好习惯伴随我们一生吧！

三、那些坎坷求学路和难得糊涂的日子——《季羡林自传》阅读活动设计与实施策略

（一）阅读指引

1. 推荐版本

书名：季羡林自传	
作者：季羡林	
出版社：当代中国出版社	
出版时间：2015年1月	
字数：340千字	

2. 内容梗概

季羡林先生用自己的笔，讲述了他从山东临清县（现临清市）一个贫苦农民家庭的孩子，一步一步成长为学贯中西、享誉海内外的学术大师的人生历程，记述了他90多年来所遇到的人和事，见证了时代的变迁，展示了他个人的奋斗经历和情感世界。全书分14章，包括"我的童年""小学记忆""中学时光""清华学子""教书谋生""去国途中""德国十年""滞留欧洲""游子途中""在北京大学（1946—1993年）""耄耋之年"等章节。

3. 作者简介

季羡林（1911—2009），山东清平人，中国著名的文学家、语言学家、教育家、社会活动家、翻译家和散文家。他博古通今，被称为"学界泰斗"。他精通12国语言。其学术研究领域主要有印度古代语言、中印佛教史、吐火罗文译释、中印文化交流史、比较文学、文艺理论、东方文化、敦煌学等，研究范围之广，国内外罕见。其曾任中国科学院哲学社会科学部委员、北京大学副校长、中国社会科学院南亚研究所所长。

4. 文学地位

《季羡林自传》记录了季羡林先生坎坷、艰辛而又丰富多彩的人生经历。用季先生自己的话说："在这一条十分漫长的路上，我走过阳关大道，也走过独木小桥；旁边有深山大泽，也有宜人平坡；有杏花春雨，也有塞北秋风；有

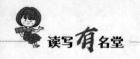

山重水复，也有柳暗花明；有迷途知返，也有绝处逢生。路太长了，时间太长了，影子太多了，回忆太重了……"

季羡林先生的人生智慧对读者的影响历久弥新。《季羡林自传》的出版，乃学术界、出版界盛事。书中的《自己的花是让别人看的》入选人教版语文课本五年级下册，《怀念母亲》入选人教版语文课本六年级上册。

（二）教学价值

1. 知识积累

【人物自传】

自传是传记的一种，以记述自己的生平事迹为主，一般用第一人称，也有用第三人称的。古人著书后常作自序。有的序也属自传，如司马迁的《史记·太史公自序》即具有自传性质；王充的《论衡·自纪篇》、江淹的《自序论》、陶渊明的《五柳先生传》等均为自传。古代和中世纪少有自传文学存在。直到15世纪，这种形式才开始出现。自传作品有多种形式，例如，圣奥古斯丁的《忏悔录》、纳巴科夫的《回忆录》等。

【选材典型】

人物传记在概括人物全貌的同时，多从各种素材中提炼、选择最能反映人物思想的典型事件来写人物。这些典型事件，往往是关乎人物一生的关键所在。读好这些关键之处，不仅可以体会人物一生的主要功过，而且可以显示历史发展的进程及其特点。例如，《季羡林自传》的"在北京大学"根据时间点分4章来描述，表现不同时期中作者的特殊经历，反映了该时期作者的思想变化。

2. 能力提升

【梳理传主年谱，关注典型事件】

整篇自传的叙事是按照季羡林从童年、成年、中年、老年这一时间线索来写的，每个阶段都有典型事例表现作者个人的思想变化及性格特征。学生在通篇阅读的基础上，梳理季羡林一生中的重要经历，从整体抓住本质，把书读薄。

【把握传主的精神力量】

人物的精神品格是在不断发展变化的经历中形成的，具有多面性的特征。学生可借助作品中稳重的语言、精彩的情节描写等相关资源，走近人物，汲取精神营养，提升阅读品味。

（三）教学策略

【启发式策略】

让学生以阅读文本为基点，探寻文本信息与生活的联结点，有机融入自己的情感。用伟人的事迹激励学生，让学生用自己的视角去感知和赏析，走进伟人的生活，感受伟人的人格。帮助学生在联结中获取信息，充分进行认知与理解。通过迁移运用，丰富学生的精神世界。

【思维导图策略】

思维导图是一种有效的读书方法，可使书中各个章节建立联系。本书以时间为轴线，串联人物的主要事件。让学生在阅读目录后建立第一级分支，在不断地阅读中增加各个分支，适当做重点标识。教师用关键词做小结，帮助学生梳理全书结构。

（四）阅读活动

【活动一：梳理人生大事记】

参考书本《季羡林自传》附录第297页《季羡林年谱》，从季羡林人生经历中梳理改变他人生的大事；从大事记中了解他的性格，感受他的人格魅力。

《季羡林自传》——人物大事记梳理，具体见下表。

《季羡林自传》人物大事记梳理

时间	事件	事件的影响	你的想法

【活动二：走进传主童年】

（1）季羡林先生为什么说他的童年"没有红，没有绿，是一片灰黄"呢？

（2）季羡林先生用"一片灰黄"来形容他的童年，那么，你的童年是什么样的呢？你愿意用一个什么词语来形容呢？为什么？

（3）"家里没有一本书、连带字的什么纸条也没有见过。""连有'山大王'这样的伙伴作同学都成了骄傲。"为什么作者颇有骄傲之意？

（4）"到了济南以后，过了一段难过的日子……但我宁愿再啃红高粱饼子

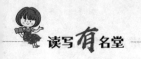

就苦咸菜。"季羡林当时为什么会"从梦里哭着醒来"？为什么宁愿啃红高粱饼子就苦咸菜？这说明了什么？

【活动三：走进传主小学时代、中学时代】

（1）季羡林进入小学后，为什么要从一师附小转入新育小学？反映了当时怎样的社会现状？

（2）书中第二章第7页，季羡林按照方位顺序介绍了新育小学校舍的地形图，你能将它画出来吗？

（3）季羡林用哪个词语概括了在新育小学生活了三年的感受？你能具体说说吗？

（4）季羡林在自传中说他幼儿大志，可在北园高中发生的一件偶然事件却改变了他的人生轨迹。你能和同学们说说究竟是什么事儿让他有了180° 大转弯，从而变成了另外一个人吗？

（5）北园高中坐落在济南北园白鹤庄，那个地方能让没有母亲在身边的季羡林感受到难得的幸福之感，并说出那是他人生中最美好的年龄的话。此处，季老先生的景色描写可谓传神，你能画出相关的句子给同学们读读吗？让我们一起领略它的美吧！

（6）在本书第三章第39页中，季羡林提到了"虚荣心"和"荣誉感"这两个词，请你联系实际生活谈谈它们的不同。

【活动四：走进传主大学时代、留洋之旅】

（1）清华大学毕业后，季羡林回到济南，在母校济南北园高中做了一名国文教员，"一则以喜，一则以忧"。请问：他喜的是什么？忧的又是什么？

（2）正当季羡林在母校教书郁郁不得志时，他面临生平"第一次大抉择、大冒险"。这"大抉择、大冒险"指的是什么？

（3）去德国途中，他途经了哪些地方？又有哪些所见所闻？

（4）季羡林到了梦寐以求的德国，一待就是十年。这十年他又经历了什么？请你概括谈谈。

【活动五：走进传主坎坷的人生之路】

1946年春夏之交，季羡林几经辗转回到祖国，在北京大学经历了自己人生的起起伏伏，做了诸多学问，但也受到了"文化大革命""十年浩劫"的迫害，甚至一度有了轻生的想法。但命运的垂怜，使他坚强地活了下来。他的一生命途多舛，感兴趣的同学请阅读第10～14章。

【活动六：情系季羡林】

（1）2006年《感动中国》曾这样描述季羡林先生："智者乐，仁者寿，长者随心所欲。曾经的红衣少年，如今的白发先生，留德十年寒窗苦，牛棚杂忆密辛多。心有良知璞玉，笔下道德文章。一介布衣，言有物，行有格，贫贱不移，宠辱不惊。"在通读完了《季羡林自传》这本书后，对这一描述，你有什么看法？

（2）被人们称为"国学大师""学界泰斗""国宝"的季羡林先生在多学科、多领域长期耕耘，是当代知识分子的楷模。他不仅是著名的文学家、教育家和社会活动家，而且是博古通今、学贯中西的学界泰斗。

有人说，季羡林是一部大书，里面包含着人文科学的方方面面。

有人说，季羡林是大海，站在岸边往远处看，看不到边际；往近处看，看不到深底。

而我说，季老先生是_____。

四、那些古老的画和古老的房子——《希利尔讲艺术史》阅读活动设计与实施策略

（一）阅读指引

1. 推荐版本

书名：希利尔讲艺术史	
作者：希利尔（美）	
出版社：贵州教育出版社	
出版时间：2010年4月	
字数：314千字	

2. 内容梗概

本书讲述的是世界艺术史，全书分为绘画、雕塑和建筑三部分。作者不是简单介绍那些赫赫有名的艺术家和他们流传千古的作品，而是通过生活中的一个个小故事，讲述他们的作品诞生的过程——伟大艺术品和伟大的艺术家皆有

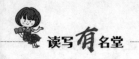

赖于专注力、热情、天赋和机遇，他们处在一个崇拜艺术、欣赏美的时代。

3. 作者简介

希利尔（V.M.Hillyer），出生在马萨诸塞州韦茅斯，是美国杰出的教育家，毕生从事中小学教育，酷爱历史和艺术，喜欢旅行。哈佛大学本科毕业后，在纽约的布朗宁学校教了两年书，随后迁往巴尔的摩，成为卡尔沃特学校的第一任校长，创建了卡尔沃特教育体系。希利尔是美国家庭学校（Home School）课程体系的创建者。

4. 文学地位

本书配有大量珍贵的插图，展示文中所提及的艺术作品，使文字的讲述更加具象。希利尔将艺术知识和艺术鉴赏变成了孩子们熟悉的生活片段，使艺术充满了生活气息。艺术来源于生活，每个孩子天生就是艺术家，伟大的艺术家都需要葆有一颗赤子之心。希利尔以平实的叙述方式，揭示了伟大艺术平易近人的一面。其目的在于，将艺术世界以生活化的姿态呈现在孩子们面前，为他们注入持续一生的对于真、善、美的热爱。

（二）教学价值

1. 知识积累

【欧洲的美术史】

本书为学生展示了绘画、雕塑和建筑三个部分。其中介绍了大量欧洲文艺复兴时期的大师和作品。穴居人洞穴里的壁画；古埃及陵墓、神殿和两河流域宫殿里的壁画；古希腊的绘画故事和花瓶绘画；基督教的绘画作品等，几乎所有著名的绘画、建筑、雕刻都被本书收入囊中，这部著作就像一座长着脚的博物馆。通过阅读此书，学生可以认识大量响当当的人物，例如，达·芬奇、拉斐尔、米隆等。本书行文简洁，是学生了解艺术作品、认识欧洲美术史的佳作。

2. 能力提升

【应用·鉴赏】

《希利尔讲艺术史》风趣、显浅的语言风格能使学生快速抓住有关阅读目标的相关信息，概括出有用的信息并应用到各种阅读活动中去。本书有关鉴赏的内容很多，包括艺术品、艺术家，以及作者的语言风格。

（三）教学策略

【图文互解】

本书拥有丰富而精致的艺术图片。学生通过结合文字与图片阅读，可以把对图片的理解转换到文字阅读中；同样，文字的解读也能帮助学生理解图片。图文互解，大大提升了学生的理解力。

（四）阅读活动

【活动一：为艺术品做名片】

以《晚祷》为例。运用图文互解的方法，读出作品背后的故事，写出自己的理解。你也学着在书中找找自己喜欢的艺术品，为它做名片吧，做好后推荐给全班同学。

作品名称：晚祷	
艺术家：米勒	
作品故事：一对法国农民在听到教堂祷告的钟声后，站在农田里低头祈祷。	
推荐指数：★★★★★	

【活动二：为艺术品讲古老的故事】

制作"八格表"，写下作品故事的发展。它便于携带，可以拿在手上或放进口袋里，方便随时阅读。制成后，让学生在班上推销自己的"八格表"。

附： "八格表"的制作方法

1. 准备一张A4纸，横折一次，竖折两次，折出八格。

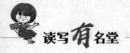

2.打开纸，再竖折一次，并从对折处剪开一格。

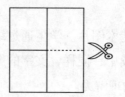

3.打开后，纸的中间有条裂缝。

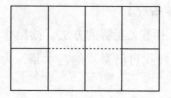

4.将纸横式对折，裂缝往左右两边以"十"字形拉开，即完成。

【活动三：改编"十万个为什么"】

小组成员合力完成改编。模仿《十万个为什么》的问题格式，从《希利尔讲艺术史》中挑选出自己感兴趣的内容，改编成"十万个为什么"。

【活动四：有奖竞答】

主持人播放幻灯片，依次展示书中的艺术品、建筑物、画作等，随时出示"博士知识卡"。各小组进行知识问答，得分最高的小组为优秀小组，表现突出者为"知识小博士"。

附：　知识问答题、答案及解释

绘画篇

（一）填空题

1.古埃及人画的人像图有两处错误，请你指出来。

（1）＿＿＿＿＿＿＿＿＿＿＿＿＿＿＿＿＿＿＿＿＿＿＿＿＿＿＿。

（2）＿＿＿＿＿＿＿＿＿＿＿＿＿＿＿＿＿＿＿＿＿＿＿＿＿＿＿。

2.两河流域人民崇尚身体强壮，他们认为身体强壮的标志就是＿＿＿＿＿。他们非常擅长画图案和边框。有一种装饰图案叫＿＿＿＿＿＿＿，中间是＿＿＿＿＿＿，周围有＿＿＿＿＿＿＿＿＿＿＿＿＿＿＿＿＿＿＿＿＿＿＿＿＿＿＿。

3. 希腊人喜欢在花瓶上绘画，花瓶不是用来_____，而是用来_____，比如，_____。所有上等的花瓶外面都画有图画，图案大多是_____。

答案：

1.（1）一张在侧面的脸上画了一只正面的眼睛

（2）双肩是正面，身体是侧面

2. 头发长和胡须长　圆花饰　一个圆点　许多环形的花纹，直到今天还在使用

3. 插花的　装各种液体的　水、酒、油、药膏和香水　希腊的神、英雄人物或者希腊童话和神话故事里描述的情景

（二）判断题

1. 希腊画家画的人物通常都不穿衣服，因为他们认为人体是世界上最美丽的东西，因此不愿把它遮盖起来。基督徒画家则认为这种画不够得体，所以他们画中的人物都是穿得严严实实的，只露出脸、手和脚。（对）

2. 毕加索作的两幅画《贪吃的小女孩》《三个音乐家》都是写实画。（错。答案在《希利尔之中艺术史》第145页）

3. 布莱克提出了许多绘画的创新想法，他把树叶画成褐色。（对）

4. 法国著名画家米勒非常富有，但他却喜欢画贫穷的农民。他的《晚祷》非常有名，讲的是一个法国农夫和他妻子在地里干活时，听到附近教堂里晚祷的钟声，便停下手中的农活，低头祷告。（错，米勒很贫穷。答案在《晚祷》第131页）

5. 印象派画家注重色彩和光效，他们会花上一整天去画同一个场景。每当周围的光线让物体的颜色和形状发生变化时，他就会另换一块帆布来画。（对）

雕塑篇

（一）填空题

1. 世界上最大的雕像是位于古埃及_____，它是_____。

2. 古埃及有一座会唱歌的雕像是_____。一些科学家认为，门农石像之所以能发声，是因为_____。

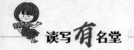

3. 所有罗马人家庭，只要能够付得起钱，都会给家庭中每个成员做_____
_____。这些_____会一代代传下去，所以一个古老的家族通常会

有_____。

答案：

1. 三大金字塔旁的斯芬克斯狮身人面像　古埃及人心目中的清晨之神。他
始终面朝东方，每天清晨迎接太阳的升起

2. 门农石像　清晨的阳光照射在冰冷的石块上时，会发生奇妙的变化，从
而发出声音

3. 一座半身雕像　半身雕像　许多祖先的半身雕像摆设在家里

（二）判断题

1. 人们最早发现的金属是铜，后来又发现了锡，铜和锡结合在一起就变成
了青铜。青铜很容易加工，所以希腊人很喜欢用它来做雕像。（对）

2. 如果放在干燥的环境里，青铜能保存很久。但经风吹雨打或者是放在潮
湿的地方，青铜会慢慢被腐蚀掉。波利克里托斯的《持矛者》和《亚马逊女战
士》这两个作品就是用青铜制成的，现在已经消失不见了。现在我们看到的这
两个作品是其他雕刻家用大理石仿制的。（对）

3. 世界上最伟大的雕塑家是希腊的菲狄亚斯。菲狄亚斯是他的姓，他没有
名。（对）

4. 世界上最古老的雕塑是希腊的两座狮像。第二古老的作品是《珀尔修斯
和美杜莎》。它看起来很一般，就像是一位小朋友雕刻出来的作品。因为当时
希腊才建立不久。（对）

5. 亚述的《基路伯》是一头有四条腿的公牛。（错，有五条腿。答案在
《希利尔讲艺术史》第165页。）

建筑篇

（一）填空题

1. 世界上最古老的房子是_____，其中
最大的是_____。这是给_____建的房子。

2. 有意思的是，古埃及给活人盖房用的材料是_____。因为那
时候的人一般只能活50多岁，所以住到自己去世的时候，房子刚好腐朽了。他

们认为人能_____，所以他们就用_____给自己建陵墓（金字塔），把尸体制成_____，使它可以_____。

3. 希腊人的建筑种类非常少，但罗马人的建筑种类非常多，不仅有_____，还有_____，所以有人说"罗马不是一天建成的"。这句话的含义是：_____。

答案：

1. 有五千年历史的金字塔（墓穴） 胡夫金字塔 死人

2. 木头或土砖 死而复生 石头 木乃伊 永久地保存下去

3. 庙宇、住房和宫殿 拱门和引水渠，桥梁和浴室，法院和大厅，剧院和竞技场 干成任何一件事都不是一蹴而就的，需要一天天持续努力才有可能成功

（二）判断题

1. 古埃及人的墓穴口朝着太阳升起的方向，他们认为太阳神可以把墓穴里的尸体唤醒，就像清晨的阳光从东边的窗户照进来，把人们从睡梦中唤醒一样。（对）

2. 亚述人发明了世界上最伟大的一种建筑方式——拱形。这种方式直到今天还在被人使用。（对）

3. 希腊人是好的工程师，但不是好的艺术家。虽然罗马建筑看起来非常机械，但非常结实有力，只是缺乏一种用手所绘的图画之美。（**错，罗马人是好工程师。**）

4. 希腊人信奉宗教，所以他们建了许多庙宇。（对）

5. 罗马人用工具建房子，罗马建筑中所有该垂直的线就垂直，该水平的线就水平，像一幅用尺子圆规画出来的规整的画。（对）

6. 大部分罗马建筑如今只剩废墟了，但有一栋给众神修建的庙宇保存至今，叫作"万神殿"。现在的万神殿就在罗马。（**错，万神殿不在罗马，在今天的法国，因为那时法国是罗马帝国的一部分。法国人把这个寺庙称为"广场大厅"。答案在《希利尔讲艺术史》第279页。**）

7. 罗马人建了许多大型的拱门，专门用来迎接凯旋的君王和军队。这些拱门叫作"新式拱门"。（**错，凯旋门。**）

3

第三章

靠近写作的天堂

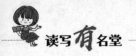

第一节 说说写作

一、读很多书就能写好作文吗?

有很多家长都问过类似的问题:"为什么我家孩子读了不少书,但是一写作文还是无从下笔或写不好呢?"

阅读,是学习语文以及一切人文学科的根本,故古文谓学习为"读书"。但是,确实有很大一部分学生,书读得不少,作文却写不好!在阅读方式多样化的今天,有些家长的确走入了一个误区,相信孩子阅读多了,自然就会写了。而一旦出现了上述情况,就归咎于孩子的阅读出了问题,或者是读得不够、读得不对、读法不当。阅读确实是写作的基础,但一读书就奔着写作去,是一种急功近利的心理。

阅读和写作并不相悖。叶圣陶先生说:"阅读如吸收,写作如倾吐。"其二者是一个紧密联系的整体,"吸收"是"倾吐"的过程和手段,"阅读"到"写作"是一个由量变到质变的过程。所以,不少学生和家长都深知阅读和写作之间的重要关联。大量的阅读无疑是写作的前提。但孩子所做的阅读是否都是有效阅读?孩子的阅读吸收都能指向写作倾吐这一目的吗?家长要在阅读和写作之间搭建起一座桥梁,可以从以下几个方面问问自己,问问孩子:

1. 孩子读的书优质吗?

我们常常听到流行的"悦读"一词,大有"书为悦己读"的意思。的确,只读自己喜欢的、感兴趣的书是一件乐事,捧卷快哉。孩子读书若能达到这样痴迷的程度,家长肯定会欣慰点头。部分人以为阅读应是"嗜好的读书",标榜这才是读书最好的状态,导致"悦读"之泛滥。但现实状况是,孩子喜欢读的未必真的是好书,真正的好书未必在孩子手上。但凡是好书、经典,没有几分耐性是无法到达个中的入胜之处的。大多名著、良品皆如此,非读到一定程度不能领略其快意。但有多少人是能耐得住性子读到那一步的呢?有辨别力的成人或许能继续甄别阅读下去，但孩子不同。其"悦读"心理是第一位的，一拿起翻几页没意思就撂下了。放在幼年还好，提倡"悦读"是为了激发孩子读书的兴趣，为了培养孩子阅读的习惯，遵循愉悦身心这一说并无不妥。但随着孩子年龄的增长，还是崇尚不加选择地"悦读"则是有害而无益的。暴力、低俗、悬疑的书籍是最能让孩子上瘾的，他们在读这些读物的过程中，确实会有一种享受和快感。但可怕的是，这种"嗜痂成癖"的"悦读"享受，会让孩子欲罢不能，瘾头渐大，又哪里还会想到要好好吸收并倾吐于写作呢？

想起叶圣陶先生提过一个观点：培养学生写的能力固然是语文教学的一个目的，培养读的能力，也是一个目的，不能认为读书就仅仅是为了写文章。读书，有的时候是为了提高自己某一方面的思想认识，有的时候是为了获得某一方面的知识，有的时候是为了欣赏，有的时候甚至是为了消遣。所以，培养和提高读的能力，本身就是目的。读书并不是为了写文章。这是叶圣陶先生的"阅读独立目的论"，强调的是"阅读本位"思维。

我们不能把叶老说的这番话当作是"悦读"的依据，他提出这一"阅读本位"的思维是有当时的时代背景的。在叶老那个年代，快餐书、流行书、娱乐书较少，孩子能得到的少数一些书，都比较符合好书的标准，所以他提倡"阅读本位"。但流行文化泛滥的当今社会，出版书籍出现"喷井现象"，各种"粗制滥造"缺少严格审阅的书都能上架售卖，孩子们太容易得到书，如若让孩子不加选择地"悦读"，只一味地读令自己身心愉悦的消遣娱乐性书籍，只怕长久以往会使孩子养成懒散的阅读习惯，将年少时最难得的意志力和进取心消磨殆尽，带来无法挽回的影响。

读书从来都是苦的，苦尽方能甘来。大多数好的书籍，都是在慢慢品读的过程中才能渐入佳境，逐渐产生与作者的共鸣。在抵达这一佳境前的过程，可以说就是煎熬、就是挑战，要"啃"一部好书，没有意志力和恒心，多半要么半途而废，要么一碰就废。当然，也不全然如此，若有些佳作，开篇即能吸睛，让读者全身心投入，则不在此讨论之列。

回到开篇说的"能读不会写"的现象，学生中也不乏这样的例子，讲起自己喜欢的课外知识，诸如军事、历史、自然、科学，他们都能侃侃而谈、双眼发光，可一到写作就构思混乱、词不达意、一塌糊涂。

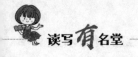

2. 孩子读的书够杂吗？

为什么这么问？因为确实有家长让孩子一味地只读某类书的现象存在。很多家长觉得考试考什么，学生就应该读什么。考历史，就读历史；考天文，就读天文。但现在的学科交融已没有界限，单一地读某一类书，只会造成孩子思维受限。又如，有些教师喜欢绘本，就只鼓励学生读绘本；一些父母自己喜欢什么，就一味地给孩子读什么，没有考虑文学本身就是文体丰富的，不能挑食，应像蜜蜂采花酿蜜，让孩子广泛阅读，日积月累，从量变到质变，才能酿出好蜜，写出好文。

3. 该给孩子布置怎样的阅读任务？

如果把阅读当成任务来完成，对阅读的兴趣不会有帮助。大部分的学校和教师在布置阅读任务时，都有阅读记录单、阅读手册、阅读打卡、写读后感等项目设置，这些任务给孩子造成了一定的心理负担，使阅读的价值慢慢变了味。这就好比学校组织春游、家长带孩子出去旅游，回来就一定会有写游记的任务一样，难怪孩子玩的时候不会兴致勃勃，一回来拿起笔更是蔫头耷脑。用这些功利性的任务作为驱动，难以达到应有的效果。阅读不应该成为硬性规定的任务，孩子愿意读、喜欢读、乐意交流，阅读就有了价值。脱离开传统的阅读评价手段和检测任务，父母可以和孩子一起读书，遇到合适的时机，跟孩子进行互动讨论，这是真正的"悦读"。一种放松、一种心灵的自由旅行，是在文字世界的一次任性的释放。

4. 给孩子的写作套路太多吗？

不少家长诉苦，孩子写的作文怎么也达不到要求。殊不知，很多家长或教师在儿童写作起步阶段，就已经给他们定下太多的套路，例如，作文要达到多少字数，要加入道理，要用好词好句，要用名言名句，要有"总分总"的构思及与众不同的立意，等等。一系列的作文要求，使孩子的写作思路受到了严重的约束，孩子的写作积极性被挫伤。试问一个处于小学阶段的儿童，这些要求怎么可能一下子全部达到呢？小学生写作文，应该鼓励他们从身边的事情记起，由少到多，慢慢写，愿写、愿记就是好的开始。写的小诗、短故事、微童话等，只要完整，就应鼓励。允许慢慢加工，一步一个脚印，切勿一开始就用成人的写作思维来限制、打压孩子写作的积极性。

5. 孩子的练笔够了吗？

阅读吸收，同时辅以大量的写作倾吐、不间断地练笔，这才是最有效的提升写作能力的途径。"操千曲而后晓声，观千剑而后识器。"饱览群书却不练笔也不过是纸上谈兵的假把式。只有不怕动脑，爱写、多写，才能慢慢写出好文章。有些班级学生，每个学期就写8篇教材内的大作文，这远远不够，日常还须多练。动笔写总是比眯眼看要难得多的。要写好一篇文章，从构思到落笔、修改，实在是太烧脑。所以，很多学生宁愿书读百本，也不愿提笔写一篇。"吸收"却不"倾吐"，怎么知道自己"消化"了没有呢？再有就是不要给学生的日常写作设定太多的框架，不要规定学生要写什么，不要写什么。平日应让学生自由地在文字上任性一回。所以，除了学校的作文，其他写作，就让孩子自由自在地写吧！

阅读是一种能力，但不应该是语文的终极能力，写作才是高于阅读的高级能力。阅读的理解、吸收，边读边再次想象，比起写作的创造性想象、原创性思维，是较次之的能力。这就是很多人读了很多书，却不会写的原因。所以，"写作本位"才应是我们最终要追求的。

相信问完这么多问题，开篇的答案慢慢就出来了。培养学生良好的阅读习惯，有很多做法，我们身边有不少有远见的家长朋友，有真知灼见的教师同行，他们都有自己独到的经验。要培养学生的阅读与写作能力，家长和教师首先应该爱读书、爱写作，榜样的作用不可忽视。其次，要尊重学生，用智慧的方法来引领学生。做到这些基本素养，才有能力和底气对学生的阅读和写作进行指导。

二、"写真的"还是"写假的"？

暑假即将结束，按照惯例，每次开学前学校都会安排暑期教师培训，今年亦不例外。会上，培训专家的几句话如雷贯耳：中学语文的基础实则在小学，小学生的语文写作基础奠定了中学作文的高下。确实，从写作习惯、写作理念来讲，小学能起到先入为主的作用。小学阶段，尤其是一二年级的作文启蒙教学，对将来的写作有很深的影响。小学阶段的作文基础打得如何，将影响人的一生。

事实上，很多学生都讨厌写作，很多教师也头疼教学作文。一个怕教，一个怕写，如此长期下去，局面就显得尴尬了。怕也得写，因为考卷上作文占分最多，所以，现在学生的写作都是奔着"应试"去的，教师的教学是"技巧"，以对付考试为终极目的。教师从小学一年级讲写作开始，就从套路讲起，如总分总、三段体、仿文、套文等。学生平时的写作基本上都是技巧的训

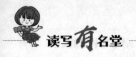

练，并非发乎情的兴趣写作。写着写着，材料贫乏，套话连篇，渐渐成了学生作文的顽疾。

真正的写作应该是"我手写我口"，自由自在，无拘无束，只要写我想写的即可。可事实上，写作须遵命题，写作须照要求，写作须有文体，这样的写作实在不是学生喜欢的。学生没有办法，只能"写假的"，放弃自己的真实想法，丢掉自己的喜好憎恶，把大脑置于一个虚假的情境中去，拼凑材料，无病呻吟。

小学生阶段的写作，应该放手回归天然。教师应以培养其兴趣和树立其信心为重要出发点，而创设一个宽松自由的写作情境是最好的途径。我至今珍藏着我小学时写的几本日记，记得无非是些鸡零狗碎、阿猫阿狗的事情，没有任何技法可寻，但其中孩子的性情、生活的情趣可窥见一二。那个时候老师最喜欢叫我们写日记，写啥不要紧，写多写少无所谓，写好写坏也没关系。就这样，我在日记里发了很多牢骚，吐露了很多想说又不好说的话，那真叫一个"我手写我口"，以至于后来老师没让写了，我依然养成了用日记吐露心声的习惯。

举这个例子无非是想说明放手让学生写"天性作文"的重要性。很多教师怕学生不会写，写不好，往往花很多时间告诉他们格式、体例、选材，把学生攥得紧紧的，这样反而限制了孩子的天性。叶圣陶先生说过："小学作文教授之目的在于令学生能以文字直抒胸臆，了无隔阂；朴实说理，不生谬误。至于修辞之工，谋篇之巧，初非必要之需求，能之故佳，不能亦不为病。"叶老提倡小学生阶段作文应朴实直白，此为基础，如能做恰当修饰最好，不能的话也不算大问题。对小学生的写作，不要做过高的要求，应以培养孩子想写、愿写、乐写的兴趣为主。现在的学生，提起写作就头疼，非老师布置不写，一布置就唉声叹气，为老师写，为考试写，实在败坏写作的兴致。

曾经读过钱穆先生的《师友杂忆》（生活·读书·新知三联书店，2005），看他上作文课，真是一种享受。"诸生皆踊跃，认为作文乃日常人生中一乐事。"现在的孩子若还有机会听到这样的作文课，那真是人生一大幸事。摘录先生的几种作文教法，作为借鉴，以自省：

余告诸生："出口为言，下笔为文。作文只如说话，口中如何说，笔下即如何写，即为作文。只就口中所欲说者如实写出，遇不识字，可随时发问。"一日，下午第一课，命诸生作文。出题为《今天的午饭》。诸生缴卷讫，择一佳者，写黑板上。文云："今天午饭，吃红烧猪肉，味道很好，可惜咸了些。"告诸生，说话须有曲折，如此文末一语。

又一日，余选林纾《技击余谈》中一故事，由余口述，命诸生记下。今此故事已忘，故以意说之。有五兄弟，大哥披挂上阵，二哥又披挂上阵，三哥亦披挂上阵，四哥还披挂上阵，五弟随之仍然披挂上阵。诸生皆如所言记下。余告诸生，作文固如同说话，但有时说话可如此，作文却宜求简洁。因在黑板上写林纾原文，虽系文言，诸生一见，皆明其义。余曰："如此写，只一语可尽，你们却写了五句，便太啰唆了。"

又一日，命诸生各带石板石笔铅笔及毛边稿纸出校门，至郊外一古墓，苍松近百棵。命诸生各自择坐一树下，静观四围形势景色，各自写下。再围坐，命诸生各有陈述。何处有人忽略了，何处有人遗忘了，何处有人轻重倒置，何处有人先后失次，即据实景互作讨论。

余又告诸生："今有一景，诸生多未注意。诸生闻头上风声否？"因命诸生试各静听，与平日所闻风声有何不同。诸生遂各静听有顷。余又告诸生："此风因穿松针而过，松针细，又多隙，风过其间，其声飒然，与他处不同，此谓松风。试再下笔，能写其仿佛否？"诸生各用苦思写出，又经讨论，余为定其高下得失。经半日，夕阳已下，乃扬长而归。如是，诸生乃以作文课为一大乐事。竟问："今日是否又要作文？"

一日，遇雨。余告诸生："今日当作文。"但天雨，未能出门。令诸生排坐楼上廊下看雨。问："今日是何种雨？"诸生竟答："黄梅雨。"问："黄梅雨与其他雨有何不同？"诸生各以所知对。令互相讨论，又为评其是非得失。遂命下笔，再互作观摩。如是又半日。

余又令诸生各述故事。或得之传闻，或经由目睹。或闻自家庭，或传自街坊，或有关附近名胜古迹，桥梁庙宇。择其最动人者，或赴其处踏看，或径下笔。每作一文，必经讨论观摩，各出心裁，必令语语从心中吐出，而又如在目前。诸生皆踊跃，认为作文乃日常人生中一乐事。

如是半年，四年级生毕业，最短者能作白话文两百字以上，最多者能达七八百字，皆能文从字顺，条理明畅。然不从国文课本来，乃从国语课及作文课来。而作文课亦令生活化，令诸生皆有如自其口出。此为余半年中所得一大语文教学经验。

大师之举，四两拨千斤，轻轻松松令常人头痛之作文，水到渠成。其实写

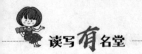

作的奥妙大可不必看得过于高深，更不必过早把固定的写作技巧和模式强加给学生。条条框框多了，学生反而束手束脚无从下笔。学生总是在猜测教师的心思，寻思教师想要看怎样的文章，怎样的作文才能得高分，如此写出来的就都是违心话、假话套话了；相反，如果放开让学生自由去写，写真情实感，学生才能发现最初的优点。兴趣是学生作文最好的助力，至于技法、文体，随着他们阅读的广度和深度的逐渐拓宽加深，读得多了自然会有"文感"，就像说得多了就会有语感是一个道理。但没有了兴趣，就是无米之炊，是强人所难。

另外，不要刻意命题，很多时候这对学生来说是件令人头痛的事情。比如，春游回来必定要写游记，读书过后必定要写读后感，这套流程学生都摸得清清楚楚，这类被动的写作还有什么真话可言？写作应该像吃饭一样平常，像呼吸一样自由。学生什么时候达到随时想写、信手愿写、自在吐纳，什么时候能从写作中感受到语言的乐趣、有机会释放言语表达的天性，敢于写真事真情，那就是渐入佳境了。

这里举一例。读写堂课程从四年级开始让学生进行班级人物小说创作，所提要求不多，只要是写班上的人物即可，可以是同学，可以是老师，崇拜或吐槽均可，但有一点，必须陈述清楚事例及理由，表达清楚作者本人的"爱恨情仇"。此招一出，学生兴奋异常，同伴之事，下笔何难。大笔一挥，连续写了一个学期，陆陆续续把班上各类同学、师长写了大半，仍意犹未尽。现摘录几篇，内容如下：

大郭是我们班的四大金刚之一！他啊，不但嗓门大，而且还很顽皮。

大郭是我们班最爱讲话的，课堂上也从不例外，特别是一到英语课就乐坏了！当然不是因为他很喜欢上英语课，也不是因为他英语成绩好，而是一到英语课他就可以无法无天地讲话了。因为语文、数学两科的王老师和陈老师在上课时管得严格，他根本没有任何讲话的机会。英语课老师管得比较松，他就能趁老师不注意的时候讲话。他一打开话匣子，他的话便夺口而出。有一段时间，我坐在他的后面，一天上课时，他趁老师在开电脑之际，立刻就转过头来和我讲话。我猛然大声喊一句："别吵了！"他被我吓了一跳，愣了愣，但马上扭头又跟旁边的同学讲话去了。唉！真受不了他，无论老师批评他多少次，他还是那样！

大郭也很顽皮。有一天下午我们准备去上课了，但他还在小区里玩耍。我一看手表已经两点十分了，便不由自主地加快脚步，同时善意地提醒他。但他却说："没事，心急吃不了热豆腐。"我想，你慢慢走，就让老师请你吃"热豆腐"吧！结果可想而知，值班老师狠狠地批评了他一顿。看吧，这顿"热豆腐"可不是好吃的！

哎呀，关于大郭这个人呀，三天三夜也说不完……

（四年级　何×贤）

陈老师是谁你们一定不知道吧，她是我们班的副班主任，也是我们班的数学老师。告诉你们一个秘密，我比陈老师还高哦！

陈老师就是因为不怎么骂我们，而且一点儿也不凶，所以我们班上有些同学不尊重陈老师。上课捣乱，不听讲，总在下面讲话，导致陈老师上课很费劲。有几次陈老师嗓子都喊哑了。

即便是这样，陈老师还是很有耐心。有那么一次，我作业的书面整洁度和格式不规范，看起来很乱，陈老师就耐心地一点点地给我示范，教我怎么样做才好看，非常温柔。我马上就记住了。以后不管是数学、语文、英语，我都要做到书写整洁，让老师批改起来不用那么费劲，不用看得眼花缭乱。

陈老师写字也非常好看。可是现在她没办法把板书写得那么好看了，因为只要她一转身写字，有些同学们就在下面讲话，所以，陈老师只能把板书写得非常快，要时刻转身盯住那些讲话的同学。要是大家以后上陈老师的课，都安安静静听课，那该多好呀！

今天是我们期盼已久的春游，呵呵！应该是夏游了，因为已经进入夏天了。我们去了中山的云顶星河游乐王国，那里有好多好玩的。陈老师陪我们玩过山车、碰碰车、摩天轮……玩碰碰车的时候，同学们都很坏，还商量好了一起"对付"陈老师。游乐园里我们笑声朗朗，你撞我，我撞你，玩得非常开心，完全忘记了她是老师。

这就是陈老师，一个可以和我们玩玩闹闹的老师！

（四年级　李×琪）

细读这些孩子的作文，并非为作而作；都是自己平日可见、有感而发，没有牵强附会的应付；都是童言童语的自然生发。钱穆先生早年在村小的作文教法其实就隐藏着作文技法：写作须曲折，忌一马平川；言语不宜啰唆；写作应细心观察生活，材料就从生活中来……但老师不是为教而教，而是应该建立在

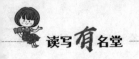

学生的兴趣基础上。先写作，再不露痕迹地提炼技法，是无招胜有招的妙法，是兴趣先行，信心先行，而非要求先行、技法先行，是对学生写作的细心呵护。一个教师，如果能有如此的教学智慧，又何愁学生不爱写、不愿写、不会写呢？

可惜，我们现在大多教师，如果看到学生作文里有大白话写道"今天午饭，吃红烧猪肉，味道很好，可惜咸了些"，恐怕是要拿起红笔，愤慨地写上一句话能断送学生言语生命的话——"满口胡言，就知道吃"！

三、老生常谈好无趣啊

晚上，女儿从房间走出来，叹着气来了一句："为啥我们不能写喜欢的作文呢？非要写那些写了又写的话题！"

作为语文老师的我有点心虚，明知故问地追问何出此言。

她开始吐槽："像什么学校啊、植物啊、景物啊，三年级写了，四年级还写，都写好几次了，不知道以后是不是还要写。"

我只好耐着性子跟她讲，虽然是同样的题材，但是不同年级的写作要求、方法、目的是不一样的，云云。甚至还翻出她以前的作文本，拉着她对比："你看你看，以前你写的这些个题材和你现在写的这些个题材虽然相同，但是是不是也有不一样的地方？是不是高明了些啊，那里那里……"这才使她勉强点了点头。

事实上，我是出了一身冷汗的。虽然我非常认同作文应该有年龄段和阶段性的区别，但女儿发的这种牢骚，是很多小孩子作文下笔难的现状。就是嘛，来来去去总是这些，学生真的已经无话可写了嘛！

人家就是想写点自己想写的！

其实，有关雷同或者类似的作文话题，教师们拍拍脑门发挥智力优势想想，是不是可以变点花样。这样一来，是不是孩子们就没有那么抗拒了呢？那就来试试吧！

1. "老生常谈"话题列举之一：我的同学

又是写人作文！这个同学，都认识这么多年了，我和"ta"的感情一直坚不可摧，都写了"ta"好多次了，实在憋不出别的来了。

老师拍脑门：你之前写的《我的同学》是写给老师看的吧？差不多都是场面话吧？是不是怕得罪人，所以不敢敞开写啊？那不叫作文，那叫作秀，是作给老师看的秀。好同学、好朋友是不怕写真话的对不对？爆料也没关系对不对？那你敢不敢写真话？敢不敢把真正的你写进去？来，试试放开写！

【学生习作】

头发，他有着一脑袋郁郁葱葱、交杂错乱的头发，像个鸟巢，每次风一吹着他的头发，会不由自主、无拘束地乱卷起来。

眼睛，眼睛常常散发出令人惊悚的目光，似乎在捕食猎物，像鹰眼——但他自己说其实是太近视了，不是鹰眼；瞪得老大是因为看不清楚。

接下来是他的耳朵。他的耳朵像绽开的两朵迷你小花，仔细一看，耳朵里会有"垃圾"——当然，任何人的耳朵里难免都有"垃圾"。他有一种神奇的本事，能让自己的耳朵一竖一落，酷似古代神话故事里的顺风耳。拥有这种能力是多么厉害呀！

鼻子，他的鼻子没什么奇特的，却是整个五官中比例偏大的。这么大的鼻子，嗅觉是会比较敏锐吗？

嘴巴，他的嘴巴特别喜欢嘿嘿地咧着，他是一个无论做什么都会忍不住笑的人，可能是常常大笑的原因，才使他的嘴常常那么咧着。有时我感觉他的笑是那种带点邪恶的笑容，与令人惊悚的眼神凑在一起，太容易暴露他的"小阴谋"了。

这样的头发、眼睛、耳朵、鼻子、嘴巴组成了他与众不同的外貌。

（五年级 杨×钊）

算上今年，汇贤和我已经是同窗9年的同学了。在学校里，他是我最老的朋友；在学校外，他也是我最好的朋友。

俗话说："不打不相识。"我们俩的友情就是打出来的。记得一年级的时候，我和汇贤坐同一辆车回家。他非常好动，一路都不停地骚扰我。我顿时就生气了，竟然在车上扎起马步来，对着他来了一招"降龙十八掌"中的"亢龙有悔"。汇贤也不甘示弱，使出了他的自创招数"袖里乾坤"——说白了，只不过是挥舞着两条长长的袖子在乱拍乱打罢了。有一次，我和汇贤又打了起来，而且我好像还被他压在地上。那一天回到家后，我哭着对老妈说："我以后再也不跟汇贤玩了。"结果第二天，我又和他勾肩搭背地一起去玩耍了。

（五年级 苏×柱）

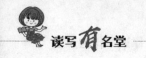

科学课惊悚记

好好一个晴空万里的早上，却被"嘟嘟"弄得鸡犬不宁，事情发生在科学课堂上。刚转学来不久的我，被"嘟嘟"挤到了两组的缝隙里，从此以后，我的黑名单里第一位就是"嘟嘟"。

话说那时正在上科学课，我们组算上我是5位女生，还有就是"嘟嘟"了。第一个星期他没来上学，我上科学简直就是天堂般地享受。可自从他来了，那就是魔鬼般地待遇。

科学老师在上面讲课了，"嘟嘟"也蠢蠢欲动。为了摸一下实验工具，他悄悄把肥胖的身躯往前挪。终于好不容易挪了过来，但他已经气喘吁吁。正在专心听课的我向后一看，被吓了一大跳："啊！你怎么坐这里来了？你不是坐在后面的吗？"他"嘘"了一声说："我要坐过来关你啥事？"我无奈地说："那行吧！你就坐这吧！"过了一会儿，嘟嘟开始口水横飞地高谈阔论，向旁边的思琪问问题：这是咋用的？这是干啥的？你们上节课干啥了？……思琪说："'嘟嘟'你能别讲了吗？已经口水满天飞了！"他一脸不屑："我爱讲话咋地！你别管我。"

我说："行行行，我们不管了。那你坐回你原来的位子，行不？""嘟嘟"一瞪眼："就不！"一双沙锤般大小的拳头紧握。我见势不妙，赶紧换位到两组的中间："大爷有话好好说，君子动口不动手啊！"他满脸得意地往我原来的座位上一坐："你坐不坐这位子？不坐那我可就坐了啊！"

我连忙挥手："不坐了！不坐了！"太惊悚了，君子识时务，我还是躲吧！我可不想"粉骨碎身"！

（六年级　蔡×卓）

2. "老生常谈"话题列举之二：我的童年

"什么？又写童年！哎呀，这都写了几次了。我的童年就是作业啊、补习班啊、兴趣班啊、爸爸妈妈的唠叨啊……这童年，也就这样了，再写下去，我真觉得没有童年了！"

真的就这样了吗？好好想想，年纪更小的时候和现在六年级比起来，有没有什么不同啊？有家长看管着的童年和家长不在时的童年，真的没区别吗？男生的童年和女生的童年，是不是不太一样啊？

我们先来看看作家梅子涵的诗歌：

男孩的童年

梅子涵

男孩的童年和女孩的不太一样。

它是经常地拖着鼻涕和裤子没束牢。

是端着假的冲锋枪冲啊，假的冲锋枪是装一节电池扣动了会发光的那种，甚至是一根木头、一根竹子，和两只假装的手。

是扑逮蝴蝶和黄蜻蜓，红蜻蜓只看见过一次。

是夏天的时候斗蟋蟀，春天捉蝌蚪。

是等待过年，过年可以放爆竹，等到没有爆竹放了，年过完了，会有一丝惆怅。

是上学的路上跟人打架，放学被留下来；前一天的作业没做好，放学又被留下来。

是没被选上中队长，小队长也没被选上，傻兮兮地朝选上的人鼓掌，一点儿也不嫉妒。

是随便地在马路上走走，不买泡泡糖，不买橄榄，但会买一根冰棍，不是小气，是泡泡糖和橄榄有什么意思！

是穿上一件新衣服，先要弄弄破，再走出去，最好谁也不要注意，否则不好意思。

是躲在角落里小便，让一个人放哨，当心小姑娘走过来。

是在乒乓桌上拉弧旋球，一点儿不转，人家把球扣杀过来，又输掉一盘。

是"恶毒"地说，哪个小姑娘跟哪个男生结婚，然后开心地哈哈大笑。

是那双脚，臭得要命，妈妈说，你不洗干净，别上床睡觉。

是端起爸爸的高粱酒："让我喝一口！"

男孩的童年还是什么呢？男孩们都知道，如果你是男孩，那么你也知道。

……　……

还没等看完，下面的孩子就忍不住喊："哈，这个好玩！可以写，可以写！"

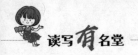

【学生习作】

女孩的童年

女孩的童年，是初夏的花裙子，这里一条，那里一条，怎么穿也穿不厌。

女孩的童年是盛夏的冰激凌，给人带来一片清凉。

女孩的童年是漫天的梦幻泡泡，在阳光的照耀下，五彩缤纷。

女孩的童年是可爱的布偶，在晚上给我带来安全感。

女孩的童年是一颗颗彩色的糖果，甜到忍不住流口水。

女孩的童年是妈妈扎的小辫子，一天换一个花样，层出不穷。

女孩的童年是漫山遍野的鲜花，这里一朵，那里一朵，不一会儿就把竹篮装满了。

女孩的童年是甜蜜的，是五彩缤纷的。

（五年级　潘×淇）

女孩的童年

女孩的童年是出门前扎个头发要十多分钟。

是偷偷拿妈妈的项链手链戴在自己的手上。

是在妈妈敷面膜时，从妈妈脸上蹭点精华油，抹在自己的脸上。

是出去玩的时候一直跟着妈妈自拍，还学会了抢镜。

是听听别人的夸奖就面红耳赤，其实在心里偷偷地乐开了花。

女孩的童年是美好的，令人向往的，是一生中最自由的时光。

（五年级　陈×雯）

嗯，童年好像是这么回事，成功地把老师也带入了那些年。写作不就是应该这样嘛，写孩子的话，不要故作深沉老气横秋的。

3. 最爱的话题：吐槽类

这类作文，应该最对小孩子的胃口。平时没地儿说，那给你一个平台，说吧！学生们可精得很，知道是给老师看的，才不会写真心话呢，心里话我只告诉好朋友，老师我知道你们爱看什么、爱听什么，就往高大上的方向写呗。这么写出来的肯定都是空话、套话、假话了。

有一次和家长聊天，家长抱怨说孩子现在根本不让进房间看他写作业，根本不让检查他的作业，真让人无奈！孩子们真这么拒人于千里之外吗？他们到底是怎么想的？当晚，我就让孩子们吐槽：你喜欢家长看着你们写作业吗？

【学生习作】

别再盯着我

我是一位六年级的小学生，是一位特别不喜欢家长监督着自己写作业的小学生。我对这事很反感，尤其反感家长盯着我写作文。

每当我开始写作业时，妈妈总是走进来坐在我后面，一会儿看手机，一会儿看我写作业。这让我感到很不自在，很想挖个坑跳进去写，也很想让妈妈出去。但我又不敢说，怕老妈唠叨，所以只能忍气吞声，直到作业写完。唉，真是不自在。

妈妈不单只会坐在后面看，还会不断地催促我。

当时间开始疯狂流逝时，妈妈就会开始疯狂地催促，让我头皮发麻。我都已经在写了，就别催了嘛，越催越慢。但是我说了他们也不听，又有什么办法呢。唉……

我觉得应该让父母也体验一下这种感受，虽然他们总说："要是我，肯定不会像你这样，我会……"但我敢打赌，如果他们真变成现在的我，肯定也会像我一样，遮遮掩掩，不愿意让家长盯着写作业，搞得就好像我在做什么见不得人的事似的。

对于这件事，我有委屈，有看法，也有不愉快。总而言之，我不希望家长监督我写作业，这真是太不自在了。

（六年级　龚×韬）

提心吊胆写作业

不知道为什么，我最讨厌爸爸妈妈检查作业，尤其是看我的作文，我就特别警觉，就是碰一下也不给！不是从小到大都被要求"自己的事情自己做"吗？我写作业的时候就喜欢把自己关在房间里，不让爸爸妈妈进来。

每当我没考好，当晚就更要命："今天你的作业全部拿出来检查，少一样就不许睡觉！"真狠！每到这时，我就没了底气，只好识趣地回房间写作业，灰溜溜地把作业拿给他们看。其实，这样并不好受，但是因为自己考砸了，所

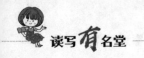

以也只好默默忍受。有的时候考得实在太差了，爸妈就更加堂而皇之地进我的房间，坐在旁边监督我写作业……

接下来往往就会比较热闹了！比如，你这个字写错了，或者是写得不好看，他们就会说："赶紧把这个字改掉，不能写成这样！"或者说："你的握笔、坐姿特别差，要坐好！"爸妈在旁边挑三拣四，唠叨声不绝于耳。有时我情绪一上来，回一句嘴，那后果就更严重了！往往是父母二人一起上，那个时候就有点恐怖了！

我觉得，父母对孩子作业的监管方法要掌握好，不应该是保姆式的监督，不必时刻不离身，应在孩子有需要时才过来看一看；说话语气要和蔼一点儿，不要突然一下子提高音调，突然纠正我的过失。这样，我在写作业的时候心里是怦怦乱跳的，导致我在写作业时心神不定，效率下降。

我虽然六年级了，其实也还是小孩子，但是也不能这么压制我。当然，我也有不足，如果能彼此相互尊重，我想我写作业的态度、效率都会更上一层楼的。

（六年级　冯×珺）

这下肯定有不少家长表示"中招"了吧！看完这些吐槽文，还是多理解和尊重孩子们吧！所以说，小孩子不是不能写，不是不爱写，拍拍脑袋，找到突破口，换个切入点，孩子慢慢就"入戏"了。

四、如何教学生写好作文

今天继续来谈谈学生写作文的那些事。小学生不爱写作文，不会写作文，这种情况屡见不鲜，语文老师和家长都很着急。特别是语文老师，想了很多办法，学生就是不爱写，写不出来。那么，如何教学生写好作文呢？

（一）语言生活化，写作文要平实

很多学生一写作文，就无从下笔，每写一句话都要挖空心思东拼西凑。其实，写作文很简单，一句话可以概括——就是像自己平时说话那样来写作文。叶圣陶先生说过："小学作文教授之目的在令学生能以文字直抒情感，了无隔阂；朴实说理，不生谬误。至于修辞之工，谋篇之巧，初非必要之需求。"（《叶圣陶语文教育论集》下册）我们先来看看一位四年级学生写的作文《记忆中的故乡》片段：

走出大门，那张板凳那么熟悉，鸡叫还是那样动听。墙角的野草、角落的干柴，怎能叫人忘记？虽然没轿车没高楼，但一切都还是那么叫人热爱！牛羊，轻轻地哼着；蚊子，无忧无虑地飞着；农民，辛勤地劳作着……没有学习的烦恼，只有欢乐的时光。每天快乐奔跑，童年如此欢乐，故乡——快乐的天堂。

就是这么简单的几句回忆故乡的句子，连老师看后都忍不住泪流，让我也想起了自己记忆中的故乡。文章没有华丽的辞藻、没有波澜起伏的夸张抒情，有的只是平平实实的娓娓道来，犹如一股涓涓细流，拨动着人内心深处脆弱的、怀念故乡的心弦。真不敢相信，这样打动人心的文章，竟出自一位四年级的孩子之手，但又不得不信。这样的文章不需要用华丽的辞藻来哗众取宠，不需要扭捏造作的虚情假意，不需要专业的写作技巧；几句朴实地对故乡场景的描绘，不费"一枪一弹"，就轻易征服了读者的心。

其实，如果孩子们写作时能抛弃所谓的"好词好句""修辞方法""布局谋篇"等教师强加的写作技巧，毫无顾忌地用直白的、生活化的语言直抒胸臆，就都能写出打动人心的"真作文"。中国有句老话，"词达而已矣"，说的就是这个意思。著名语言学家吕叔湘也说过："写文章，首先要学会用普通的字眼，说普通的话，不耍花招，不摆架子。"（《文章评改》）如鲁迅的《故乡》、朱自清的《匆匆》，细看这些流芳百世的名篇佳作，都没有华丽的辞藻，写的都是生活中的平凡事，说的都是生活中的日常话，抒的都是生活中的真感情，丝毫不哗众取宠，却能代代相传、深入人心。我们在指导学生写作文时，如果能坚持这种理念，那学生写起作文来，还愁下笔无文么？

（二）选材生活化，多写身边事

古有白居易主张："文章合为时而著，诗歌合为事而作。"许多著名的作家，他们的创作灵感和冲动都是来源于生活对自己的影响。陶行知先生的一个重要的教育主张就是"生活即教育"，江苏人民出版社出版语文第6册就有一篇写陶行知在生活中教会孩子们认识事物的《放飞蜻蜓》，足见他的教育理念对孩子的影响。他主张教育与生活要有一致性，倡导"写真经历、真体验、真感受"的作文思想。1992年，陶行知在《时事新报》副刊《学灯》上发表名为《生活教育》的文章，表述了他对"生活教育"的观点："生活即教育，用生活来教育，为生活而教育。"

作文选材也是一样的道理，如果选择生活中耳听眼观的事情来写，因为

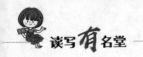

有了亲身经历，有了自身体验，下起笔来自然会水到渠成，一气呵成。但是很多时候，学生在着手写一篇新作的时候，往往一看要求就会往"大、空、泛"的方向选材。比如，要求学生写让你感动的一个场景，十有八九的学生会选择写捐款、震后、台风过后这类"大爱"的题材。因为在社会价值取向的熏陶下，学生往往认为只有这类题材才值得歌颂、才能让人感动，但这类题材人尽皆知、被无数人说过、写过；而且这类题材学生没有亲身经历过，只是从电视、新闻里略有所闻，听到的也是只言片语，所以等到真的要下笔了，就会发现"胸无成竹、下笔词穷"，写出来的作文，自然就少了几分真情实感，多了几分虚情假意，很难引起读者的共鸣。学生如果能从生活中捕捉让人感动的瞬间，这样的写作内容就会让人感到真实，就容易抓住读者的心。下面就来看看班上一名学生写的一篇令她感动的场景作文：

她感动了我

昨天晚上作业没写完，一大早来到班上同桌就批评了我。

我正在拼命地写啊、做啊的时候，组长来催作业了。眼看我差最后一小题就做完了，可同桌还是毫不客气地把我的作业塞给了组长。我愤恨地想：她一定是幸灾乐祸，想等着看我被老师批评吧！不出所料，我又被老师批评了，黑板上没有完成作业的名单里，当然也有我的名字了。从那时候起，我发誓再也不理她了！

中午，我终于补完了作业，同学们都走完了。我背着书包哼着歌下楼的时候，一不小心脚下一滑，打了一个趔趄，我连滑两级楼梯，倒在地上，沉重的书包也甩到了一边。我想站起来，可是怎么也站不起来。

这时的学校静悄悄的，怎么办好呢？我想起了楼上的她，可是我不愿意开口叫她。这时楼上传来了脚步声。是她！我赶快把脸转到一面去。她看见我半躺着，赶快走了过来，把我扶起来，又一声不吭地把我送回了家……

是她感动了我，她现在是我最好的朋友。

我在班上念出这篇作文的时候，全班都向这对同桌报以赞许的目光。这目光里，包含着对文章小作者写作能力的认同，更包含着对她那位待人严格、默默助人的好同桌的钦佩。可见，要引起读者的共鸣，从生活的点滴中选材，更有"此时无声胜有声"的"感同身受"之效。

（三）抒情生活化，写出真感情

很多学生在作文中抒发感情的时候，都会写一些"套话""违心话"，其实自己内心未必真的这么想。乍一看这些学生的作文，内容激情澎湃、口号一箩筐，但抒发的其实都是空感情，难以让人相信。一些教师在指导学生作文时，要求学生不管什么作文都要"喊喊口号""表表决心""上纲上线"，认为这样的作文才有深度。说实在的，十几岁的孩子能说出什么样的空话、大话来？孩子的心都是最单纯的，他们往往想到什么就说什么，想表达什么感受就表达什么感受，为什么一定要让孩子说一些违心的"空话"呢？这样下去，学生只能为了作文而作文。这不是"发乎情"的做法。教师要告诉学生，作文是"我手写我心"，并提供一个让学生自主发挥的空间，鼓励他们敢说真话、敢表达真实想法，把自己的所思所想畅快淋漓地写个痛快。长此以往，又何愁学生写不出好作文呢？

以下这篇作文，就是一名学生"我手写我心"的真实呈现。

告诉你一件中华人民共和国成立以来的头等稀奇怪事——"全民偷菜"。

"偷菜"是指QQ空间里的QQ农场的偷菜功能，也就是去你的好友的QQ农场里摘取他们"辛辛苦苦"种下来的"果实"。同时，你也要种菜，然后尽可能在好友来之前收菜，防备被人"偷走"。你看，如此荒唐无聊的游戏，中国男女老少，只要有电脑和网线，大部分都会玩，可见有多少中国人思想极度空虚。《读者》上也发表过一篇文章——《我们偷的不是菜，是人生》。

…………

越无聊的东西，往往越能吊人胃口！

这样的话题，要是换作别人来写，那还不客套几句、寒暄几句？有几个孩子能写出这样有感而发的作文来？就算是有，恐怕也不敢这么大胆地"发"吧！这难道不是我们长期教育的结果吗？《语文课程标准》关于义务教育第三学段的习作要求有这样一段话："懂得写作是为了自我表达和与人交流，养成留心观察周围事物的习惯，有意识地丰富自己的见闻，珍视个人的独特感受，积累习作素材……"所以，我们指导学生作文，就应该鼓励学生"我手写我心"，要敢于表达自我，敢于说真话。在这样宽松的氛围之下，还怕学生"有感发不出""有感不敢发"吗？相信这种做法，会自然而然地激发学生的写作兴趣，学生写起作文来也就能"遍地开花"了。

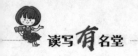

（四）用词不必华丽，恰当最为重要

当然，我提出以上观点，并不是说学生作文中"好词佳句"就不能用，而是要让学生在充分理解词义的基础上，恰当地使用，从而起到画龙点睛之妙效。来看看班上一位孩子的作文《人蟹大战》的片段吧。

我慢慢地走向装螃蟹的盆子，妈妈对我说："快拿根筷子来！"我刚想转头，看见一只螃蟹就要从窗户上掉下去了，我赶忙提醒妈妈按住它。幸好妈妈眼疾手快，不然的话，这个"铁将军"早已掉入"万丈深渊"而"粉身碎骨"了。妈妈把这个"铁将军"放入一个碟子里，我立刻拿出一双筷子给妈妈。只见她接过去迅速按住螃蟹，又让我拿另一双筷子帮她按住。我小心翼翼又费力地按住眼前的这位"铁将军"。它望望我，又望望它那被按住的大钳子，好像在对我说："快放开我！快放开我！不然，我就让你尝尝钳子的滋味！"我们还没来得及庆祝胜利，另一只螃蟹又挥舞着大钳子大摇大摆地横行霸道起来。妈妈见状，举着筷子一个箭步冲过去，忙得手舞足蹈，急得满头大汗！再看螃蟹，真无愧于"铁钳将军"的英勇称号啊！它左躲右闪，东逃西窜，两只大钳子飞来舞去，真像一个英勇善战的大将军！妈妈的一次次进攻，它都能轻而易举地躲开。终于，妈妈把它惹急了，它一钳子上去，只听得妈妈一声惨叫。不过，"铁将军"再英勇还是有"失足"的时候。历经一场激烈的"人蟹大战"，费了妈妈九牛二虎之力，终于把它成功地"俘虏"了。我真为这位"铁将军"惋惜。

这是一篇非常精彩的场景记叙文，小作者能抓住当时抓螃蟹的种种细节来描写，非常传神，再现了当时紧张激烈的场面。其中也不乏一些"连珠妙语"，如"眼疾手快""小心翼翼""一个箭步""手舞足蹈""英勇善战""九牛二虎之力"……虽然小作者运用这些词语的频率较高，但读起来却丝毫没有堆砌辞藻之嫌，反而让人读后如临其境、如闻其声，体验了一回"人蟹大战"的酣畅淋漓。"好词佳句"毫无疑问能提升作文的可读性，但前提是必须要充分理解词语的意义，加上恰如其分的运用，才能为文章增色。

五、寻找题材创意点，迈出续写第一步

《小学语文课程标准》指出："语文教学在发展学生语言的同时，要注重发展学生的思维能力，激发学生的想象力和创造潜能。"由此可见，小学生想象力和创造力的培养至关重要。

续写，是一种富有创造性的写作活动，是指依据原文的题意和线索，创造生动有趣的情节，设计各种不同的结局。教师要能引起学生的写作兴趣，让学生体验到创意写作的愉悦感；同时，要让学生产生强烈的习作欲望，培养他们的创造性思维。

　　续写，听起来似乎并不是难事，但实际上不少学生却不知从何续起。针对这一问题，笔者认为，要想让学生把握好续写的方法，第一步应该是让学生发现具有创意的续写题材，以激发学生续写的兴趣和动力。那么，续写时应该从哪些方面寻找题材的"创意点"呢？

1. 文尾延伸，柳暗花明的创意起点

　　课文结尾的续写也称"续尾式"。这也是最常见的续写题材，指的是对原文情节做延伸性写作。这一题材的来源与教材紧密结合，以课文原文作为续写的"母题"，不需要刻意去寻找写作题材，可在原有故事情节的基础上，鼓励学生从不同角度进行大胆的"再创作"。这也是续写这类创意型写作的基本起点。如在学习了《坐井观天》之后，让学生续写"青蛙跳出井口之后……"；在学习完《丑小鸭》之后，让学生发挥想象，写一写"丑小鸭变成白天鹅之后……"；在学习完《风筝》一课时，让学生接着课文的结尾，续写孩子们继续寻找"幸福鸟"将会有什么结果。这一类课文的结尾令人回味，并且有很大的想象空间，容易激发学生的创造性思维。学生也乐于将故事从不同角度进行拓展想象，续编起来也较得心应手。故此类课文结尾经常被师生借用作为续写题材，而学生的后续作品读来往往也会让人有"山重水复疑无路，柳暗花明又一村"的意外惊喜。

2. 中间改编，峰回路转的创意思路

　　留意过续写的教师也许会发现，适合第一类"续尾式"的续写题材，在我们的教材中其实并不多见，大部分的课文，结尾处并不适合再进行后续创作。于是，第二类"改编式"的续写，就填补了这类题材上的不足。改编续写，指的是在课文中间情节发展的某一关键之处，不再按照课文的原文发展，而是重新改编出另一种不同的下文。这种续写题材不易被教师挖掘出来，但只要善于发现课文中峰回路转的关键点，同样可以激发学生的写作创意。例如，人教版语文三年级上册第6课《小摄影师》中有这么一段文字："小男孩哭着，跳上一辆电车。电车马上开走了。"这就是一个文中很好的续写点，可以让学生猜想

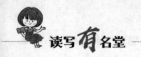

小男孩坐上电车后发生了什么事？他有没有再次回到高尔基那里？如果没有，他又遇到了什么事？……类似这种中间存在续写创意点的课文有很多，可以鼓励学生尝试通过"逆向+替换"的创意思维方式，突破常规固定思路，进行这种"改编式"的续写，定会产生"峰回路转"的妙境。

3. 巧借插图，百花齐放的创意智慧

课文插图（插画式）也是一个续写的创意点。这种续写要求学生充分利用课文的插图内容，让学生根据课文原文的情节、人物的性格、表达的情感，对课文的插图做想象性的扩展写话。如《鱼游到了纸上》一文中有一幅插图，画的是人们围观青年画鱼的情景。我根据课文内容，引导学生推测围观的人群中会有哪些不同身份的人？你的根据是什么？他们会怎样议论画画的青年？……学生经过观察插图，联系课文内容，结合生活实际，发挥想象，用生动的语言展现出了不同人物的动作、神情、语言，通过扩充情节，一个个生动鲜明的、崭新的形象跃然纸上，学生续写例子如下：

第一则：

围观的人越来越多，大家赞叹着，议论着。

旁边戴眼镜的老爷爷侧过头，双手交叉放在腰间。他摘下眼镜，用手揉了揉眼睛，又重新戴上眼镜。老爷爷看完笑着说道："嗯……画得真不错！"

老爷爷前面有个胖胖的小男孩，他用力挤进来，手抓着鱼缸边缘，专注地看着纸上的金鱼，自言自语道："要是我能把金鱼画得那么好看就好了！"

年轻人对面有个穿格子衣服的女人，她把脑袋偏过来，一会儿看纸上的金鱼，一会儿又看水里的金鱼，好像在做比较呢！

"金鱼的眼睛大了点，尾巴又长了点，改改就好了！"一个叔叔从后面探出头来，他手背在身后，弯着腰，身体向前倾，情不自禁地说。

…… ……

第二则：

大家赞叹着，议论着。

有一个知名度很高的大画家弯下腰，看看青年笔下的金鱼，又看看鱼缸里的鱼，对年轻人说："年轻人，你的画画技术还不错，如果再练一下，说不定能获奖！"

一位叔叔看见前面有围观的人群，也来凑热闹。他看了青年画的鱼，有点不相信自己的眼睛，说道："厉害！真厉害！"

　　一群小孩看见有个哥哥在画画，也跑过来看。有个小孩不够高，干脆就坐在鱼缸上看。另一个小孩比较瘦，使劲往人群里钻，还不停地说："让我看看，让我看看！"还有一个小女孩说："这个哥哥画画真好！真想跟他学学！"说着还拍着小手，大声叫好……

　　通过以上续写的文字，我们看到了学生百花齐放的创意智慧。在利用插图对部分情节进行重新构思的过程中，也是学生创造性思维发散的过程。借助插图，通过"联想+重组"这些可贵的品质，便可续写出原文以外的精彩情节。

　　4. 诗词留白，别出心裁的创意火花

　　古诗词的重要特征是用凝练、精简的文字表达丰富的情感。短短几句的诗词中存在许多"空白"之处，为学生留下了丰富的想象空间，这就是很好的续写题材。学生可以根据自己对诗词的理解进行合理的想象，于空白处求精彩，把跳跃略过的情节补充出来，把浓缩概括的语言具体化。例如，《渔歌子》的续写，学生读了"青箬笠绿蓑衣，斜风细雨不须归"的词句后，结合课文的插图，根据词中之意、想象画外之音，描述了词所表现出的意境：

　　这是一个美丽的春天，西塞山前有一群群白鹭飞过，不时能听见它们的鸣叫声。河里的鳜鱼不时用嘴顶一下岸边飘落下来的桃花。天上有几只白鹭想冲下去叼几条小鱼吃，可都被领头的白鹭叫住，继续南飞。

　　河面上漂着一艘小船，上面坐着一位老爷爷，他戴着青色的斗笠，穿着绿色的蓑衣。每当他钓到鳜鱼时，都要抚着自己灰白的胡须说："大鱼，大鱼！"接着便放进身旁的鱼篓里。

　　过了一会儿，开始下起雨来。这位爷爷的家人叫他回家去，他看着眼前被细雨笼罩的美景说："刮风下雨更添风光，这么美的风景，我怎么会舍得回去呢？"

　　又如，有些古诗，内容充实、结构完整，人物个性鲜明，可以作为学生续写的有机补充。对于已具有一定写作能力的中、高年级学生，在领悟了诗的内涵之后，可以做一些如"××之后"之类的续写，调动他们的发散性思维，把古诗中"言尽而意未尽"处续写出来。例如，杜牧的《清明》，可让学生以《我来到了杏花村》为题，写出"牧童遥指杏花村"后，诗人是如何来到杏花村的，来到杏花村后看到了什么，想到了什么，如何喝酒的，等等。其间可以

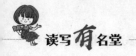

"清明时节雨纷纷，路上行人欲断魂"的环境烘托描写。学生可以通过诗人到杏花村的事与清明时节的景，寓情于事，寓情于景，写出清明时节诗人对祖先、对亲人的深深怀念之情。像这样从古诗词的留白处去点燃学生的创意火花，也是一个别出心裁的续写题材。

5. 小说猜想，独具匠心的创意源泉

这类续写，指的是对课外故事或者小说进行猜想续写。要求教师先将精心挑选出来的课外微型小说佳作，故意在情节发展的高潮处，在释放悬念的关口，在故事陡转的瞬间，在揭示深意的紧要处，把后面的内容（主要是结尾）删去，然后让学生依据情节趋势、人物性格，尽量用与原文风格相近的语言，续写结尾。再比照评析续作和原作，欣赏其巧妙的构思艺术。

这类续写对学生的要求较高，在写作技巧上也往往要求较高，那些课外阅读量较大的学生，更容易进入小说原文的角色，与作者产生共鸣。

6. 故事连载，奇思妙想的创意灵感

这里指故事或小说的创编连载。此类续写适合高年级段的小学生。因为他们已经具备一定的写作经验，课外阅读已经达到一定的量，且对生活、社会有了初步的个人感悟，这种续写也不失为一种独特的写作方法。形式上可以是个人的故事连载，也可以是全班学生轮流续写同一个主题的故事。后者更具有趣味性和挑战性，往往需要引导学生去揣摩前一名同学写的故事情节，然后根据上下文的内容，依据情节发展的趋势，大胆猜测空白处的情形，确定接续写作的方案后，再将猜读的结果，尽可能与上一名同学风格一致的文字继续表述下去，以此类推。

总之，续写是一种富有创造性的写作活动，它的写作过程无疑是想象力和创造力的体现。但是，要想激发学生的续写欲望，还要先迈出续写的第一步——从不同方面去寻找续写题材的"创意点"，让学生续写出"故事后面的故事"。

六、让学生下笔如水般清澈流淌——《草房子》对学生写作的启示

我不想过多介绍《草房子》这本儿童小说，更没有必要再多介绍作者曹文轩先生，因为每一个中国适龄孩子都认识他，至少都熟悉他的作品。书店里曹

文轩先生的专架上，最显眼的永远是《草房子》。就我个人而言，从自己上学到自己孩子上学，再到给学生教学，一直在读它。这是我最喜欢的书之一，百读不厌。我一度想过，是不是只有我才有这种感觉，但当我去问我的女儿，我的学生，很欣喜地发现，原来孩子们和我一样喜欢它。在某一个节点，你发现自己和孩子的世界竟然是如此高度吻合时，会产生一种窃喜的心情，至少会暗喜自己还有一颗童心。

《草房子》确实是一本很神奇的书，它有一种迷人的、浪漫的、诗一般的气息，这种气息似乎在唤醒我童年的某些珍贵的记忆。对我来说，它遥远又熟悉，但对现在的孩子来说就是奢侈的了，他们没有桑桑、秃鹤，以及我的那些年幼时的童年经历。孩子们读这本书的确可以催生其阅读的愉悦感、体验感。但我想，曹文轩的《草房子》之所以是他所有小说中的经典——至少我是这样认为的，一定是有一种什么样的力量，给孩子们的心灵播下了一些特殊的种子。在和学生们一起阅读的过程中，我也在想，它会给今天的语文教育，比如当下的作文教学带来了哪些不一样的启示呢？

再次和学生一起读这本小说，我依然认真地一页一页地读下去。是的，我又在读，我还在读，经典不就是这样吗？与此同时，我又读到了曹文轩《阅读是一种宗教》一书中他对于《草房子》的诠释。正如他本人所说，他的作品因水而生，带有水的洁净和洁癖。水养育着他的灵魂，养育着他的文字。当学生读完这部小说后，他们在我的鼓动下，已经开始尝试创作班级人物小说。他们愿意去写，而且不厌其烦地去写。现梳理一下《草房子》对学生写作的启示。

启示一：身边伙伴的点滴，亲切如水。

《草房子》对小读者最大的一个诱惑，就是它构建了一个完完全全属于孩子的世界，以至于阅读到它的同龄人不费吹灰之力就能心领神会。小说里面孩子们的个性脾气，对他们来说太有共鸣了——争强好胜、淘气捣蛋、欺负弱小、胆小怕事……老师也有"炸毛"的时候，老爸是校长也不例外，运气好的话还可以遇上温柔可亲的老师，甚至可能遇上有好感的异性小伙伴。一个人物代表一种个性，鲜活有灵气，绝不呆板也不俗气。哪怕只看目录——秃鹤、纸月、白雀、艾地、红门、细马……读过的小读者一下就会在脑海中跳出相关主人公的样子和事件来。

第一个启示，从身边的小伙伴写起。这个写作密码也许不算神秘，我们

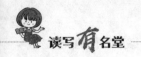

总是在提醒学生写身边的人、身边的事。可学生总感觉是老师的强加——老师喜欢看正面的描写，喜欢正能量的例子，问题是身边的人和身边的事也不一定全是典型的正面的、正能量的啊！读《草房子》里的人物，就有这么一种释放感和痛快感。对啊，小孩儿就是这样的，我曾经就是这么想的，为什么一定要写"我的同桌""我身边的榜样""我的同学"呢？写"烦人的他""臭屁陈""马屁精""学霸不好学"不行吗？再不起眼的小伙伴，也能把他写得特征突出——"不起眼"不也是他的特征吗？语文的写作，应该是亲切的、没有顾忌的。突破了这层障碍，学生仿佛被摘去了紧箍咒，写作的欲望如流水汨汨而来。

启示二：个人经验的带入，真实如水。

曹文轩说，《草房子》是带有自传性质的小说，是他对过去生活的一种回忆。这部小说的创作渗入了他一直以来的写作理论——写作永远只能建立在自己的个人经验之上。他的这种观念应该放在每一个语文教育实施者和教育对象的身上。

一个作家，只有依赖个人的生活经验，带着已有的经验进行写作，才能让作品呈现一种真实的状态，才有真诚面对读者的勇气。而那些虚妄的写作，只能让作家越来越气虚与力薄，也难以让读者有真实、亲切的感受。

这一点特质正如水性，带着一种可亲近的真实性。水，从不撒谎。遇圆则圆，遇方则方，任何一个缝隙都有它的踪影，无孔不入地宣告自己的存在，从不掩饰自己的行踪。水，可以清澄，可以浑浊，可以温柔，可以汹涌，从不掩饰自己的喜怒哀乐。水，时而冰冷，时而温暖，时而滚烫，从不掩饰自己的内心。这种真实的感受，放在作品中，会呈现无尽的魅力，从笔尖流淌的真实、亲切的文字，或舒缓或湍急，或安静或强劲，都是内心的节奏，只有这样的创作，才能散发出熟悉的"独特"性，撞击读者经验中熟悉的一角，产生意料之外又在体验之中的"共鸣"。

所以，我们应该鼓励学生带着真实的经验去写作，只有那样的写作，才能克服障碍，才不会胡言妄说，才不至于牵强附会。但很可惜，在现实中，学生的创作，或者说教师教给学生的写作技法，常常游离于个人经验之外，为赋新文强说愁，无病呻吟，撇下自己的生活经验，转向从现成的写作资源寻找素材（范文、作文选），竭尽全力地模仿，空洞地复制，失去了孩童应有的鲜活和灵动。

在《草房子》的影响下，我鼓励学生尝试着对自己身边的小伙伴、身边的这些人那些事进行创作。在此过程中，我对学生的写作不进行任何干扰，只时不时地叫他们拿出来共同分享。学生的生活经验无疑是暂时缺乏的，但是从一开始，他们就将自己的文字交给自己仅有的经验，虽然远不如成年人的世界，但是清澈如水般的纯真，毫不掩饰地不做作，不就是孩子应该写的人和事吗？

启示三：自然倾吐的语言，质朴如水。

《草房子》带给我们的第三个感受，就是语言的艺术。它近乎清水般地质朴无华，摒弃刻意的雕饰，以自然为锤炼语言的原则，构建出一个由桑桑、纸月、细马、秦大奶奶等角色组成的纯美恬静的世界。我是偏爱这样的语言风格的，那是一种隽永静好的佳境。就像沈从文、汪曾祺带给我们的语言的神韵，让人久久无法挣脱。

追寻这种文字背后的力量，不难发现，有了个人经验作为前提，写作也就从教条化和公式化的程序中解脱了出来，回归到最初的孩童世界。我尽力也让学生在这种状态下进行写作，希望能得到自然倾吐的结果。这样流淌的文字，与那些娴熟的成人相比，更多了一些质朴的可爱，哪怕显得有些笨拙，亦很难使人产生责怪的念头。

不要小看孩子对语言的锻铸能力，在班级小说的创作过程中，学生们倾吐文字的闸口被打开。在很长的一段时间里，他们乐此不疲地耕耘，呈现出一个与平日所见迥异的孩子的世界，这个世界里有难以割舍的友谊，有互相吹嘘的自大，有互相拆台的愤懑，也有依依不舍的情愫……这个年龄段的孩子只是缺少一种雕琢文字的能力，但这恰恰是我们成年世界所逐渐丢失且很难找回的东西——纯真。这是处于成年状态所无法抵达的写作境地，你或许搞不懂他为什么要为一张字条、一个游戏争得面红耳赤，但那就是孩子的世界啊！

不知道曹文轩先生当时写下《草房子》时，有没有预料到，如水般亲切、如水般真实、如水般质朴的文字，会成为照亮孩子们写作之路的一束光。

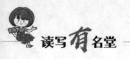

第二节　写作现场实录

一、乐在种植中

生活是鲜活的，它会为写作提供源源不断的写作素材。如何把生活写进习作里？许多教师想到的办法是让学生写日记。虽然说每天让学生写日记可以提高学生写作水平，但大部分教师都遵循"只要写多了，写作能力自然能提高"的法则，当起了"甩手掌柜"，教学目标模糊，放任学生想写什么，就写什么，导致学生的日记多数是记"流水账"，自由懒散地记录。如开头总是"今天……"，结尾总是"然后，我就回家了"。学生仅仅是为了记事而记事，这样的作业劳民伤神，应该赶紧叫停。

这个难点怎么破？归根到底就是学生无话可说，无事可写。只有通过观察，才能使生活成为写作之本。教师可以指导学生观察人、观察物品、观察大自然，从大处着眼，小处着手。

从教室开始，我把植物请进来，教给学生种植方法。先从泡发豆芽、种植豆苗开始，让学生每天记录豆子的成长情况。最初，学生只是记录一两句话，过几天，把每句话收集起来后，就组成观察日记了。渐渐地，我从学生写的观察日记中，找到了细节描写的句子。

1. 细节描写

当学生爱上观察豆子时，就会拿着放大镜去观察，连豆茎上的茸毛也要写一写。这就是把事物写具体的良好开端。

王×宇：今天有好多颗黄豆都出现了一条裂缝，渐渐地那道缝更长、更紫了。我认真地量了一下，茎的长度最长的居然有两厘米，短的却只露出一些小尖角。凑进去，隐隐地闻到一股豆芽的腥味。

点评：小作者对黄豆的发芽过程做了详尽的描写，如裂缝、颜色、长度等，都写得细腻精致。把眼看、耳闻、手触的感觉写得生动传神。

2. 巧用修辞

还有的学生在观察豆子的过程中，逐渐建立起豆子情，把豆子当成宝宝一样去呵护照顾，使写作变得有创意、有情感，使豆子有了脾气、长了个性，挣脱了千篇一律的束缚。

陈×妍：我发现有一颗豆豆发芽了，棕黄色的外衣一天天地脱落，露出了白白圆圆的小肚子。从小肚子上长出一条短短的尾巴，自己一个人冷清清的，不时也会在我面前耍耍小脾气。

点评：把豆子的外形写成了外衣、肚子、尾巴，增强了语言的生动性。"冷清清""耍脾气"把豆子人格化。这都来源于小作者敏锐的生活嗅觉，从生活中得到启发。

3. 运用联想

鼓励学生在写实的基础上结合个人生活经验，展开联想，拓展写作思路，充实写作内容。

张×弛：黄豆的皮全脱落了，一个个白白胖胖的，真有趣。豆子又发了一些芽，这些芽短短的，豆茎上还长出了细毛，根根好像跃跃欲试，准备随时战斗一样。

点评：小作者抓住了豆芽强劲长势这一触发点，插上联想的翅膀，链接小作者的思想和感受。

4. 变换角度

在写观察日记的过程中，需要的是持续地观察。如果碰上周末外出，或长假旅游，学生会把豆子带在旅途中，方便随时观察；还有些学生会把豆子寄养在亲戚朋友家，通过别人每天发送的图片来记录豆子的成长过程。就这样，在日积月累的观察中，学生还把观察日记写成了小说。

小黄豆旅行记七篇

四年级 张×睿

9月17日 星期四 晴

1. 小黄豆的心愿

我是一颗普通的小黄豆，我是一颗好奇的小黄豆，我是一颗有梦想的小黄豆。我长着椭圆形的身材，皮肤光滑黄润，看上去惹人喜爱。在我的身子中间

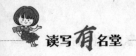

也就是腹部，有一道外黑内黄的痕迹，这就是我的种脐，也就是我的小嘴巴。

在一个风清月淡的夜晚，我和11个小伙伴来到了小主人家。我的小主人是一个爱学习、爱好广泛的四年级的小学生。主人先让我和伙伴们待在一个小盒子里，然后进行观察。大家太兴奋了，有的一蹦三尺高，有的手舞足蹈，有的连滚带爬地跑到地上玩。

小主人找来一个精致的小塑料盒，让我们依次沉入水底。小主人多么希望我们快快发芽，快快长叶，快快长大呀！其实，我们也多么希望在这个温馨的小窝里一起成长，一起探索，一起实现心愿。

9月20日　星期日　晴

2. 过一把明星瘾

第二天早上，小主人在时针指向7点时，一骨碌爬起来，箭步般走进书房，来看看我们的情况。小黄豆的身子更加光滑，种皮上没有一点儿皱纹，而且胖了许多。

小主人高高兴兴地在阳台上洗漱完，和我们道别后就背起书包上学去了。小主人一天愉快的学习就此拉开了序幕。

语文课上，小主人把作文递给老师。老师看了后点了点头，称赞小主人写得不错。小主人本来是想老师看完后拿回作文本的，可是老师看完后把作文本放在讲台上了。下课铃响了，老师本来想读给同学们听一听，小主人急忙跑上去，告诉老师写完再读吧。可是，小主人刚一拿到作文本，同学们就从四面八方跑来看小主人的作文。在看作文时，当然就看到小主人写的我了，我自然而然地成了明星。最后，上课铃救了被同学们堵得水泄不通的小主人，作文本都差点被撕破了。

这一回，我还真过了一把明星瘾。

9月24日　星期四　晴

3. 相亲相爱一家人

我的家人较多，根据种皮颜色和粒形不同，可分为一类：有大哥黑大豆；二哥青大豆；还有我老三黄大豆；姐姐，即种皮为褐色、棕色、赤色的其他大豆；以及小妹妹饲料豆。

大哥黑大豆又叫櫓豆、黑豆等，名字可多哩！它味干性平，有丰富的营养。大哥是运动健将，皮肤被太阳晒得黑不溜秋的，里面是黄色或绿色。

二哥青大豆外表是青色的。如果按其子叶的颜色不同分类，我又有两位二哥：就是青皮青仁大豆和绿皮黄仁大豆。青大豆二哥有许多成分，它也是人类维生素A、C、K、B的主要来源之一。

姐姐是单一肤色的其他大豆。妹妹饲料豆一般身体较小，身形扁长呈椭圆形，两片叶子有凹陷圆点，种皮略有或无光泽。我嘛，就是三哥，是豆类中种植最广泛的品种，而且最常用来做豆制品。

我们家族虽然较大，但我们取长补短，团结一心，是相亲相爱的一家人。

9月27日　星期日　晴

4. 生命的序曲

小主人把我们放进塑料盒，已经是第二天了。刚开始，我们对这个既陌生又新奇的世界探头探脑，既好奇，又害怕。终于，我们耐不住冲动，开始生命第一阶段进程——小芽从胚珠珠孔小心翼翼地冒出。我才发现，这个世界是美好的、阳光的、充满欢声笑语的。

小芽生长到还没身子的长度长时，这叫发芽。发芽时期，我的小身子会起皱，像老人的脸一样。

过了两天，我不但胚根长长，而且开始长出子叶，种皮也脱落了。我们兄弟有的你争我抢，争着往上长；有的还在睡懒觉呢。

又过了两天，我们长得已约莫有15厘米高了，就连睡懒觉的也有3厘米高了。我们每棵豆豆像一个个小音符，大家就像一支正待演出的乐队，时刻准备演唱生命的序曲。

9月30日　星期三　晴

5. 与母亲的对话

昨天，主人给我们搬家了，新家显然比旧家温馨、舒适多了。我们的身体逐渐长大，住宅当然就比以前宽敞了许多。新房子是用蓝色陶瓷做的，底部窄，上部宽。住宅其中一面有朵用线条勾出来的花，底色是蓝色，又加上白色的花，还有凹凸不平的横线，美丽极了。

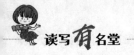

我不仅喜欢我的新家，我还喜欢新家的泥土，她就像妈妈一样哺育着我们。我们也从无土栽培到了有土栽培。

亲爱的妈妈，您让我有了根基。无土栽培的时候，我老是摇摇欲坠，站也站不起来。可是，有了妈妈的帮助，我有了根基。

亲爱的妈妈，您让我有了希望。妈妈，我现在绿油油的。慢慢地我会开花结果。妈妈，您让我对未来充满期待！

妈妈啊妈妈，我一定会快快长大，来报答您的恩情。

10月1日　星期四　晴

6. 幼年期的喜与忧

我的成长阶段较多，其中少不了小主人的呵护，也少不了母亲的关爱。

我已经经历了出苗期，现在该步入幼苗期、幼年期。出苗后，我的子叶展开，我茎上的对生单叶就展开了。我现在嘛，叫单叶期。

我的茎越长越长。现在，又展开2片对生的叶子。慢慢地，在2片叶子中间又长出1片叶子，称3叶期。虽然第3片叶子出生晚，但比前2片叶子长得还快、还大。

我的幼苗期有喜也有忧。这时我的上部生长比较慢，下部生长比较快，这让我扎得更稳。可是，我还是会被较大的风吹得摇摇晃晃。这就是我的忧愁。我们越长越高了，对外面的世界也越来越清楚了，这就是喜。

我们越来越大了，彼此越来越亲密了，我们希望美好的童年快快来到。

10月24日　星期六　晴

7. 久别重逢

秋天迈着欢快的步伐，悄悄地，轻轻地，不知不觉地来到了。秋天，把世界变得金灿灿的，大多数的树都把头发染成了金黄色。农民伯伯最喜欢秋天了。秋天呢，也喜欢农民伯伯，因为自己能让粮食丰收，给农民伯伯带来快乐。

小主人的事情也多了起来，要设计班级的吉祥物、班徽，又要设计数学周吉祥物和口号，还要给班级里画两幅画和写一幅字。作业、美术考级、钢琴、学单车、学校的画画比赛，这么多事情在向小主人轮番挑战。

我和小主人已有21天没见面了。在这21天里，我也有过枝繁叶茂的时候，可是短暂的辉煌转眼便不见了。小主人为了给我写观察日记，就把我搬到书房来，然而却忘了把我搬出去，所以我就晒不到阳光了。还有，小主人没有时间来照顾我，他的妈妈有几天也没有给我浇水，他的爸爸也没有来打理我，雪上加霜再加冰，我的叶子除了子叶，其余全部枯黄了，我的茎只有4/5是绿色的了。小主人心急如焚，每天放学一进门就来看我。小主人的妈妈还帮我扶了一把，就是在泥土中间插了两根一次性的筷子，这就是我的肉体和精神支柱……

5. 绿化班级

我们的教室通风良好，窗台朝南，阳光充足，尤其在夏天，接近半天的时间都有阳光射进来。于是，我们就开始在教室里种花生、种土豆、种芦荟、种薄荷。学生早早来到学校，一进教室就忙着给植物浇水。他们从芦荟被水淹死这一事件中得出了每种植物对水的需求量不同；他们因为好奇花生的叶子能张能合，于是上网搜查资料，知道了植物的感夜性；他们通过花盆泥土不深，种出来的土豆外露，导致土豆半黄半青，明白了发青的土豆不能吃。薄荷香、花儿红、大蒜绿，植物一年四季的变化成了教室里最美的风景，也常常是学生写作素材的来源。

为孩子讲解种植步骤，爷爷奶奶们亲自给学生上劳动课。课间，许多孩子围着窗台观察植物，要么拔草，要么浇水。学生从中认识了食物的来之不易，体会到了劳动的辛苦。

班级种植实景如下：

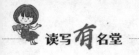

2015-02-28 15:37

【学生习作】

我发现了花生的秘密

三年级　蔡×

今年夏天，我们班种了三棵花生。每天来到教室，我都会第一时间跑过去看一看花生长高了没有。随着时间的推移，小花生慢慢地由只有两片叶子开始长高到十几厘米，叶子也慢慢地多了起来，绿油油的样子真可爱！微风吹来，整棵花生树摇摇晃晃的，像三只小鸭子在玩耍呢！

放学后，我去看花生的时候发现，它的叶子是合拢的。我很好奇，为什么花生的叶子像人的手掌一样，能张开和合上呢？

带着这个问题，我迫不及待地上网查阅资料，终于解开了这个疑问。原来花生是有感夜运动和膨压运动的植物，所以，花生的叶子是白天张开、晚上合拢的。我终于发现了花生的秘密，我一蹦三尺高，为自己的发现感到无比高兴。

【精彩片段】

瓜子苗开出了几朵东倒西歪的小花。小草呢，它也不服输，不断地使劲长高。我喜欢它们的生命力，喜欢它们嫩绿可爱的模样。

——三年级　谢　×

果树上的叶子就像是一把把扇子，扇着扇着就落了。落下来的扇子，就像大树的草窝；大树就像兔子扒在草窝里。

——三年级　蔡×宝

在鲜亮的种植成果背后，包含了许多失败的经历，当中的苦与乐、欢笑与泪水都丰富了我的阅历，细腻了我的情感，而这一切的收获，最终都指向了写作的领悟能力。

6.寒假种植

有了教室的种植开篇，在寒假里，我布置了种植作业，既可以种盆栽，也可以种蔬菜或其他植物，就是不能买现成的。从一粒种子或一块根茎种起，观察植物的发芽成长过程。于是《我为植物写标签》《植物的自述》《揭开植物的秘密》《晒晒我的作品》等写作内容应运而生。

> **附：** 寒假种植作业

寒假种植作业

同学们，时间过得真快，一转眼就到了学期末了。这个学期从秋到冬，我们经历了花开和花落，收获了土豆、青葱与蒜苗。我们也曾为结不成南瓜而难过，我们也曾为枯萎的小茄瓜而伤心。当中的苦与乐，使我们感受到了生命的成长。

放寒假了，我们的种植热情持续高涨。每个同学利用在寒假的时间种一盆植物。我们根据自己的喜好，选种盆栽，或选种蔬菜或其他。种植物的盆需要同学们动手制作。我们或使用矿泉水瓶子，或使用其他废品来制作。

右图是海莹和金杰提前做好的作品，其他同学可以模仿创新。

制作过程中，要考虑漏水的问题，针对这个问题，海莹和金杰都有不同的处理办法。海莹是在矿泉水瓶里套了一盆小植物，所以瓶子不用穿孔漏水。金杰是给瓶子钻孔漏水后，再在瓶子外面套了一个没钻孔的瓶底用来接水，将来把它挂在教室里，水就不会漏在窗台上了。希望大家还有更好的办法来处理接水的问题。制作好后，要记得在瓶盖上穿洞、穿绳。开学第一天，同学们自己要把植物绑在窗子上。

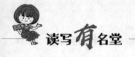

【学生习作】

晒晒我的小盆栽

三年级 刘×雄

我喜欢吃菠萝，可我从来不知道菠萝是怎么长的。它是长在土里，还是结在树上？直到看见同学种的菠萝盆栽，我才知道它不是树。听说用菠萝的顶花也能种出菠萝，好奇的我就想试一试。

我按照网上的教程，先给菠萝顶花培根，然后再植入土中。这个过程实在是太漫长了，我每天都忍不住拿起水培中的菠萝顶花，看看它长根了没有，根长长了多少，这个过程足足花了三个星期。没有料到的是，菠萝顶花栽入土中后是很容易生长的，没过多久，它就稳稳地扎在花盆中。爸爸教我施肥，每周我按照比例兑好肥水，为菠萝顶花浇水。我想让它长得快些，于是多加了些肥料。谁知，这不仅不能让它快长还差点让它死掉。这让我明白了，人的成长和植物的生长是一样的，都需要踏踏实实、一步一个脚印。

这个寒假，阳台的那盆菠萝顶花是我家最美的一道风景，我每天起床的第一件事就是站在客厅观望它。它虽不能说话，但它那修长的剑叶坚硬地向周围刺着，好像在告诉我，每天都需要努力，不要虚度光阴。

我欣喜地盼着，寒假一过，我就要在班上晒晒我的小菠萝。我和它在寒假里一起成长。

二、为课堂加"料"

随着课程改革的逐渐深化，教师们越来越重视对学生语言文字运用能力的培养，但落实到教学实践时，往往刻板地让学生带着任务去做专项训练。这样会影响知识的内化，对学生能力的培养也会大打折扣。我开放了写作空间，把生活气息吸纳到课堂里。让学生玩玩水果拼盘、包包饺子；中秋节的时候做做灯笼，端午节的时候包包粽子；开办时尚零食节、家乡美食会；等等。我把生活化场景注入课堂，遵循一练一得的目标要求，探索在玩的过程中，开发语言文字训练的教学策略，让学生在玩中完成思维到语言的转化，自然而然地获得运用语言文字的能力。

1. 实践体验

陶行知先生提出了生活教育理论：生活即教育，社会即学校，要用生活来教育，要为生活而教育。这种视生活为教育源泉的理念应用于写作中，即作文教学要紧密联系学生的生活实际。

我把作文训练变成了有趣的作文活动，让学生动手、动脑，在活动中获得体验和感受，让作文教学成为学生生活中的一部分。比如，在班级举办包饺子的活动。我根据学生的实际情况，设计好活动内容，让学生小组分工并做好活动准备，调动家长的力量做好活动支持。

家长们一呼百应，学生们积极筹备。哪家出电磁炉、谁家拿大锅、饺子皮去哪里买、馅料怎样加工，所有材料的准备，学生和家长都有条不紊地安排好。我联系学校后勤部，借用了学校的餐厅，空出连堂的两节语文课。一切准备就绪，孩子们欢呼雀跃。活动前的课堂效率非常高，作业质量空前好。因为孩子们知道，如果表现不好，活动会随时被叫停。

活动现场，一个家长带着五六个孩子，手把手地教他们包饺子。一包，二裹，三捏。看起来容易，做起来难，学生手里的饺子花样百出。但不管是破肚的，还是被压扁了，煮熟了都是美味的。负责煮饺子的学生分辨出了生熟饺子的不同，为了让同学们吃到韧性十足的饺子，耐足了性子守在电磁炉旁，一次次地等待开水后再添水。活动后的写作旨在让学生"我手写我心"，做到有话能说，有事能写，有感能发。

由于学生的阅历不同、理解不同、观察的角度不同，所呈现的作文内容也各有千秋。有的学生写的是包饺子中的快乐，有的写的是小组合作的快乐，也有的学生写的是活动中发生的趣事。

在这一过程中，记录是关键，写作能力弱的学生可写一两句话，积少成多后，这些积累的素材都能成为将来写作专项训练的材料。稍做加工，就会是一篇好文章。

活动中，家长拍下来的小视频，也是写作专项训练时的好教材。写作时，教师可以采用慢镜头、定格画面、反复播放等方式细致地展示精彩瞬间，用来指导学生把场面写生动，把细节写具体，把人物写到位。

当学生在日后的写作中遇到写"难忘的事"等话题作文的时候，他们总是饶有兴趣地去写这些班级活动。每次写作时，记忆总会被刷新，感受也会再次

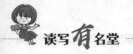
提升。学生长大以后，也许不会记得教材中的哪篇课文，但是肯定会想起这些课堂里加的"料"。

包饺子活动剪影：

介绍家乡美食活动剪影：

2. 意外收获

40分钟的课堂时间是一个充满变化的动态过程，有时不一定能按照教师的预设顺利进行，经常会遇到一些小意外。例如，课堂上会因教育一个违反课堂纪律的学生而打断教学思路，会因处理课前学生间发生的小矛盾而延后了学习，还会因应对学生在课堂上的突发事件而占用时间，等等。教师们常常会被这些意外耽误了课程，所以都会选择滞后处理，生硬地把学生拉回课堂继续上课，可是学生的思路已经不在教师预设的学习轨道上了，教学效果可想而知。因此，教师遇到意外不能避而不谈，而应灵活处理并加以利用。

只要教师善于捕捉课堂中的意外，就能触发学生的写作热情。比如，那次意外地发生了爆水管事件，喷涌如注的水灌进教室。胆小的学生吓得抱起书本就往外逃，机智的学生跑着去拿劳动工具扫水，呼喊声、尖叫声互相交织，场面一片混乱。我在这场意外中有序地指挥着学生搬桌子、扫地、收拾教室。

这场意外来得急，去得也快，待水清扫完毕后，学生又重回座位，尽管已经端坐好，但是思绪还在那场意外里打转。如果此时强行上课，教学效果肯定会大打折扣。何不利用刚才的事情进行一次即兴的写作训练呢？刚才的事件就是一个很好的场面描写素材，大家一起经历过的事情最具有指导意义。我指导学生自由说说在这场意外中自己充当了什么角色，自己当时是怎样想的。共同经历过的事情，通过你一言我一语的自由谈话，学生个人的观察视角会被逐渐放大，头脑里形成的画面也会变得有声有色，扫除了写作当中细节描写的难点。在自由写作阶段，我又指导学生按一定的顺序去写作。只见学生个个低头伏案，笔头灵活地在纸面上舞动。那些不善于写作而咬笔头的学生都不见了。他们个个思如泉涌，在短短的20分钟里，交出了一篇篇生动的习作。

【学生习作】

班里的趣事

五年级　王×瑜

在博雅芬芳的教室里，每天都发生着许多有趣的事情。

当时我们正在上课，突然，一股水柱子残忍地从水管里冲了出来，全班同学都大惊失色，但很快就有一些同学拿起了工具，全副武装，准备战斗。水管也毫不示弱，似猛虎般奔腾，水珠们都争先恐后地冲了出来，好像要把整个教室变成海洋。那些拿着工具的同学，也积极地行动起来。有些同学继续沉浸在书的美妙知识王国里，还有些同学在旁边嬉皮笑脸地看热闹。百般忙活之后，教室里的水被打扫完了，地板洁白如玉，经历了这一次突如其来的大扫除，教室更是焕然一新。老师请保安叔叔来把水管堵住，班上这一次爆水管风波终于平息了。

爆水管事件

五年级　张×心

这天，我们像平常一样上学，又像平常一样上课，我们当中谁也没想到今天会有一件不平常的事发生。

当时，我们正在上语文课，教室水管突然爆了。旁边的同学大喊，一道白色水光从课室一侧飞跃到另一侧，好像一条水龙跃出水面。我没想到会祸及自己——我被溅了一身水。同学们争先恐后地去拿拖把和扫把，我自知抢不过他

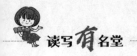

们，于是就走到其他班去借。我抢步上前，拿起扫把，和同学们一起扫水。

面对课堂上的意外事件，教师要快速地进行分析判断，寻找出有效的对策，将意外转变为促进教学的有效资源。当然，意外是可遇不可求的，有时是一只小蜜蜂飞进教室，或者是一只蟑螂爬上了书桌，等等。这些意外最能吸引学生的注意力。如果教师对这些意外置之不理，生硬地把学生拉回课堂，不但影响了教学效果，还错过了最佳的学习时机。有时可以先从教师的即兴口头文章作为开篇指导；有时大家可以接力口述作文。句子接到精彩处可请大家给予掌声鼓励；接到幽默处，全班捧腹大笑。如果时间允许的话，可以在课堂上让学生完成写作；时间不够的情况下，可以让学生在课堂上充分地说，把写放在课后完成。

总之，善于捕捉这样的偶然生成，会激发和点燃学生的写作热情，让写作变得越来越有趣。

3. 第二课堂

学生在学校忙于学习，放学回家后忙于写作业，甚至连放松的时间都被安排给了兴趣班。学生在紧张的学习后，身心疲惫，需要调整和休养。我把机械性的抄写作业，改成了有益于身心健康的活动作业，结合语文教学内容为学生量身定做个性化的实践活动方案。学生通过个人努力完成活动挑战，也进一步了解自我，并且逐渐成熟。

比如，在"我是环保使者"系列活动中，我坚持玩中有得、寓教于乐，安排了三个阶段的活动任务。第一阶段，到社区、公园捡垃圾，让学生在真实的自然、生活环境中，通过亲自体验感受环保的重要性；第二阶段，让学生采访路人、清洁工等，了解周边环境的卫生情况；第三阶段，让学生写一份关于保护环境的调查报告。各项活动注重教育内涵的渗透，辅导过程贯穿其中，使一些在学校里表现不太突出的学生，在活动中展现出他们的才能；使一些在学校里不是很能干、不守纪的学生，在活动中展现了他们的领导力和责任心。在小组团队活动中，每个学生都张扬了自己的个性，充分发挥了自己的潜能，体验了自然和人生世界。

又如，在"我是爱心传递者"系列活动中，我通过与社区积极建立联系，了解学生的爱好需求，设计了四个阶段的活动任务。第一阶段，让学生在校园里为低年级的学弟学妹们做一件好事；第二阶段，让学生到福利院、特殊学校去表演节目；第三阶段，让学生为灾区的小朋友赠送文具；第四阶段，学生交流心得。学生在活动中，不仅与同学交往合作，还要与社会各层面的人进行交流。从交流心得阶段中看出，学生能够深刻体会学校、家庭与社会的区别和社会的复杂。这种体会可以为学生日后走上社会工作岗位奠定良好的心理素质。

还如，在"我是生活小主人"系列活动中，针对现今普遍存在的学生生活能力差、劳动教育时间少的实际情况，我设计了三个阶段的活动任务，让家务作业成为学生成长的必修课。第一阶段，让学生制订家务清单；第二阶段，让学生落实每天的家务作业；第三阶段，活动展示——晒晒我的得意之作。根据学生的日常需求，全班共同制订了一周的家务清单，包括一级难度的整理床铺、洗刷餐具，二级难度的做一道美食、洗一件衣服，三级难度的修理一个物件，等等。学生每完成一件不同难度的家务将获得相应的积分。一周过后，比比谁的积分多。最后，以晒晒我的得意之作图文并茂地展示自己的劳动成果。

在这些活动中，有成功也有失败，我让学生谈一谈自己的失败经验，例如，鸡蛋液洒了一地，菜刀切破了手，地板越扫越脏，等等，从正反两个方面促进学生良好心理品质的形成。学生通过这些活动，不仅提高了劳动技能，同时也生成了内部语言，提升了写作质量。

第二课堂剪影：

【学生习作】

厨房杀手

三年级 汉 ×

第一天，小碗说："天啊，我的碗口被那个厨房杀手碰坏了！"

第二天，小锅说："我这么坚硬，还被厨房杀手碰凹进去了！"

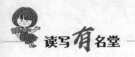

第三天，小勺说："我这么实用，厨房杀手把我摔得粉身碎骨！"

妈妈说："小汉，你这个厨房杀手！"

纸上得来终觉浅
三年级　林×莹

原来拖地也挺辛苦的，之前认为很简单，看来我错了！拖完地低头看自己的得意之作，顿时被眼前的一幕惊呆了，地上印着一只只小乌鸦，还有几个小水洼呢！妈妈开门进来的瞬间也被吓到了，我连忙解释道："我只是想帮你减轻负担，不是故意把家里弄得一团糟的。"

妈妈听后笑着对我说："拖地也是要讲技巧的，先扫后拖；拖把在前，脚在后。"我按照妈妈传授给我的方法试了试，果然把地拖得干干净净。

我被煎蛋吓一跳
三年级　林×娜

我觉得煎蛋可简单了，我照着妈妈的样子做了一遍。打蛋的时候，一不留神，鸡蛋连着壳一起跑进碗里。算了，将就一下吧。

油热后，我把蛋液丢进锅里，一阵鞭炮声不知从哪儿响起，手臂莫名被弹了一下。好疼啊，我吓得连忙后退，蛋液在我腿前洒得满地都是。原来看上去容易的事情，做起来并不简单。

三、给挚爱加"蜜"

以"爱"为主题的课文遍及每册语文书，以"爱"为题材的作文经常出现在每个学年里。尽管教师强调要在生活中积累写作素材，但是同类型的作文经常写，学生已经写到没有素材可用了。于是，当写人与人之间的关爱时，大多数学生都写公交车上给老人让座、"我"扶老奶奶过马路之类；写同学之间的关爱时，大多数学生都写同桌借"我"橡皮、本子，"我"摔跤了，同学扶"我"去校医室之类；写家人之间的关爱的时候，大多数学生都写生病时家人如何照顾自己。这些落入俗套的作文题材，反映了学生的写作困境。

这种写作困境，源于中国的父母不常把爱挂在嘴边，幸福中的孩子也学不会感受，所以，学生们误认为只有大事发生的时候，才能体现爱，而忽略了生活中平凡的细节。

其实爱在不言中，爱在细微的事情里。学生只有通过观察，用多种感官去发现，通过练笔速记美妙的镜头，才能捕捉到爱的细节。

1. 观察周边人和事

首先，应指导学生用观察表（见下表）来记录周边的人和事。捕捉精彩镜头时可以是纯文字的记录，也可以图文并茂，贵在坚持。

观察表

观察时间	观察对象	做什么	语言、动作、表情

学生要有意识地去留心周边事物，使日常的做饭、洗碗、做清洁变得感情化和色彩化。

2. 交流提升情和悟

其次，是课堂上的交流。同样是记录妈妈的一次洗碗，有些学生看到的是妈妈的身影，有些学生记录的是妈妈的声音。

这些来自学生的一手材料，胜过教师讲授的写作方法。

把这些观察材料在全班交流后，场面更生动了，人物更丰满了，感情也升华了。这就是细节描写的写作技巧，无形中也让学生在生活中感悟，触摸到了人性的温暖。

3. 观察表的日常应用

再次，是观察表的日常应用。每次准备写某一类的作文时，教师都会提前一周布置观察任务，让写作前的信息输入过程延长，并在观察的过程中注重方法纠正。在写作课时通过叙述观察过程，让同学交流补充，等于是将所见所闻注入了所感所悟。学生如果没有充分的观察，仅凭写作课上的临时思考，写作效果是会大打折扣的。

4. 观察表的升级

最后，是观察表的升级。当学生的观察形成习惯的时候，这种观察便是生活日记了。既然是日记，那就要摆脱表格的束缚，逐渐由观察表格变成日记本。除了个人日记本之外，班级也有流动日记本，按学号每天滚动到学生手里。接到日记本的学生当天的语文作业免做。遇到没事可写的时候，学生可以

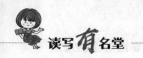

从个人日记中摘抄，或者对前面同学写过的日记发表意见。有时教师和家长也加入流动日记的写作中，丰富日记的内容。这样，班级流动日记本既是学生自己的回忆，又是与众人的交流。

总之，通过观察可以寻找心灵的感受，为爱加蜜，写出自己的喜怒哀乐，使写作乐趣多又多。下面是一名学生记录妈妈的日常，写出了对妈妈浓浓的爱，具有鲜明的个性化特点。

【学生习作】

我爱妈妈，也敬佩妈妈

三年级　陈×翊

夜晚，在昏暗的灯光下，清晰地映着一个人影，她在台灯下书写。啊！那是妈妈！她时而挥笔洋洋洒洒，时而低头默默沉思。但是，夜深了，月亮已上树梢，妈妈还在工作，眼睛里布满了血丝。

清晨，一阵食物的香味飘进我的房间，我睁开蒙眬的双眼，听见厨房里有嚓咔嚓咔的锅碗声。当我睁开眼睛的时候，妈妈已经给我煮好了香喷喷的早餐。当我狼吞虎咽地吃早餐时，妈妈却在一旁静静地看书等我。妈妈，您有一双勤劳的手，工作家务两不误；您有一个灵活的大脑，能给我想出解题思路；您有一双敏锐的眼睛，可以帮我分辨是非。

妈妈，您真让我敬佩！

毫无疑问，观察可以为生活添色彩，但是添上去的色彩必须是真实的。下面这名学生，观察的是大人发脾气时的样子，这样的写法恰到好处。没有夸张家长的暴力，只有对家长的敬畏，这是实事求是的真实记录。

我们家的火山

三年级　梁×阳

我们家有一座火山，那座火山不知何年何月何日爆发，当他爆发的时候令人心惊胆跳，当他温柔的时候却又和蔼可亲。他答应我如果语文、数学和英语都能考到95分以上就去中山泉林山庄游玩，我一听，心里就美滋滋的。转而又心想：只要能考好，就能去喜欢的地方玩。但是，如果成绩不理想的话，这座火山就会立即爆发，在一分钟内，使我从一只调皮的小狗变成一只温顺的小猫。他吼叫的声音连隔着门都能听到，使人直打哆嗦。

告诉你们吧，我们家的火山就是我的爸爸。

指导学生去观察记录人物的言行举止，一方面，杜绝了学生因虚构而造成的写作内容情感虚假；另一方面，还能使学生的写作呈现个性化，减少雷同。

四、"一波三折"妙在哪里

小说体裁的课文最受学生的欢迎，因那起伏跌宕的"一波三折"，因那扣人心弦的故事内容。然而，这样的情节是怎样写出来的？作者为什么要这样写？学生往往不会去关注。语文课本里有许多小说体裁的课文，例如，《刷子李》《临死前的严监生》《半截蜡烛》等，是让学生学习"一波三折"写作的好例子。

1. 探究"一波三折"的写作手法

执教《刷子李》时，我通过改编故事情节来教学"一波三折"的写作手法。

改1：刷子李干活还有一个规矩。每刷完一面墙，必得在凳子上坐一会儿，抽一袋烟，喝一袋茶，再刷下一面墙。此刻，曹小三借着给师傅倒水点烟的机会，那目光仔细搜索刷子李的全身，发现那个白点原是一个小洞！是刚才抽烟时不小心烧的。刷子李看着曹小三发怔发傻的模样，笑道："好好学本事吧！"

改1是故意把"一波三折"的情节隐去，从故事的起因直奔结尾，情节的看点在于"一波三折"的设计。

然后我又引导学生探究以下两个问题：

（1）曹小三发现师傅裤子上的白点时，他是怎么想的？你又是怎么想的？

（2）当刷子李揭开裤子上白点的真相时，曹小三是怎么想的？你又是怎么想的？

这两个问题都指向"一波三折"的情节，曹小三心情变化的"居然、竟然、忽然"清晰再现了情节的曲折点。

改2：刷子李干活还有一个规矩。每刷完一面墙，必得在凳子上坐一会儿，抽一袋烟，喝一袋茶，再刷下一面墙。此刻，曹小三借着给师傅倒水点烟的机会，那目光仔细搜索刷子李的全身。发现师傅裤子上有个白点，心想："完了！师傅露馅了，他不是神仙。"于是，往日传说中那如山般的形象轰然倒去。这时，只见刷子李手指捏着裤子轻轻往上一提，那白点即刻没了。再一松手，白点

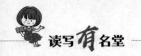

又出现。奇了！那个白点原是一个小洞！是刚才抽烟时不小心烧的。没过多久，曹小三又发现师傅身上有一个白点，心想："这下是彻底完了！看来奇人也有失手的时候呀。"只见这时，刷子李把手一抬，白点又不见了，原来这也是一个小洞。刷子李看着曹小三发怔发傻的模样，笑道："好好学本事吧！"

改2是故意增加"一波三折"中跌宕的情节，使故事更迂回。

通过对比，不难发现，"一波三折"的"三"是刚刚好，恰到好处。尽管"一"和"三"都是虚指，比喻的情节变化很多，但是数字3才是故事的精妙之处。

让学生回忆其他作品，体会作家用3来布局谋篇的妙处：

（1）《童年的水墨画》写了多少个场景？（3个）

（2）《半截蜡烛》中守住蜡烛秘密的有几个人？（3个）

（3）《再见了，亲人》中前来送别的人物有几个？（3个）

（4）《将相和》写了几个小故事？（3个）

在中国文化里，对"三"特别有讲究，《西游记》里面有一回讲到了《孙悟空三打白骨精》，《三国演义》中有刘备《三顾茅庐》，所以用"三"是恰到好处的。

2. 创编"一波三折"的故事情节

出示绘本《是谁把太阳叫醒的》的截图，讲述故事的起因和结果，让学生猜测故事情节。小公鸡继承父亲唤醒太阳的使命，每天凌晨用嘹亮的声音唤醒太阳，后来还有母鸡海蒂、小狗保罗、母猪艾尔维纳。主人对小公鸡进行一番劝说后，故事以"我要做名副其实的司晨者，让公鸡的美名传遍四方"结尾。我让学生思考：当中发生了什么事？怎样写出"一波三折"的故事情节？

学生创编故事后，我完整地出示了绘本，同学生一起找出：意想不到的是什么？这样的安排有什么好处？学生如果能从这个故事中解读"一波三折"的特征，这样的阅读便有了深度，今后既可用以解读其他文本，又可用以进行写作。

【学生习作】

偷　乐
六年级　黄×

童年的快乐，有时是偷取来的，是背叛父母亲偷偷得到的，这些事至今回想起还让我提心吊胆。但如果少了这偷来的乐，童年将会缺少多少乐趣啊！

这是一个初冬的早晨，太阳透过缝隙照到温暖的被窝中，轻轻将我唤起。我揉着惺忪的双眼迎接新的一天的到来。妈妈有要紧的事早已出了门，只留下形单影只的我。电视的诱惑往往在家中空荡的时刻更加强烈，它迫使我拖着船只般大小的拖鞋逼近机顶盒。快了，快开了。随着咔的一声轻响，米老鼠便钻进了我的双眼。我越看越无止境。偷的东西终究不属于自己，难免心中会不踏实，提心吊胆。果不其然，一阵蹬蹬蹬的脚步声传进我的耳朵，妈妈回来了。我赶紧三步并作两步关上电视，再以迅雷不及掩耳之势跑回房间，拿着书装模作样地读，好似什么都未发生。一切是如此自然。这一刻的时间仿佛被停止，一根针掉在地上都听得像轰雷般的声音。几分钟过去了，门却原封不动，想必是我紧张过度引起的幻觉？我又犹豫不绝地将电视打开。《花仙子》的主题曲让我精神松懈，门外的嘈杂声也充耳不闻。突然，一阵钥匙声打破了我的思想。我又将刚刚那一套动作重做一遍。结果，又是虚惊一场。人不能太过紧张。我这么想着，重新投入电视剧情中。这次我完全放松了，就连妈妈打电话的声音都忽略了。这时锁孔慢慢扭转，一个庞大的身影冒了进来，大吼着。我防不胜防，被逮了个正着，只有干坐着傻笑的份儿，真是偷鸡摸狗做不得啊！后来，不说你也知道。正因为有偷着乐的惊险，才让童年变得更加生动有趣。

点评：小作者偷看电视。前两次总以为妈妈要回来了，结果是错觉；第三次放松了警惕，被妈妈逮个正着。文章写出了一波三折的情节，把"偷"的心里写得惟妙惟肖。

五、班级中的"奇人"

幽默是作家观察人生的一种态度。"这位看上去似乎有毛病的蛾子翻来覆去地打着滚……可怜的老母鸡分不出孵的是自己的亲骨肉还是别家的'野孩子'……"当学生读着遍布幽默句子的《昆虫记》时，他们会因此喜欢上小昆虫。对一只无意爬上课桌的小蜘蛛、小蚂蚁，他们不再像以前那样一味地驱赶，而是静静地观察，看它如何走路，是否有眼睛等。在校园绿化带里，我看到他们趴在地上捡蜗牛，哪怕是捡着个蜗牛空壳也要研究一番。

可见，课外阅读不但可以外化、改变学生的做事态度，还可以内化学生的写作能力。阅读和写作形成了一个闭合的电路，学生可以不断地从阅读、自我、写作中回流、提升。

1. 习得语言

《俗世奇人》的幽默语言既俏皮又生动，课间学生的口中总是念念叨叨地造出些文段来，模仿"泥人张""刷子李"相互取外号，尽数班级能人智士，如"书法张""魔方刘"等。

还有学生念起顺口溜了："捏泥人的泥人张排第一。而且，有第一，没第二，第三差着十万八千里。""有绝活的，吃荤，亮堂，站在大街中央；没能耐的，吃素，发蔫，靠边待着。"学生把书中半文半白的句子玩得游刃有余，诙谐的语气配上错落组合的长短句，读起来朗朗上口，非常响亮。这些幽默的话语就成了流行的班级用语，套到学生上，这位就成了班级奇人了。

2. 梳理情节

《俗世奇人》中创作了大量的奇人奇事，故事生动有趣，惟妙惟肖，使人物形象跃然纸上。情节的"突转"是《俗世奇人》里惯用的手法，即情节不按规律发展，来个180°的突然转变，由此造成强烈的戏剧感，引人入胜。

先说苏七块，凡来瞧病，无论贫富亲疏，必得先拿七块银圆码在台子上，他才肯瞧病。一位三轮车夫张四拿不出七块，华大夫从后门绕出，悄悄把七块银圆给了张四。苏七块治好了张四的胳膊，还送了药，随后又把七块钱还给华大夫，并告诉华大夫，不是自己心不善，而是规矩不能改。这样的结尾出人意料，也写出了苏七块的善良。

再说那个蓝眼善于识别假画，他鉴定了一幅名为"大涤子湖天春色图"的画为真画，花了十八两黄金买下。因外面出来流言，导致后来的剧情发生了大转变。蓝眼用高价购了一副假画，发现上当后得了一场大病，从此躺下了。

这样的"突转"情节，在书中比比皆是，使活在其中的人物十分夺人眼球。

3. 人物仿写

仿照《俗世奇人》的幽默风格，我让学生写写"班级奇人"。要求有仿出神韵的语言格调，要把同学的特长结合生活中的事例表现出来，将人物的语言、动作、神态描写搭配在一起，使人物的表现力得到充分的展现。这样的人物仿写能更好地体现小作者的思维能力及在语言文字方面的驾驭功底。

【学生习作】

书法张

五年级　小　腾

我们班有不少能人，各科有几个本领齐天的"活神仙"，如跑步唐、篮球李、快嘴刘、书法张等。叫的时间长了，其名字没人知道，只有这一个绰号，在班级中响当当和当当响。

书法张大名叫张×睿，他的书法水平在我们班数一数二，班上挂着的那一副对联，就是出自他之手。所以每到做海报时，总会有人请书法张写字。我们在布置教室时，动用了许多心思去做。但不管怎么做，总感觉差了点什么。没错，就是差书法作品。于是，老师让书法张写几幅作品。书法张也不推辞，蘸了蘸墨就写起来了。看他那行云流水的样子，就知道其必定胸有成竹。当书法张把最后一个字写完后，我们一看，真不愧是书法家呀！该收笔的地方就收笔，整个版面都是极其流畅的，没有一点儿卡顿。挂在墙上，那感觉，让整个教室都多了一种文化气氛。评比完后，我们班拿到了"最美教室"的称号。

老师感慨道：要不是书法张的那点睛之笔，咱们班恐怕还拿不到这个称号呢！我看了书法张一下，他还是之前那平静的样子。就这样，书法张闻名全班。

唐牛力

五年级　李×哲

唐牛力，是我们班的唐×龙。他四肢特别发达，是我们班最壮的。他跑得很快，像一阵风一样，所以很多体育老师都很喜欢他。

一天早晨，我们班教室放进来一个书柜。我觉得无聊，就想去把它搬起来，但我用尽全身的力气都把它没搬动。我一抬头，别人都说我像鬼，因为我面如土色。于是我就说，只要谁可以搬起来10秒，我就给他一支很漂亮的笔。刚好唐牛力来了。"我可以。"唐牛力脱口而出。我觉得不可能，于是信口开河："你要是能搬起来，我给你5支笔。"他果真把书柜搬起来了10秒！班里的同学都一脸惊讶，不敢相信自己的眼睛。我赶快给了他5支笔，并跟他做了好兄弟。

就因为这次的事情，我们在场的人都叫他唐牛力。他的力气如同牛一般，

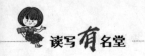

3个人都不一定能搬起来的书柜，他毫不费力地就搬起来了。自打那以后，我们班要搬书，搬桌子什么的，他都是头号选手。

班级奇人

五年级　郑×文

香山胜地，能人如林，此间出了一位转魔方的高手，把这种稀松平常的智力游戏，玩转得远近闻名。这位气宇轩昂，人称魔方刘。魔方刘大名叫刘×想。小学五年常去的地方有两处：一是香山学校五（2）班教室，一是售卖魔方的商铺。他去那儿，为了瞧各种各样的魔方，也为了玩各种各样的魔方。

那天天晴，他一边坐在教室里写字，一边留神着同学手里魔方的模样。这当儿，蔡×手里拿出来3个魔方。中间那个是个异形魔方，参差不齐，大小不一，穿着银灰色的衣裳。站在蔡×旁边的纪×一瞅，赶紧吆喝着："蔡×带了新魔方，有个是异形的，总共3个。"一听这话，所有人停住嘴巴，放下手中的东西来瞧瞧这异形魔方。当下，班里班外气最冲的要算这形状不一的异形魔方了。但是不一会儿，魔方刘便拿过异形魔方，说道："我来转回去。"语音刚落，他双手就飞快地动起来，两只手的无名指往里轮回摆动，食指上下交替摆动，还有他的手腕，也在不停地转动。奇的是，他的眼睛东看看，西瞧瞧，可到头来，这魔方总能复原。

过了几天，同学们每逢见到魔方刘，就叫他"奇才"，这个绰号在班上叫得响当当和当当响。

班级奇人

五年级　杨×亦

当今，上天入地能吃的多了，排到了美国去了！李×媛这个吃货可到了另一种境界。

这要从这一件事说起。"吃早餐啦，同学们！"老师响亮地喊道。李×媛同志出来了，大伙都让一让，等我们媛同学拿上十个八个包子，那阵式看得我都哭笑不得。

记得有一年，我和媛同学一起坐在一个小组。我看她吃早餐，竟然看呆了，不是因为她长得有多美，而是她把面包吃出了节奏感，太神奇了。她如痴如醉地吃，难怪体形有些魁梧。在她身边待久了，厌食症的各位朋友就有救星了。食欲不好的人会被她感动。她可以为了闻一下煮饭的香气而上课发呆，为了喝一瓶牛奶而分神。她的鼻子灵，纱布蒙上眼睛，闻一闻菜味，猜啥是啥，那叫一个准确！

张多词

五年级　唐×龙

张多词，原名叫张×心，乃班级一员嘴夫，身高口蛮，张嘴说不停，故称张多词。他的事就有无数件，每当一有好事，他总能说成坏事。能说到海枯石烂、天涯海角，能说到转喜为悲。每个坐在他旁边的人都如面临世界末日，想防也无济于事啊！遇到坏事，就更是雪上加霜，再加霜到极点，直霜到败北的境地。但，他身在其中，却完全不知，真是个奇人！真是处世戒多言，言多必失。

有时，张多词也会派上用场的。每当有辩论会时，当对方说一句话，他往往反他个神补刀，以一当十。张多词总是毫不犹豫，把想说的说出来，从没见过他手忙脚乱，自乱阵脚。无论对方辩得多么狠，他总能化险为夷。跟着他，我只能做个吃瓜群众了。

一个以嘴为剑，以舌为刀的人，能称不奇？

班级奇人

五年级　周×锋

我们班的人都有着与众不同的本领，故而人人都有外号。有人外号可当面叫，有人外号只能背后说，这要看外号是怎么来的。比方说张×心，他的雅号乃成语大王及神游哥。

他相貌赛张飞，但人不可貌相。他上课不拘小节，有时看到个笔套，一把就放进嘴里嚼了起来。看见窗外两只小鸟在嬉戏，又能目不转睛地看半天。老师那双连蚂蚁说话都放不过的眼睛早已看到了正在神游的他，便说："张×心，窗外风景很美，但都不属于你，快认真上课！"张×心也是个顶嘴王，便应声道："哪里呀？我明明没有！"便一直在嘴里说个没完没了，老师也拿他没办法。

可不知是不是见鬼了，他上课顶嘴、神游，考起试来却很认真。每当老师

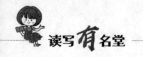

出难题，他总是把手举得高高的。但他气量小，也经常动手动脚。当他与别人发生矛盾时，还经常用成语来骂人，一出口就是一大串。

自此，别人看到他从教室中走出去时，就知道他是去神游了。

班级奇人

五年级　钟×明

打嗝张号称第一，而且，有第一，没第二，第三差着十万八千里。打嗝张大名叫张×翔。他哪来的这么大能耐？虽然班上有很多奇人，但只有这一个绰号在班上响当当和当当响。

有一次，我们正在教室里安静地上课，就在这时，张×翔想打嗝，又怕影响大家上课，于是，他想用拍掌声来盖住这打嗝声。"嗝"一声，打破了沉默，我们都扭头看他。这一声大响，传遍了整个教室，打嗝张也不禁笑了起来。他心里肯定在想：这回，我真出丑了。原本是要和拍掌合在一起的，可不小心掌握不好节奏，让拍掌先行了一步。就这件事情，我们给他取了个外号——打嗝张。

他打的嗝可是有味道的，那天我们正在值日，他神秘地走到我跟前，打了一个很响的嗝，我马上捂起鼻子，翻着白眼说："鸡蛋味的。"这就是我们班的奇人张×翔。

好嘴刘×想

五年级　梁×淞

班级胜地，能人如林，此间出了两位说相声的能才，把这门行当闹得全班皆知，远近闻名。这两位，一个外号梁大嘴，也就是我梁×淞；另一位精白细朗，不高不矮，他就是人称好嘴的刘×想！

我们名气大，主要靠两手绝活，就是一唱二和。那边说，这天怎么那么黑，活像大黑牛。这边起，当然是有人在吹牛。这一唱二和主靠唱。这刘×想，本领齐天了，上了街去，就是逢场作戏、八面玲珑、看风使舵、左右逢源，可全靠刘×想那张好嘴了。有一天，刘×想说："今天下午，大家一起烧烤。"下午第一节课，同学刚问起什么时候去？说时迟那时快，英语老师抱来了一堆试卷。全班叹气之际，刘×想笑着说："还不是烧烤，捎带考试了吗？"全班哈哈大笑。这刘×想，就长了那么张好嘴！

教材里写同学的写作训练，都是要求写同学之间的友情、相互帮助之类的话题，成文后的题材大多是写借本子、扶起摔跤的同学之类老掉牙的内容。套用了《俗世奇人》的文辞表达，应用在写同学的习作上，同学之间的情谊便流露在字里行间。学生用调侃、挑衅的语气说出别人的好，行文幽默又有风度，也正合了学生的说话风格。这样写，既不伤同学情分又轻松好笑，被写的人看了也不会生气。

第四章

优化学生的课堂

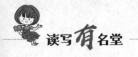

第一节　谈谈优化

一、编制《读写课程纲要》，优化课堂的第一步

读写堂课程自开发以来，最重要的一个环节，就是围绕课程进行《读写课程纲要》（以下简称《课程纲要》）的编制。

传统的备课，通常是教师围绕某一节课来展开。从上好一节40分钟的课来看，这种前置性的课前准备无可厚非；但如果跳出这节课来看，或者把一节课一节课串接起来看，它们是否还能构建起学生语文学习的整体框架，这是很多教师没有顾及的事情。也可以说，仅仅停留在备好课，而没有放眼学生整体的、未来的语文学习视野，是一种比较滞后的、狭隘的思考方式。如果缺少这样的视野，必然不能成就一个有课程大局观的教师。所以，我们经常能看到不少教师，能在他人帮助或自己的努力下风风光光地上好一节40分钟的漂亮课，但未必能成为一位对学生长远发展有帮助的"匠人"。

《课程纲要》是一种规定时间内的课程计划。它以国家《课程标准》为基础，结合相关教材撰写，是体现某种学科元素的计划大纲。它至少应该包括4个方面：课程目标、课程内容、课程实施，以及课程评价。制定严谨的《课程纲要》可以帮助教师从整体的课程要素角度思考课程开发，帮助教师把日常教学置于课程的整体视野下进行，不再零星地只停留在完成一节课的任务，而是着眼于整体课程的教学实施和评价。从学生的角度来说，在《课程纲要》的引领下，推动教师对课堂进行合理的优化，使教师摒弃以往语文教学中的繁杂内容与拖沓环节，进行简单明了的模块教学。教师可以将零散的内容整合成一个更有趣味性、学生更易接受的交互式学习活动，使零散的语文训练项目整体化、系统化，使学生在模块式的语文活动中获得充分的整体发展。正所谓"没有规矩，不成方圆"，《课程纲要》起到的作用也正是"规矩"的约束作用。如果一个学校的课程开发缺乏《课程纲要》的对应指标，那么，这样的课程是经不起推敲的。

读写堂的课程纲要，以教材统整后的主题为单位，从四年级到六年级逐个主题制定《读写堂课程纲要》。我们主要关注的是以下五个方面：

（一）主题读写目标

作为一线的教师，进入课堂的主要底气来自教材、教参和已有的教学经验，这是大多数教师的常规备课手段。但除此之外，教师对学科的学段、年级、学期、单元教学的联系性、系统性更要有足够的思考，这才是真正的教学底气的来源。读写堂的课改实验教师，面临着"白手起家"的局面，没有现成的教学参考资料，这对每一位教师来说更是个极大的挑战，更不能"见一步走一步"。所以，在进入课堂之前，教师视野应该从"一节课"转向"一门课程"，对各个阶段的学习目标、学习内容、实施与评价要了然于心。其中，读写目标是《课程纲要》首当其冲的部分，设置明确的课程目标，有利于实验教师克服教学的随意性，尝试用更理性、更专业的目光去实施课程。

（二）主题读写内容

读写堂课程是以现有的通用教材进行统整后的读写主题为主要教学内容的课程，这有别于传统的单元逐篇教学。一个读写主题往往包含5篇甚至多达10篇的教材内容。此外，还加入从课外提炼的阅读素材资源、整本书阅读等内容。这些都需要在课堂上完成，这对教师来说，既是全新的尝试，也无异于前所未有的高难度挑战。面对容量大大增加的内容，课程教师需要精确把握每个读写主题的教学要点，对教学内容作出合理的取舍，删繁就简，去粗取精，根据具体的读写需求进行恰当调整和呈现，用心选择最适合学生完成读写任务的途径和素材资源。目的是为了最大限度地调动学生的学习积极性，保证全员参与度，提高课堂学习的效率。这是《读写课程纲要》主要的组成部分。

（三）读写措施

这是《读写课程纲要》的第三部分。确定好了读写的内容，那么，接下来要思考的，就应该是采取哪些措施才能保证实施并完成预设的内容。是借助传统的经验，安排前置性作业，还是介入适当的音画媒介来完成？个人独立完成的任务和小组合作完成的任务应该如何分配？教师在课堂上应该扮演什么样的角色来引导学生进行读写……这些都是教师应该考虑的部分，而制定《读写课程纲要》的过程，就是教师思考采用哪些可行性措施的过程。

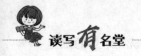

（四）读写课时安排

在目前的语文教学实际中，一些教师很容易暴露课堂节奏把握不准的问题，要么是嚼得过透、过烂，这样的课堂是重复、拖沓、低效的；要么就是一带而过不求甚解，这样的课堂是随意、肤浅、草率的。在《读写课程纲要》中明确规定每个主题的课时明细，有助于教师克服上述两个问题，在合理的课时段按质按量完成读写内容。

（五）评价标准

教师的"教"是否切实有效，学生的"学"是否得以吸收内化？教和学是互相评价的一面镜子，过去的经验或评价标准难免存在不合理之处。科学的评价及监测，有助于教师更好地跟进课程方案的实施效果，及时获悉教师教的效果、学生跟进的状态，可以让教师更好地进行反思和调整，使课程教学达到最优化。

以下是读写堂课程人教版语文五年级上册主题一"话说汉字"的《读写课程纲要》举例。

人教版五年级上册主题一"话说汉字"

《读写课程纲要》

一、主题目标

1. 认识一至八单元生字200个，会写150个，会使用字典、词典，有一定独立识字的能力。

2. 能工整、美观地书写楷书；有一定的速度，并能体会汉字的优美。

3. 学习浏览，初步熟知整册书的课文内容；能背诵其中8篇精读课文的片段。

4. 开展"遨游汉字王国"综合性学习，初步了解汉字的特点和发展历史，加深对汉字和中华传统文化的感情，提高正确运用汉字的自觉性；培养策划和开展活动、查找和运用资料的能力。

5. 在综合性学习活动中，能初步了解查找资料，运用资料的方法，并能策划简单的社会活动，学会写活动计划。

6. 完成《汉字树·活在字里的中国人》整本书阅读，主题阅读量不少于10万字。

二、主题内容

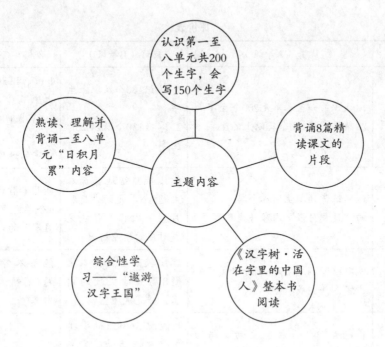

认识第一至八单元共200个生字，会写150个生字

熟读、理解并背诵一至八单元"日积月累"内容

背诵8篇精读课文的片段

主题内容

综合性学习——"遨游汉字王国"

《汉字树·活在字里的中国人》整本书阅读

三、读写措施

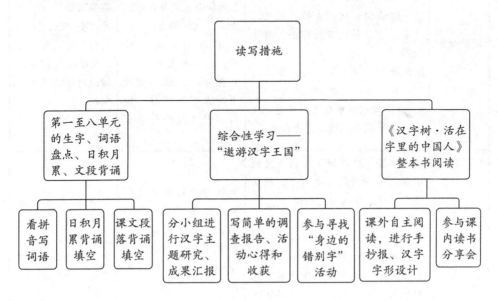

读写措施

第一至八单元的生字、词语盘点、日积月累、文段背诵

综合性学习——"遨游汉字王国"

《汉字树·活在字里的中国人》整本书阅读

看拼音写词语

日积月累背诵填空

课文段落背诵填空

分小组进行汉字主题研究、成果汇报

写简单的调查报告、活动心得和收获

参与寻找"身边的错别字"活动

课外自主阅读，进行手抄报、汉字字形设计

参与课内读书分享会

四、课时安排

22课时。

五、评价标准（见下表）

评价表

	优秀（A等级）	良好（B等级）	合格（C等级）
生字新词	1. 认识第一至八单元200个生字。 2. 熟练掌握140个及以上的生字	1. 认识180个及以上生字。 2. 掌握130个及以上的生字	1. 认识150个及以上生字。 2. 掌握100个及以上的生字，书写有一定的速度
日积月累	能熟练背诵本主题八个单元的"日积月累"内容并能默写	能比较熟练地背诵本主题8个单元的"日积月累"内容，并能完成对应的填空练习	能基本背诵本主题8个单元的"日积月累"的内容
文段背诵	能熟练背诵本主题8篇精读文段的内容，并完成填空	能比较熟练背诵本主题8篇精读文段的内容，并完成填空	能基本背诵本主题8篇精读文段的内容
活动舞台	1.能大胆、积极、主动参与活动，进行小组沟通、分工、探究、互助，完成任务。 2.小组活动计划、资料、笔记、体会、作品等成果较齐全、质量较高。 3.在活动过程中能发现、提出问题，有自己的看法和观点。 4.在活动过程中能进一步关注汉字，并能从中得到有益的启示	1.能配合小组的安排主动参与活动，完成实践任务。 2.能和小组成员合作、互助，及时沟通。 3.有活动计划、资料、作品的呈现。 4.在活动过程中能增进对汉字的了解，能将活动成果进行展示分享	1.能基本完成小组实践任务。 2.积累一定的资料，有收集的成果。 3.在活动过程中能增进对中国汉字的认识
读书乐园	1.能把握《汉字树·活在字里的中国人》一书的主要内容，能从书中了解汉字的相关知识。 2.敢于提出自己的看法；在展示交流活动中有突出表现，并获得老师和同学的好评。 3.在完成《汉字树·活在字里的中国人》阅读的基础上，坚持进行其他汉字类书籍的阅读	能较好地把握《汉字树·活在字里的中国人》的主要内容；了解书中描写的一些汉字知识，并能做简单描述	能基本完成整本《汉字树·活在字里的中国人》的阅读，对书中关于汉字的知识留有印象

二、优化的课堂以发展学生的能力为主旨

中国的教育从进入集体授课制开始，课堂呈现的局面大多是"你讲我听，你说我写"，学生在课堂上习惯了正襟危坐、洗耳恭听。在应试教育的指挥棒下，课程更是为应试高考而精心备战十几年的训练模式。课程门类中也以知识灌输的门类居多，以知识性、学科性的课程为主，经验类、活动类的课程则远远不足；强调知识的重要性，忽视学生的兴趣和能力。"学科课程"为主，"活动课程"为辅；"师本课程"为主，"生本课程"少见。

读写堂课程从概念上讲是"语文学科课程"，乍一听，这和很多常见的课程无异。但我们在设计课程结构的时候，力求做到整合和优化，在实施课程的过程中，最大限度地进行课程活动的创新，丰富儿童的读写体验，让学习者以一种交互式的形式有选择地参与，更大程度地激发学生读和写的兴趣。从一定程度上来讲，它既是学科课程，也是综合课程。

课堂，是推进课程实施的重要阵地。读写堂的教师们承载着强势扭转语文的教与学、大力改变课堂传统模式的艰巨任务，注重以学生为课堂主体，少"讲"多"学"，把大部分的课堂时间还给学生，充分尊重学生的学习权利，做到以学生为中心、以活动为载体、以发展学生能力为主线。这对教师来说，也是极具挑战性的变革，教师要站在学生的角度进行深层次的课堂思考，比如，导学问题设计得合理与否，以学生活动为中心的课堂如何组织会更有效，怎样的课堂设计才能激发学生进行更有意义的学习，等等。

当前学生最突出的问题是综合解决问题的能力比较薄弱、动手实践的能力欠缺、创新意识缺乏、内在学习驱动力不足、疲于应付学习任务、没有持续学习的动力等。围绕学生普遍存在的这些问题，我们通过调查问卷、访问谈话等形式了解学生的内在需求，进行课程的专门开发，对课堂进行优化设计，使课程的针对性更加明显，从而促进学生能力的发展。

国际教育评估组织在比较各国的教学改革之后，得出了这样的结论——理想的课堂应该具备以下三个特点：一是挑战学生欲望和高层次思维；二是给予合理的时间，让每名学生都能有学习的机会；三是针对性教学。从以下几方面，可以窥见读写堂课程在课堂优化设计上的几个特征：

（一）课堂优化的特征之一是活动的内容和形式更有创新、更富挑战性了

课程的设计是为了让学生能进行更有意义的深度学习，如果改革的本质只是一些简单的堆积、技术的重复，那只是叫座的噱头。读写堂的课程设计不仅要考虑知识内容的编排，也要能体现学生学习过程的预设和安排，促进学生从浅表性思考转向深层次思考。

下面是读写堂课程内容的部分书目阅读设计举例。

读了《史蒂夫·乔布斯传》这本书，我们尝试着从多角度去完成对乔布斯的印象卡。

我身边的人对乔布斯的印象是：	上网搜索之后，我对乔布斯的印象是：
乔布斯的同事、朋友对乔布斯的印象是：	乔布斯的竞争对手对乔布斯的印象是：
乔布斯的家人对乔布斯的印象是：	乔布斯的自我评价是：

读完《史蒂夫·乔布斯传》之后，我对乔布斯的综合印象是：

在阅读了日本作家椋鸠十的作品《生于天空》之后，教师带领学生辩一辩"雕的去留"。如果你是故事中的那只雄雕，你真的会忘却曾经的一切吗？你会选择留在人类的身边还是回到天空？请你从书中寻找依据，在全班交流的过程中，记录别人的观点，最后，形成自己的观点。

我最初的观点是：＿＿＿＿＿＿＿＿＿＿＿＿＿＿＿＿＿＿＿。

别人可供借鉴的观点是：＿＿＿＿＿＿＿＿＿＿＿＿＿＿＿＿。

听了其他同学的想法，我形成的最终观点是：＿＿＿＿＿＿＿＿

＿＿＿＿＿＿＿＿＿＿＿＿＿＿＿＿＿＿＿＿＿＿＿＿＿＿＿＿＿。

以上两个课堂设计的例子，是基于情境认知的学习情境，从中可略知读写课堂的优化。学生先行阅读，教师在课堂上模拟情境脉络，提供角色互换的机会，让学生从不同的视角看问题；教师提供合适的小组学习、同伴互动的机会，教师完成知识的合作构建，促进学生进行深层思考和阅读反思，形成个性鲜明的观点。

（二）课堂优化的特征之二是教学方式的转变，即教师讲得少了，学生思考得多了

不少学校开发的课程都有别具一格的名称，内容名目繁多，听起来很有吸引力，但真正深入这些校本课程的课堂却发现，这些课程依然摆脱不了教师讲、学生听的状态，学生依然处于被动接受的地位，他们无法像课程开发者那样意识到课程的意义和价值。此时，教师仍停留于传统的课堂模式，反而会引起学生的不适，增加他们的负担。因此，激发学生学习的主动性，让他们真正成为课堂的主人，是课堂优化的重要方向，更是提升课程品质的主要阵地。

读写课堂要求教师摆脱"满堂灌"的教学模式，把更多思考的时间还给学生，逐步教学生学会自学、探究、交流、互补、自纠、练习、内化等学习方法。教学生除了向老师学，还要学会从优秀的同伴身上学，从自身的错误中学。教师不过分地讲细讲碎，只提取清晰的问题主线贯穿课堂，为学生搭建脚手架，起引导、提炼、点拨、纠正、提升的作用，将更多的答案和共识让学生在思考、争鸣、协调、互补中得出，真正唤醒学生的自主学习、自我发展的主动意识。这样的教学模式也反映了教学改革的基本规律和走向。

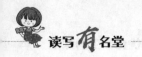
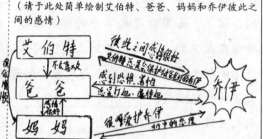

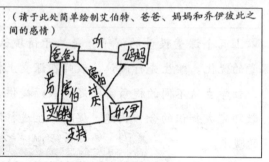

（三）课堂优化的特征之三是学生学习方式发生改变

美国缅因州的国家实验室曾经提出学习金字塔理论。该实验室研究的成果反映，学校效果在30%以下的几种学习方式，基本都是传统教学方式中最常用的被动学习、静坐听讲；而学习效果在50%以上的学习方式，都是团队学习、主动学习、参与式学习。可见，学习方式不同，学习效果也会大不一样。

读写课堂采用以6人小组为单位的圆桌座位组成一个学习共同体的方式，团坐的方式更容易让学生进入自学、交换、互补的学习状态。优秀的学生学习积极性和主动性被激发，从而带动组内较弱的同伴一起学习。学生从被动学习到主动学习，培养学生言论的自由、合作的精神、创新的能力、互助的心态。课堂上，更多的时间交由学生进行交流和互动。在读写堂的教室里，总能看到学生围坐在一起，在教师的引导下各抒己见、大胆陈述、互相补充、共同探讨。组与组之间的良性竞争，也促进了学生的凝聚力和合作性。而教师的角色，则有了不一样的定位，他们更多的只是充当问题的引导者、学生的倾听者、课堂的总结者的角色。

　　课堂的优化旨在发展学生的能力，基于这一终极目的，课程规划有必要考虑采用哪种最优化的课堂形式来呈现课程的内容。例如，课堂上应通过怎样的情境呈现、牵出哪些问题主线，从而避免零散的、孤立的、无意义的知识材料，使学生从浅表性的学习中跳离出来，有意识地进行深层次的思考，逐步强化学生的学习能力，形成结构化的、有意义的知识和内容。

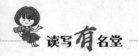

第二节 合作学习实录

一、共读《汉字树》海报制作现场

　　这个小组叫海涵组，每个人都有自己的主见，在商量海报设计的时候，争得面红耳赤。两位女生和四位男生意见不合，双方都想尽办法去说服对方。自信满满的海涵组成员都认为自己的想法才是最好的。最后，教师采取折中的办法，让男女生分开各自设计海报。

蝌蚪池塘绿油油，带着"宠物"来工作，男孩很写意。

男孩子之间的默契好像是自然发生的，你一笔来，我一画，一切都进行得很顺利。

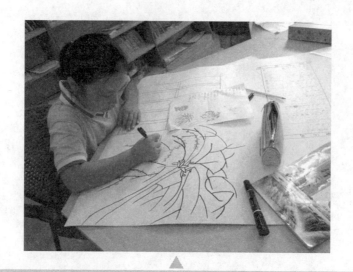

女孩很卖力，下笔有信心。

男女生画的两张图拼一起，高低立见分明。最后，男孩服了输，女孩也不计前嫌，谁都能接受平等竞争下产生的胜负结果，最终，分裂的小组又合并了。

矛盾过后，冲动的男孩子开始反思自己的观点：是否看问题太过片面？是否没有设身处地地考虑别人的感受？……这是一个学会理解他人的过程。

在一语一言间，大家都带着商量的语气去表达自己的观点，不像当初那么强硬了。

　　汇报小结的时候，汉×同学作为海涵组的代表谈到了活动过程中分工与合作的重要性。其实，更为重要的是，他们学会了包容差异，克服以自我为中心的问题。

这是雅翔组，他们的做事风格就像他们的组名一样优雅文静。他们是最早完成海报制作的一个小组，工作效率最高。

他们选择的主题切口小，目标比较明确，所以，当别的组还在讨论主题内容的时候，他们已经开始收集资料了。

他们最早懂得从班级图书室里查阅资料，借鉴插图。之后，各个小组也学着他们纷纷到图书室查找资料。

书柜前围满了人，大家都来阅览室寻宝。平时没有人翻阅的历史书籍都变成了抢手货。

不需要怎么商量，她们就开工了。写字漂亮的同学担起了写的重任，画画能手自告奋勇地拿起画笔，大挥两下子后，海报的整体轮廓就勾勒出来了。

小董画功了得，两三下子，宝塔已具雏形。

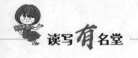

　　他们的工作效率吸引了其他小组来借鉴与学习，从小锐和小珊惊呆了的表情中，就知道小董的画技是多么惊人。

　　到了上色的时候了，为了能调出满意的颜色，小婷同学乐此不疲地在杯子里边添颜料边对我说："老师，看看我调的'果汁'！"

看来小瑜对'果汁'的颜色非常满意，画中浓淡相间的梅花显出立体感。

他们在快乐中合作，在合作中享受快乐。

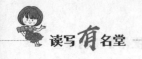

　　这是心意组，从小组的命名就知道他们对人很热情。在小组合作中，他们也在各自磨合。

他们讨论的时间是最长的，其他小组已经开始动手画画了，他们小组的设计方案却迟迟未出。当中也擦出了小火花，撒下了泪花花。

擦干了眼泪，组员们更加珍惜合作的机会，成员积极思考，相互之间取长补短，在接纳中生成新的观点。

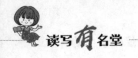

　　深厚的友谊是靠"吵"出来的，连吃早餐的时候，他们也不会忘记给缺席的组员打好早餐，每天如是。

　　包容是善良的结晶，他们的胸怀能容纳别人的缺点与不足，还可以团结观念不同之人。实际上，这就是与人相处的智慧。

　　心意组让我刮目相看。在海报的设计定稿远远迟于其他组的情况下，他们以两倍的速度超赶在其他小组前头。

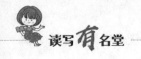

这个小组是梧桐组，他们喜欢自由，不受约束，在做海报的过程中，组员逐渐学会了与人合作。

他们小组成员有爱做事的同学，但组织力量不够；有创新意识的同学，但执行力不够。每次出现矛盾，总要靠教师去调节。做事节奏非常慢。

看着别的小组都完成了大半，才如梦初醒，知道要加快进度。突然又发现材料准备不充分，颜料、毛笔都没带，尺子也没有。

　　也许在穷途末路的时候，才能激发人的创造力！他们借用数学老师的教具，用大尺子画线，向小凯同学借颜料。你看，小平同学在阅览室里发现宝啦！

　　他们还请来了班上的"书法家"小锋同学帮忙写标题。你看，吸引了多少同学来围观，看来，毛笔字写得好也能当明星了！

他们在组内有时还对同学以"大师"相称，吴大师负责构图，林大师负责写字。女孩子们涂色，小杰搜集资料，小南是个多面手，哪里需要就去哪里帮忙。

他们发挥各自的优势，做自己力所能及的事情，做不好的事情请外援，这就是做事灵活的梧桐组。

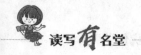

　　狮鸣组的组名采用"小诗""小明"名字的谐音，又引用拿破仑的话——"中国是一头沉睡的狮子"，借此寓意把小组名取为狮鸣组。不鸣则已，一鸣惊人。他们的海报设计极富中国风的味道，以城门楼为背景，甲骨金文与楷体字对比书写在门楼两边，再加入他们喜欢的猜字谜，整体既古典又活泼。

　　每个人都不可能随随便便取得成功。要制作出优秀的海报，首先需要充分地商量制作方案，然后，大量地收集信息。讲台上的电脑利用率特别高。

　　估计平时看书都没这么认真吧？为了查资料，他们把书本翻了又翻，看了又看。

　　小杰能画又能写，小韬也是主攻手，小俊点子多，小明组织能力强，小诗做事周到，小轩能耐心倾听、积极参与相互配合。小组合作，给他们插上了飞翔的翅膀。

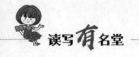

在常规课堂里，他们显得特别安静，不讲小话，也很少举手发言，总是规规矩矩地听课。在今天的动手实践过程中，我看到了他们的另一面——主动、热情。

每次走过他们的身边，听到的都是轻声细语，整个合作过程很顺利，也很融洽。

下面是启阳组，讲述了3个男孩和3个女孩的故事。

　　3个女孩像大姐姐一样，做统筹、安排分工。3个男孩像小弟弟一样，蹦蹦跳跳好调皮。女孩画图，男孩写字。男孩不同意，抢着要画图，一副"叫我写字就罢工"的态度。

　　不管有多少次的矛盾与冲突，动力还是大于阻力，海报终究还是完成了。在这个过程中，孩子们的交往技能和自我意识得到发展。

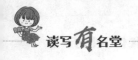

小鸟不会画，小湉来当帮手。眼看要做完，胜利在望的时候，飞来横祸，颜料洒了，毁了海报，全员动手来抢救，可是已面目全非了。

心情一下跌到了谷底，以为他们会流眼泪、会吵架、会甩手不干。谁知他们抱怨了几句后，又重新领了一张新海报，继续埋头苦干，好像刚才的意外没发生一样。

　　记忆组的这张海报泪水的分量很重，几次流泪，几次吵架，都说要分开，可是擦干眼泪之后又抱在了一起。共同做事的时候，有人热血沸腾，主意多多，也有人不同意，态度很坚决。一吵一闹间，不但没有坏事，还增进了小组成员之间的感情，精彩的点子也逐渐形成。看来，想把事情做出色，就需要具有批判性思维。

　　小珊最热情，从家里带来许多参考资料。

　　大字标题写得好潇洒，梅花树枝好张扬，正好与她们的性格很吻合。大家都集中"火力"画梅花，卖力地调颜色、拌颜料。每次开工，都看见她们忙个不停，就是看不到进度。因为大家都喜欢画图，追求表面的好看，忽略了海报的精髓——主题内容如何呈现，文字的书写谁来做？

　　人齐了，马上开会商量，重新分工，提高效率。到了总结的时候，看出来大家都很珍惜相互之间的友情。也许矛盾只是一根导火线，爆发之后才会真正懂得合作的重要性。相处的过程其实就是大家反思、接纳、感悟的过程。

龙舟组的设计思路不落俗套，他们不画花鸟，却要画龙。"龙"既有中国传统文化元素，又符合小组特色，设想非常好。可是画龙有难度，需要慢慢学。

电脑查了一遍又一遍，就是想看清龙的身体细节。即使是在自由时间，每个人都不敢离开小组，各自忙着，画图与文字定稿齐头并进。

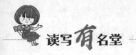

　　我相信，读书是能让女汉子变淑女的，这是我见过的最安静的小纯同学了。小宝的阅读量在这个学期得到了快速飙升。

　　小峰和小龙是主要设计师，其他同学负责收集资料。人多力量大，从各小组准备的资料来看，龙舟组的资料最齐全。可是怎样筛选统整呢？必须把主题范围切小。

　　排版就更有难度了，他们想标新立异，想摒弃梅花古桥的大众化插图，结合"龙"的中国味道，于是想到了长城和灯笼。他们不敢画，也不会画，靠着打印的草图一笔一笔地学着画，从不敢参与到人人都参与，海报上留下了每个人的笔迹、画迹。他们收获的不仅是一张海报，还有从不敢到敢的勇于突破，从不会到会的行动实践，这些都带给他们信心。

　　这是卓睿组，组名取用了组员"小卓"和"小睿"的名字，有卓越睿智之意，可见他们对自己的要求很高。

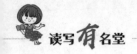

他们在商量海报构图的时候，决定发挥组员小睿同学的个人特长，采用国画风格。

平常被冷落的书籍，这回都成了抢手货。时间不知过了多久，小赐的眼睛一点儿都没离开过书本，是不是嚼出了味道？

其他小组的构图不够完美时，便用色彩来填补。而卓睿组的国画风格海报只有黑白色调，单靠浓淡干湿来表现画面。他们越来越感觉有难度，于是在作比例构图的时候非常谨慎，反复参看再动笔。

同学的期待和观望，在小睿同学的脸上化作了汗珠子。构图完成后，各个组员轮番上阵。海报以豆腐块切割的方式责任到人。于是，课外的不同时间段，组员利用见缝插针的机会单人单干。也由于他们的时间不固定，我没能及时捕捉到一些孩子努力的身影。

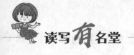
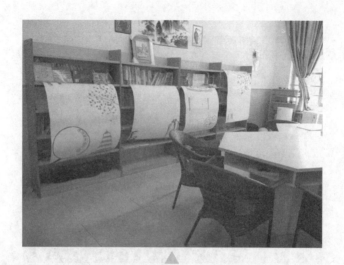

　　时间过得太快了，脑袋里刚蹦出一个灵感，还没来得及去实践，上课铃声就响了；色彩满意度最高的"果汁"刚调好，还来不及刷到海报上，上课铃声又响了。阅览室成了临时的海报储存室，整个教室也成了"作坊"，每一寸地方都被用尽了。

　　终于大功告成啦！一张张大海报挂于教室门前，这将是个隆重的日子，走廊里将会吸引多少个孩子驻足观看呢？看看孩子们对合作学习的亲身体会吧！

生1：老师刚发下来一张空白的海报，我们组就拿起画笔，准备与海报"作战"。小文左手一提，右手一按，好似天空中自由翱翔的燕子，逍遥自在。不一会儿工夫，一座栩栩如生的桥便展现在我们跟前，让我好生羡慕。全组同学目不转睛地盯着那座桥，你一言，我一语地评价。有的说："这座桥笔功真好！"有的说："这座桥加上点颜色就更好了。"我组成员的纷纷议论声使其他小组的同学也"冒"了出来。他们的眼光与我们截然不同。他们看了这座桥大呼："这是什么！"使得小文的心凉了半截。"这可怎么办才好？"大家愁眉苦脸地思索，只见小文拿起橡皮，把之前的辛苦一一擦去。这时的她，就像泄了气的皮球，再也鼓不起来了，那只飞翔的燕子再也飞不起来了。

最后，经过大家的努力，大家心里慢慢有了底，进度也越来越快，可是这时，一件意想不到的事发生了。一杯盛满水的杯子仰面而倒，一张大海报被"整容"了。之前的努力就被这杯水摧毁了。无奈之下，我们只好重做。

看到别的组快完成了，再多的抱怨都是浪费时间，只有重新收拾再来一次。这次的海报事件，让我懂得了一个道理，不论什么时候，大家都要团结一致，齐心协力。相信我们只要做到这些，所有的困难都可以克服！

生2：我之前觉得这些方块汉字好无聊！可学了这个主题之后却来了个180°的反转，我忽然喜欢上了汉字。我特别惊奇的是古人刚开始造字时，居然能根据各种形形色色的事物，造出像"山、火、日、月"等汉字。

生3：在这次学习中，我体会到了汉字的神奇之处——由一个汉字衍生出数十个汉字，这太有趣了。在小组活动中，我明白了：一个人再优秀，如果不懂得团结，就不可能得到第一名，不可能与人合作完成一张精美的海报。所以，我要与同学们团结合作，帮助需要帮助的同学，学会与同学们和谐相处，不要因为一些小事闹矛盾。

生4：大家看到我们教室走廊挂的海报，这其实不仅是海报，还是我们全班同学的心血和智慧的结晶。现在，每一个路过我们班的人，当看到那一张张迎风展示的海报时，都会发出由衷的赞叹，可是，谁能想到这背后的辛酸和艰苦呢？

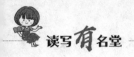

二、共读《一只会开枪的狮子》——小学三年级阅读过渡阶段的读书交流会

【共读缘由】

一直以来，三年级是语文界公认的学习转折期。这阶段要求学生品词造句、阅读理解、练笔等方面的能力要能跃上新台阶。但刚升入三年级的孩子，他们的阅读水平还停留在绘本上，对纯文字表述的文学作品不感兴趣。绘本是低年级学生阅读的最佳营养品，但这种以图画为叙事功能的表达形式，会削弱孩子的文字阅读与理解能力。如何给孩子的阅读提速，我找到了这本《一只会开枪的狮子》，为孩子的阅读搭桥，希望通过此书让孩子爱上阅读的同时，能顺利过渡到纯文字阅读领域，提高学生文字表达的能力。我借鉴张学青老师的做法，试着开展了一次读书交流会。

【故事解读】

享誉世界的艺术天才——谢尔·希尔弗斯坦写的这本《一只会开枪的狮子》，讲述了一只狮子如何成为神枪手，又如何被捧为明星，最后在做人还是做狮子的纠结中找不到自我的传奇故事。这个没有结尾的童话，更像一则人生寓言。简单的故事情节背后隐藏着睿智，既能让人捧腹大笑，又能引人深思。

著名儿童文学家任溶溶老先生担任此书的译者，将故事娓娓道来。阅读其间，夸张幽默的线条画点缀其中，为学生理解故事起着更形象、更直观的辅助作用。

【交流纪要】

（一）点亮心灯：读读故事里的那些人

引导学生带着思考去阅读，透彻地理解一本书，体悟出故事中的道理。整本书最吸引人眼球的就是那只狮子了。在这一环节设计中，我采用开放性的话题让学生讨论：你觉得这只会开枪的狮子会是一只怎样的狮子？请在书中找到相关的文段加以说明。通过这个话题，我引领学生对书本内容进行整合，构建完整的认知，提升学生的洞察力。

生1：他很勇敢。猎人进森林里打猎时，其他狮子都逃命了，他却勇敢地面对猎人。先是佯装投降，然后趁猎人换子弹的时候，吃了猎人，夺得枪。

生2：他勇敢的前提是出于好奇。

师：你的依据是什么？

生2："猎人。"他自言自语地说，"我很想知道猎人是什么。"他喜欢上"猎人"这个词的声音了——就像有些人喜欢"冰激凌"或者"比萨饼""桑巴舞"或者"奶油汤"的声音那样，他喜欢上"猎人"这个词的声音了。他只是单纯地喜欢"猎人"这个词的声音，出于好奇想知道猎人是怎样的，才去接近猎人。

师：如果说，好奇心是探索未知世界的驱动力。那么，勇敢就是行动的必要因素。（学生懂得利用他人的理解来促进自身的理解能力。）

生3：我觉得狮子的枪法了得。他刻苦练习，从刚开始打中大山，到打中瀑布、悬崖、树木、果子，直至打中耳朵上的灰尘，打中灰尘上的阳光。他可以称得上是"天下第一神枪手"了。

生4：他不光刻苦练习枪法，他还很有冒险精神。他敢跟随马戏团老板去人类社会过另一种生活。

生5：我觉得他很贪心。他想出名，他是想赚钱才离开森林的。

师：这不叫贪心，"贪慕虚荣"这个词更恰当。

生6：不对，请大家看看这个段落。小狮子说："如果我真的跟你走，我可以吃上一颗果汁软糖吗？"马戏团老板说道："我的好朋友，你会拿到几千几万颗果汁软糖……"狮子是为了吃果汁软糖，经不住诱惑才离开森林的。

（我乘机出示书中的一首小诗："果汁软糖，果汁软糖，早也吃糖，晚也吃糖，张开眼睛也吃糖，闭上眼睛也吃糖，你就成为吃果汁软糖的大大王……"）

师：狮子离开森林后，进入人类社会。那支曾经用来捍卫森林的枪，又有了什么变化呢？

生7：到了人类社会后，那支枪就用来表演了，没有起到实质性的作用。

生8：在森林里，那支枪为狮子赢来了尊敬和赞扬。在人类社会，那支枪为狮子赢来金钱和名誉。

师：这两者有区别吗？（会抓重点，对故事的理解才能更加精准。）

生9：一个会给内心带来喜悦，一个会满足他吃糖的欲望。

生10：一个叫精神享受，一个叫物质享受。

师：当他尝尽山珍海味，穿尽丝绸衬衫；当他拥有一切的时候，为什么会哭了，会发出"什么都有但不是一切"的感慨呢？

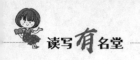

生11：他就是太容易得到一切了，所以才不珍惜。他被封为拉夫卡迪奥大王，一天吃了23 241 562颗果汁软糖；他住城堡，有钱又有名……他狂塞肉，后来，大肥鸡吃腻了，华丽衣服穿烦了。

生9：当初只是想吃一颗果汁软糖，谁知现在一天能吃这么多颗，当然腻了。就像我喜欢吃雪糕一样，一天只能吃一个，如果吃多了，就会拉肚子。

生10：尽管他学会了打高尔夫、骑自行车、画画，越来越像人类，但他毕竟是一只狮子，在人类社会生活久了，就会觉得生活无趣了。

面对如此开放的问题，孩子们的答案也是多元化的。各个问题都没有一个标准答案，教师是孩子们的倾听者。

（二）生活联结："狮生"与"人生"你选择什么

师：为了给生活找点新花样，他和猎人前往曾经的森林猎狮。人群和狮群相遇时，那只狮子进退两难。他不再是百分之百的狮子，更不是百分之百的人类，所以最后，他拒绝两个世界，拒绝两个角色，孤独地离开了。他不知该何去何从……

师：如果你是那只狮子，你会如何选择你以后的路？

生1：我选择做回狮子，重新回到森林，继续用自己的枪保护森林。

生2：我在人类社会里好吃好住，就像搬进了新房子后不想住旧房子一样，我还是继续在人类社会生活吧！

生3：狮子在人类社会里过着这么好的生活，还说厌烦，真是身在福中不知福啊！有时候，我也有这种感受。上学的时候，就想着快点放假，可是放一段长长的假后，就会觉得很无趣，又想念上学的时候了。大概狮子也像我一样吧！

生4：回到森林，我已不完全是狮子了。再去人类社会，我已经不想过那样的生活了。我哪儿都不去，只想一个人静静地待着。

通过"狮子所面临的抉择"这个话题的讨论，推动学生主动联结生活，更好地运用从书中得到的经验，发展出属于自己的应对方式。学生在完成思考的同时，获得新的理解和体悟，日后可以更好地丰富自己的人生。

（三）小试牛刀：我也可以这么写

我将课外阅读向生活延伸，利用故事情境和人物造型，由此及彼地让学生展开想象，引导学生续编故事。学生在表达自我的同时，也让教师很好地了解学生对故事整体的感受和把握。在让学生思考狮子迷失与寻找自我的过程时，不必追究结果，而更应看重由此锻炼出来的学生的思辨能力和理性精神。

生1：狮子走下山谷，他感觉四肢发麻，又累又渴，不知不觉地走到以前自己居住的地方，还有自己原来常去的草地。它记起了以前生活的样子，于是它决心要做回一只狮子。他用枪对着老板说："你们虽然帮我赚了很多钱，但我还是狮子，我以后一定要继续保护我的兄弟姐妹，你们快点离开这个森林！"从此，这里再也没有猎人来打猎，这个森林也安宁下来了。

生2：自从狮子迷失了自我走下山谷后，它的内心进行了一场激烈的心理战争。要不回到狮群？不行，不然就吃不了水果软糖了。狮群里有把我养大的母亲啊，而人类中也有对我恩重如山的主人。狮子的心被分开了，一边是狮子派，一边是主人派。它的心里一直在斗呀，斗呀。人和狮子各有各的本领，不应该互打互骂，为什么不能在一起呢？于是，它打算以后做一个让人和动物都能和谐相处的狮子。

生3：它走下了山谷，来到了一块柔软的草地上。突然，死神和天使出现在他的眼前，死神说："跟我走吧！这个世界太无聊了，跟我去另一个世界吧。"天使推开死神说："别听它的，你去那片森林找回真正的自己吧。"可是，当他再回到狮群去的时候，老狮子咆哮着向他冲来，狮群已不愿意收留它了。

生4：狮子决定去做一个旅行家，在人迹罕至的丛林里生活。它拿着一株满是刺的叶子，在自己的毛发上梳理了一会儿，将茉莉花的汁液撒在身上……它完全变了个样。

生5：天气越来越冷，那只已经不知道自己是狮子还是人的动物已经结成了冰。好多年过去了，人们也想念那只会开枪的狮子，多么希望能再看一场它的表演啊！

生6：狮子突然醒悟了：虽然我在人类世界过得很舒适，但是我很孤单，我缺少朋友。我决定留在森林，保护我的同类。虽然它的心里还有点害怕，但是为了保护狮子们，就只能拼了。"砰，砰，砰"，猎人倒下去了，老狮子看见了高兴地欢呼起来，狮子的笑声传遍了整个森林。

生7：他来到河边，坐了下来，望着天空，希望上天给他一次机会。我不该到城市里来，我本身不属于城市，而是属于森林。老板呀，你不该把我带到城市里来。出租车司机、酒店前台的服务员、理发师，多谢你们当初的提醒，可

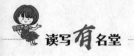

在那时，我根本听不进去，现在还有什么用呢？狮子累了，就靠着大树，睡着了。

生8：他穿过森林的溪谷，来到了以前居住的森林。可是，它再也不受动物们的欢迎了。突然，一群狮子后面出现了一个猎人："都给我老实点，要不把你们都做成狮子地毯！"那只狮子灵机一动，从树丛里站出来，举起手中的枪，"砰"的一声，猎人死了。顿时，森林里欢呼起来。狮子用施救的方式重新加入了这个群体。

阅读孩子的文字，为孩子的纯真和善意而感动。任何复杂的问题，在孩子的世界里都会变得简单。

（四）回炉重铸：出声朗读

作者把自己写进了故事里，亲切的语气就好像和读者在对话。书中诗歌般的语言有了旋律之美，何不让学生用本色、自然的声音选择一些情节出声朗读呢？

（1）对狮子那滑稽的外貌描写：他头戴一顶滑稽的高帽，身穿一件神气的西装背心，背心上挂着一个带金链子的金怀表，脚蹬一双闪闪发亮的皮鞋，嘴唇上面有两撇下垂的八字胡。他还挺着个大肚子，哈哈一笑，大肚子晃来晃去，就像一大碗果冻。

要求学生在朗读的同时，脑海里要出现相应的画面；学生理解文本后，再要求其用朗读加以表现，以发挥朗读对发展语言、陶冶情感的作用。

（2）一味迎合狮子的裁缝与傻气狮子的对话：

"做一套漂亮的棕色花呢西装怎么样？"那位裁缝说。

"做一套可爱的蓝色华达呢西装怎么样？"那位裁缝的助手说。

"做一套带圆点花纹的美丽的紫黄相间西装，再配上一件背心怎么样？"那位裁缝的助手的助手说。

小狮子试了几套西装。"我不喜欢它们。"小狮子说。

"做套好看的果汁软糖西装怎么样？"小狮子想了想说。

"果汁软糖西装？太傻了！用果汁软糖做不出西装来的！"

"咕噜噜噜噜噜，噢呜。"小狮子说。

"一定做，先生！"那位裁缝说。

"噢，一定一定做，先生！"那位裁缝的助手说。

那位裁缝的助手的助手什么话也没有说，因为他已经上糖果店去了。他把他能买到的果汁软糖全部买了回来。3个裁缝把脑袋凑在一起商量怎么用它们做出一套果汁软糖西装。

几句以"怎么样"结尾的句子，写出了裁缝对狮子的"包容"。要求做"果汁软糖西装"的狮子，傻气的表面透出"自我"的执着气质。这些元素很容易被孩子们忽略。出声朗读，则会使内容变成立体清晰，感情也磨得更细腻了。

三、古诗词赏析研究——《我和诗歌有个约会》诗词分享会

诗歌作为最凝练的语言艺术，对学生有天然的吸引力。金波先生也曾这样说过："孩子天生是个诗人。"古诗篇幅短，音韵优美，读来能唤醒学生对美好事物的追求。

第一周，我利用早读课带领学生读《唐诗宋词三百首》，作业以摘抄、批注为主；第二周，推荐学生借阅古诗词鉴赏等书籍，结合《小学生必背古诗词75首》给古诗归类；第三周，我让每个小组选择自己感兴趣的古诗主题，或研究诗人，或研究技法，形成小论文；第四周，举行《我和诗歌有个约会》诗词分享会。

近了，更近了，和诗歌的约会如期而至，一场文学盛宴让我们享受了一场精神的饕餮大餐。我们浸泡在诗歌的文化里，沐浴在诗人的和煦春风中。这样的精神享受，不知何日能够重温？

1. 老师来点名（海莹、汉雨、铭睿、丹丹、浚逮、靖诗）

我们读过《小学生必背古诗词75首》《唐诗三百首》等诗词古籍，发现月亮是历代文人墨客笔下的常客，诗人喜欢用月亮来传达情感。所以，我们对"月诗"开展了调查，想研究一些有关月亮的诗句，看看诗人为什么对月亮情有独钟，他们笔下的月亮有何相同之处？又有何不同之处？

在收集了众多关于月亮的诗后，我们发现诗中大部分"月"字的前面都带一个形容词，如"圆月""明月""皓月""满月""新月""秋月""淡月""冷月""钩月""孤月""残月""半月""弦月"。在诗人的眼里，月亮通常是"明"而"大"，"皎"而"圆"，孤独地挂在天边的。

诗人因为经历的事情不同，身处环境不同，其表达的情感也有所不同。有的是表达游子那强烈的思乡之情，有的是抒发自己内心的孤寂悲凉；有的表现

了自己因为亲人出征战场的痛苦心情，有的只是单纯写景。这其中，月亮都起到了画龙点睛的作用。

如王维笔下的"月"意境高远、宁静之极、明朗清秀；张九龄笔下的"月"俊朗淳净、清淡雅致而又不失磅礴雄厚之势；李白笔下的"月"孤独寂寞还带着酒意，于浪漫悠闲中衬出诗人奔放的豪情；杜甫笔下的"月"时时刻刻透露着他忧国忧民的思想，折射着那个时代的环境、政治风貌，于景中含情。

诗人相信月亮可以超越时空，分居两地的亲人思念对方时，只要抬头望望月亮，月亮就成了双方的联络员，让人倍有亲切感。月亮，成为古人寄托感情的载体。

2. 终于轮到我们小组上场啦（璐亦、筱湉、谢俊、董懂、怡平、亦欢）

刚开始接触诗歌时，只是单纯地觉得颇有诗意，并含有情境。当我们做了研究之后，才发现当初的想法如此幼稚。

这两周我们班开展古诗词研究。在诗歌之间穿梭，诗就像春天和煦的风，轻轻地滑过脸颊，温暖、舒适。就让诗像春风一样，流进我们的心田吧！

我们组研究的是关于四季的诗，表面上看起来简单，其实是非常难的。四季本有情，但是诗人到底依靠什么表达自己的情感呢？这还是要费很大力气才能完成研究的。

第一次汇报我们得出的结论是：描写春夏季节的诗大多都是充满喜乐之情的；描写秋冬季节的诗多是悲伤、思乡的。当时认为自己搜集的资料完美无缺，但听了老师的点评后，我们才发现收集的材料杂乱，主题与研究方向不一致。真是压力倍增，面临要更改研究方向的局面！第一次分工不明确，导致我们一开始没有一个清晰的思路。四季诗的研究范围太大了，一百个诗人还能写出味道不同的一百首诗呢！

在困难面前，我们不退缩，相信只要带着求知欲，只要坚定信念，就能得出我们自己独一无二的精彩结论。

读着苏轼的"春江水暖鸭先知"，了解了是鸭子最先知道江水暖的；读秦观《春日》里的"有情芍药含春泪"，仿佛看见了一位娇滴滴的少女在阳光下绽放笑脸……

我们了解到了诗人如同四季一样——多情又多虑，以借景抒情为主，但又不浮夸，如同竹叶一样清淡优雅。读诗中的景物，让我们感受到景物自身的纯朴、温和及干净。被诗人加工后，依然如此的素净不俗。就是这样，我们仿佛已经掌握了读四季诗的方法与要领了。

描写春天的诗，柳树、鸟云、瀑布、蝉鸣构成了一道美丽的风景线，抒发了作者悠闲、自得、多变的感情。

描写秋天的诗，梧桐、圆月、落红、寒风、菊花和斜阳，给诗增添了几分凄凉。诗人用这些来自喻，用这几个残景来表达自已思远人、思故人的感情。

寒冷的冬诗，红梅、翠竹、挺松、白雪、枯芭蕉已经成了不可缺少的景物，可以称为冬景中的"必有之物"，用来抒发诗人孤独、失魂落魄、忧愁的感情。

四季诗的研究，让我们懂得了今后如何读懂一首诗：

"搜"——收集诗人写诗的时代背景，再来读诗人要表达的感情就容易多了。

"找"——找出诗中的诗眼，即特别传神的诗句。

"读"——读出诗的精髓，学习诗人精益求精的品格。从诗中走近诗人，才能从真正意义上贴切诗文化、了解诗文化。

最后以陈×平写的几句小诗来表达我此刻的心情："四季自衔易流情，双卷湘纸悟诗魂。藏于后世需细见，多谢老师一片情！"

此时应该有掌声。

3. 我们在茫茫的汇报队伍中乖乖地排着队（黄蕊、一想、蔡腾、启晟、哲涵、国韬）

这段时间，老师带着我们做了许多有趣的活动，如唱童谣、猜诗谜……上到学习先秦时期的《诗经》《楚辞》，下至学习充满趣味的民歌、童谣，从中我们感受到了中华五千年文化的博大精深。回顾这段学习历程，我们至今难以忘怀——我们小组共同在研讨"诗仙"与"诗圣"中，产生过许多摩擦，从小吵到大吵，再从大吵到小吵……所以收集得来的古诗就像是乱窜的蚂蚁，往各个方向奔逃，小组汇报时便无颜面对"江湖"了。

围绕着中心主题，我们又重新搜集了古诗，发现李白的诗很有特点。他写的诗从表面上看是一首写景诗，实际上却是借景抒情，如《独坐敬亭山》中"众鸟高飞尽，孤云独去闲"，看起来是在写鸟和云，实际却是在抒发自身的孤独之感。

杜甫的诗需要琢磨才能懂，如《春夜喜雨》表面是写雨的，可透过字里行

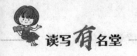

间，能感受到诗人的喜悦之情。"好雨"是知道时节的，诗人心情好，才有心思说雨知道时节。同时，李白的诗有着天马行空的想象，他把感情寄托在幻想的事物中。如《月下独酌》表达的是李白孤独的情感，但岂止孤独，他一人自斟自酌，把月亮和影子当朋友，这不是在从孤独中找知己，从绝望中找希望吗？

所以，李白被世人称为"诗仙"，世界上光明与黑暗对立存在，但他在尽力去寻找黑暗尽头的光明。李白"诗仙"的称号正符合他那放荡不羁的性格。

杜诗大多以写实为主，抒发自己忧国忧民的心情。他的诗无不有人民被迫逃亡的惨境。如《春望》中"国破山河在，城春草木深"，国家山河都破碎了，而草木却在生机勃勃，殊不知百姓遭受了多大的痛苦。

活动随着此文结束了，虽然我们当中有过争辩，最终还是完成了我们的诗歌梦，共同体会到诗歌的魅力。在以后的日子里，我们决定要日日背诗，与诗歌同行。

4.下一个小组来报到（宸锐、彦彤、玮淞、嘉琳、峻平、李沁）

苏轼是北宋时期的著名文学家。当时的大宋正值变法时期，苏轼是保守派的一员，几度入狱，但仍是不屈不挠地在西湖为政。我们决定研究苏轼两个时期的诗作，一是在西湖有感而发的写景诗，二是晚年感叹时光而作的诗，以从中总结苏轼的写诗风格，感受其诗的意境。

第一部分：《六月二十七日望湖楼醉书》《饮湖上初晴后雨》《惠崇〈春江晚景〉》。第二部分：《东栏梨花》《卜算子黄州定慧院寓居作》。诗人在西湖为政时，写下的大多是写景诗，抒发的是观景而为之欣喜之情，这从"春江水暖鸭先知"可见一斑。他还能用生花妙笔把山水写"活"了。如"黑云翻墨未遮山，白雨跳珠乱入船"就生动地写出了当时的景物，做到动静结合，可谓是数一数二的好句。

可是，当时的苏轼却是几度入狱，被贬多次，可见苏轼是一个很能经受住挫折的人。他在西湖为政时，两袖清风，体谅百姓，赢得了百姓的爱戴。而苏轼老年作的诗，则又有了忧国忧民的成分。诗中大多表现了诗人悲伤苍凉之情及感叹时光易逝之意。诗人在晚年的日子也并不太平，后因"以文讥讽朝廷之罪"被远贬广东惠州。

总之，苏轼一生孤独，反对新法。他为百姓费尽心力，先后多次被贬，几经入狱，受尽折磨，却仍坚强不屈。

我们小组经过研究总结出，苏轼的写作手法极为细腻，既能写出山水的秀丽，兼之又显出四周的环境，动静结合，甚妙。更难能可贵的是他能写出画中态，更能突出画外意，留下了很多让人回味无穷的哲理诗。他还能用各种得法的比喻（"欲把西湖比西子"），将西湖的美展现得淋漓尽致，与以往的文人墨客笔下写出的西湖相比让人感觉甚有新意。

　　峻平：在交流的过程中，我们感受到了古诗和现代诗的区别，现代诗写法自由，通俗易懂却寓意深刻，我还试着写了几首小诗，当了一回诗人。

　　嘉琳：在确定好主题的时候，我就预设了几个问题——诗人是如何借景寄托情感的？诗人的写作背景是什么？研究的过程，也是解惑的过程。

　　宸锐：在活动开展的过程中，一路坎坷，大家的意见不一致，男生有男生的看法，女生也有女生的道理，但最终大家还是化干戈为玉帛。俗话说：和气生财。做人待人要和气真诚，不能总是指责别人，而不自我反省。希望我们组的同学能和睦共处，团结一心为组争光。

5. 我们小组有话说（伟锋、俊龙、振雄、译心、思哲、天赐）

　　家乡，是每个人无法忘怀的地方，即使漂泊在异国他乡，人们回想起故乡的人情世故，仍会因自己无法返回故乡而默默流泪，于是人们为了抒发内心深处浓厚的思乡之情，写下了无数著名的诗篇。然而，在这些思乡诗里究竟隐藏着怎样不为人知却又值得我们学习和借鉴的东西呢？我们小组在本次活动中就这个话题展开了一番讨论。

　　首先，我们预习了最早的诗歌总集、唐诗、宋词、元曲，仿佛自己也在诗中，与诗人赏美景、观天下。我们在小组中兴奋地分享自己的观点。但心急吃不了热豆腐，研究还得慢慢来。脚步放慢后，我们发现了诗人借景抒情，诗画合一，使人能如临其境地感受到诗人浓郁的思乡之情。景物采用动静结合的写法，富有灵气。

　　通过此次活动，我们对诗词的好奇心已完全被激发。诗词的力量太伟大了！古诗虽少言短语，却蕴含着大道理。

　　如"谁言寸草心，报得三春晖。"让我们明白，我们应当孝顺父母。"少壮不努力，老大徒伤悲。""黑发不知勤学早，白首方悔读书迟。"让我们明白我们现在应发奋读书，否则等老了才想起读书，那已经晚了。"欲穷千里目，更上一层楼。"让我们明白，只有看得远、学得广，才能更加出色。

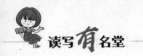

我们愿继续与诗同行，共品书味。

6. 我们小组迫不及待来发言（馨瑜、忆知、韦杰、嘉怡、金杰、嘉南）

这段时间我们和诗歌约会，开展了古诗研究活动，课堂上大家展开了激烈的讨论。眼看其他小组很快就讨论出了一个主题，只有我们组还迟迟未能定下目标。因为大家都有不同的想法，想研究不同的诗人，在小组里形成了唐宋两派，双方谁也不肯让谁。于是，为了迎合所有同学，我们定了一个范围太大的题目。

吃亏以后，我们重新讨论。我们从其他组同学的汇报中，得到了启示，最后想出了研究"李白喝酒前和喝酒后的诗"有什么不同。我们就想做别人没做过的，老师表扬我们有创意。之后，大家便开始忙碌起来，分头寻找资料。第二天早晨，我们都带了战利品回归课堂。

我们研究得出：李白的诗篇反映了当时那个年代的繁荣，又批判了朝廷的腐败——权贵可以为所欲为，而平民却很难饱腹。这使我们组的每一个成员都十分悲愤。长大虽不说能干多大事业，但也不能欺负弱小、干违法违规之事，另外，还要宣传平等。

这既是我们组的研究结论，也是我们在诉说自己的心声。咳咳，回归正题哈，李白喝酒前写的诗多数是写景诗，如《望庐山瀑布》《独坐敬亭山》等，也有思乡诗，如《静夜思》等。而其酒后的诗写得很豪放，但诗中又平添了一些哀愁，愁中还启发世人乐观。难怪杜甫这样评价李白："天子呼来不上船，自称臣是酒中仙。"

通过这次的主题学习，让我们走近李白，对李白有了更进一步的认识。不但填补了以往空缺的知识，也让我们感受到了语文学习带来的乐趣。

7. 我们走上讲台，带着一丝紧张（晓文、瀚明、彤羽、嘉宝、葆昕、晓阳）

本次与"诗歌约会"活动已经落下了帷幕，我们不但认识了不少古今中外的诗人，习得了广为传诵的诗篇，还发现自己在诗词认知方面有了很大的提升。我们组以杜甫诗为主题展开活动。组员们先分别在家里收集杜甫的诗，对他的写作风格进行深度了解，然后再结合时代背景进行探讨。

但因为考虑不周全，小组成员调查的资料无法统一汇集成一个结论：

（1）组员每个人都有自己的看法，收集的古诗中心思想不同，这让我们意识到，规定的范围太广是无法统一结论的。

（2）许多同学收集诗歌都选最著名的，导致内容相同，观点大同小异，无法集众人智慧来了解杜甫诗词的风格和所表达的情感，因此，不能凝聚成一个准确、简练、句句直指中心点的结论。

当时，我们落后于别组的研究，心情跌到了谷底，以致因没有认真倾听他人发言而受到了批评。为什么其他组可以出色地完成，我们组却不行？！我们让自己平静下来，认真思考问题出在哪里。是资料不充分？是我们能力不够？都不是！是因为我们不够团结，讨论时总是嘻嘻哈哈，态度不认真，完全没有发挥完全自己的聪明才智。

经过多次协商，我们决定研究杜甫的爱国诗。我们得出杜诗的爱国诗多是通过写景来抒发爱国情怀的结论。杜甫生活在唐朝由盛转衰的时期，国家面临灭亡的危机，无数家庭支离破碎。杜甫看到这一幕而难过、悲愤。我们今天在读他写的《春望》时与他产生了共鸣。

四、领悟作者的表达方式——《小桥流水人家》课堂回忆录

人教版语文五年级上册《小桥流水人家》属于"思故乡"主题下的课文，要求学生通过自读后完成读写册"思故乡"主题下第27页的以下小题。

本文通过写家乡的（　　　）（　　　）（　　　），表达了作者对故乡的思念之情，这样的写法叫借景抒情。

我提问小嘉同学，她的答案是"小溪、木桥、杨柳"。马上又有许多同学举手。从同学们表情可以判断出，大家都反对这一说法，都想说出自己的答案。可是，这种个人英雄主义式的表现，我不提倡。应该让学生就课堂出现的问题，经集体研究讨论后，提出修改意见，在思想碰撞中理解文意，这样，学生才能形成共识，达到合作共赢的目的。

我要大家一起找出小嘉答案中的不合理之处。通过一翻朗读和讨论后，大家得出：第一，层次不够分明。先不说答案是否合理，从课文的描述顺序中可发现"杨柳"不应该填在第三个空。这应该是小嘉概括完两个答案后，不明就里，随意填上去的。第二，提炼词语的准确性不够。我请全班同学细读第一自然段，针对小嘉同学的"杨柳"提出问题，第一自然段是写杨柳吗？

一条清澈见底的小溪，终年潺潺地环绕着村庄。溪的两边，种着几棵垂柳，那长长的柔软的柳枝，随风飘动着。婀娜的舞姿，是那么美，那么自然。有两三枝特别长的，垂在水面上，画着粼粼的波纹。当水鸟站在它的腰上歌唱

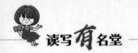

时，流水也唱和着，发出悦耳的声音。

这字里行间描写杨柳的句子可真是不少，怎么就不是写杨柳呢？于是我引导他们联系下文去读、去理解，很快，他们就明白了杨柳只是用来衬托小溪，小溪才是作者想写的内容。

围绕着小溪，作者写了杨柳、大人、小孩等，可见"小溪"这个词语不够严谨。学生说："这是一条充满生活气息的小溪，应该是有生命力的。'流水'才符合这个意思。"

那"木桥"一词也不对，课文中除了写木桥还写了石桥，所以应该改为"小桥"。学到这里，前两个答案马上就呼之欲出了。

小珊同学读书非常认真，但她却认为第三、四自然段不是在写桥，而是在写茶山，因为第四段最后一句"至今一看到茶树，脑海里立刻会浮现出当时的情景来"写出了作者长大后还对茶山念念不忘之情，所以作者是通过写茶山来表达感情的。

小珊是抓住了关键句子来理解课文的。

这样一来，全班陷入困境，处于一种想知而未知，欲罢不能的状态，这时只有继续进行探究学习才是首选。大家面面相觑，都想从老师的言语或表情中找到答案。然而我却退居二线，鼓励他们针对这个问题读书来论证。

有位勇敢的学生举手了，他说作者写桥的句子有四句，而写茶山的句子只有两句，所以应该是写桥。两派学生各执一词，势力相当，语言犀利，使中立者分不清立场。大家更加沉默了，都不敢发言。我想，这是学生对课文不熟悉不敢轻易发言所发出来的信号。

于是我指导学生和我一起朗读课文，再静静地思考。有学生举手说："作者其实是想写桥，茶山是在桥上看到的，没有桥就没有茶山。"多深刻的一句话，难以相信这是从五年级学生口中说出来的。

但是支持小珊观点的学生还不能马上认同这个说法。我顺势让学生默读第三、四自然段，找出作者喜欢桥的句子。

一条小小的木桥，横跨在溪上。我喜欢过桥，更高兴把采来的野花丢在桥下，让流水把它们送到远方。

我的家离小桥很近，走路五六分钟就到了。沿着溪岸向东行，还有一座长石桥，那是通到茶山去的。我曾经随着采茶女上山摘过茶叶，我喜欢欣赏茶树下面紫色的野花和黄色的野菌。至今一看到茶树，脑海里立刻会浮现出当时的情景来。

"我喜欢过桥""家离小桥很近"。学生找到这两句，说："也许他回家的路上不一定非要走桥，可是他就是为了走桥而走桥，他喜欢走桥是因为享受过桥时所做之事和流连所见之景。"摘花放进流水里，欣赏茶山野菌。看来，过桥和欣赏景色不冲突。作者正是因为留恋茶山美景才加深了过桥的情怀，因此这段写小桥。最后，全班同学都同意第二个答案填"小桥"。第三个空就很容易得出"人家"这个答案了。

接下来，我再抛下一个高深的问题："既然作者是按'流水、小桥、人家'的顺序来写的，为什么课文题目是《小桥流水人家》呢？"因为作者是为了押韵，为了读来朗朗上口。我又带领全班学生回忆背诵"枯藤老树昏鸦，小桥流水人家，古道西风瘦马。夕阳西下，断肠人在天涯"。

流水中有人家，小桥中有流水，垂柳、茶树、野花如影相随，勾勒出了一幅"小桥流水人家"的写意画，表达了作者对故乡绵绵的思念之情。

五、提高朗读的品位——《火烧云》等一组课文朗读实录

中央教育科学研究所的张田若先生曾说过："阅读教学第一是读，第二是读，第三还是读。"因此，读应该伴随着学生的学习。我把读当作是一种阅读方式，一种积累语言、培养语感的阅读方式。在课堂里，常常运用朗读的形式来教学。正所谓，心既托身于言，言亦寄情于字。文本里的语言文字之间泛着真情的味道，唯有真情朗读才能使味生发。

1. 从读中生发文字表达的意蕴

萧红的《火烧云》是一部经典的文学作品，它具有"儿童习语式"的语言风格，朴实自然，是一道治疗语病的良方。它还像是一首儿童诗，读着它，能感觉字里行间的节奏感传达出作者的情绪。文中华丽的辞藻不多，但朴实的语言中，传达出强烈的情感，清新自然的笔触，描绘出一个色彩斑斓的童话世界。正所谓"简洁而后生动，朴素而后华丽"。那作家萧红是如何做到的呢？我带领学生再读课文，读着读着，学生渐入佳境。语气词的妙用，舒缓了语气，学生从中读出了乡里人慢节奏生活的闲情逸致。聪明的学生一下子把注意力转移到课文的"的""了"等语气助词上，全篇课文共有21个"了"，句尾

共使用了9个"的"，但读来为何不觉有啰唆之感？"大白狗变成红的了。红公鸡变成金的了。黑母鸡变成紫檀色的了……"我让学生把"的""了"读得再轻点，再短点。一句一顿间，更富节奏感了，情感更饱满了。我引导学生观察这几个结构相似的句子，它们都以相似的语气词结尾，好比是给句子加了节拍器。学生再读"这地方的火烧云变化极多，一会儿红彤彤的，一会儿金灿灿的，一会儿半紫半黄，一会儿半灰半百合色。葡萄灰，梨黄，茄子紫，这些颜色天空都有……"这个文段后发现，后半段的句子后面没有添加语气词。接着再读"一会儿半紫半黄，一会儿半灰半百合色。葡萄灰，梨黄，茄子紫……"语速在加快，感受到火烧云在奔跑，越变越快。就这样，通过两处课文段落的比读，学生读出了火烧云由慢到快的变化。一篇好的文章，里面的句子都会呼吸，会呼吸的句子才能表达出情感。

2. 从读中生发情感体验

读语言大师叶圣陶先生的写作游记《记金华的双龙洞》中的一句，"一路迎着溪流。随着山势，溪流时而宽，时而窄，时而缓，时而急，溪声也时时变换调子"，学生的嗓音清脆，语调明快。随着四个"时而"带出的小短句，一读一息间，"宽""窄""缓""急"四字的婉转灵动，唤醒了听觉与视觉的记忆，溪流随山势变化的美妙形影与声调就像是一曲欢快活泼的歌谣。一切景语皆转化为情语。

"眼前昏暗了，可是还能感觉左右和上方的山石似乎都在朝我挤压过来。我又感觉要是把头稍微抬起一点儿，准会撞破额角，擦伤鼻子。"读着这样的句子，仿佛那卧在小船上的人变成了自己，心里不由得嘱咐自己，千万不要把头"稍微抬起一点儿"。这时，教师再逐句引读，使学生脑海中的画面越来越清晰，对山石的逼迫感和挤压感更真切。走进语言深处，学生的生活经验与文字产生共鸣，有如身临其境。

3. 从读中生发思维

朱自清先生的《匆匆》，无疑是一篇经典散文。"燕子去了，有再来的时候；杨柳枯了，有再青的时候；桃花谢了，有再开的时候。但是，聪明的你告诉我，我们的日子为什么一去不复返呢？——是有人偷了他们罢：那是谁？又藏在何处呢？是他们自己逃走了罢：现在又到了哪里呢？"读着诗一般的语言，可文字间所传达出的情感却是痛苦和无奈。此时要让学生当好读者的角色，观察其文字本身的形式。段首的三个排比句结构相同，语言节奏感强，读来朗朗上口。"去"和"来"，"枯"和"青"，"谢"和"开"的三组反义词连用，与下文形成对照，不由得让人感叹时间的匆匆。学生读读再停停，将"燕子""杨柳""桃花"这些世间美好的事物，与"我们的日子为什么一去不复返……"相对接，思维发生碰撞，引起思考，为什么人的时光不能像燕子、杨柳、桃花那样生生不息呢？从大人嘴里听来"人有来生"，这又是否真实呢？读之思之，思之问之，段尾的追问显然是无人能够回答的，这样的追问也只是作者的叹息，还带着学生的疑问与思考。

　　读，是用语言纺织而成的纽带，可以带领学生从读中生发文字表达的意蕴，生发情感体验，生发思维，进而习得语言的精妙之处，提升对语言形式的敏感性，为日后规范、熟练、巧妙地驾驭语言奠定基础。如果矫枉过正，语文课就变成了朗读训练课。带着这些思考，我加强了语文与生活的联系，扩大了学生的精神视野，触及学生的心灵，力图从质的角度提高朗读的品位，构建学生人文素养的基础。

5

第五章

打造教师的讲堂

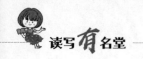

第一节　讲讲教师的成长

一、有感于深圳参观之行

再过两天，即将迎来又一个年头。于大多数人而言，日子就这样悄无声息地过着，年复一年，日复一日。于我而言，已经进入了第15个教学年。时间真快啊！过去的半年，我平静的教学工作有些被打乱，我离开了从毕业开始任教的"母校"，调到附近的香山学校任教。虽然已经是从业15年的"老"教师了，工作单位也只是从家的左边到了右边，但对于环境的改变，还是经历了一段时间的"断乳期"。上课、下课、出操、放学……一切都按照程序在高速运转，一切都在慢慢适应中……

忙碌的工作中穿插了一次短期的深圳参观考察之行。我以为，这次参观学习，和之前的很多次类似的学习无异，但是在短短的两天过后，心里潜藏的一些东西似乎被慢慢唤醒。

两天，参观了4所小学、多节阅读观摩课、数场关于阅读的分享讨论会。轰炸式的输入有点多，但一切都是紧凑而高效的，一切都是值得思考和反省的。

是的，这次参观，可以定义为关于"阅读革命"的考察之行。两天来，我们的足迹踏遍了深圳行知小学、益强小学、园岭小学和百仕达小学。这4所风格迥异的小学，给我们带来了不同的体验和感受。它们分别是：校园充满学童创意文化的行知小学；在"全课程"教学实验课程下的益强小学；拥有超强教学实力和名师团队的园岭小学；跟国际接轨的百仕达小学。所到之处，不一样的是各校有各校特色，一样的是都有着为了改变学生阅读现状孜孜不倦的追求和开拓创新的勇气。

说真的，教了这么多年书，真的没有好好琢磨过究竟如何才能真正引爆学生阅读。每每说起阅读，和很多从教多年的教师一样，无非就是高举让学生"读书、读书、读书"的旗帜，但怎么读、读什么，如何高效读、热爱读，听了各家之言，到现在依然走在传统的老路上，甚至可以说还和当年老一辈教学生一样地在教学。说实话，15年的语文课堂教学经历，从生涩到成熟，我也上过一些所谓的漂亮课，但是现在想起来，更多的是展示我个人的一些才能和演绎能力罢了。学生的语文素养、学习能力在这节课后能有多大的改变呢？一想到这里，我不禁心里发颤。我不是那种甘于现状的老师，可毕竟圈子太窄，心可以很大舞台却太小。由于没有更多的比照和有建设性的意见，我一直在原地打转。

一个声音告诉我，阅读不能继续停留在课堂了，必须要做更实在、更长远的事情。也许很多到了我这个年龄的教师都有同感，上课、赛课已经没有什么意思了，但是剩下的教学生涯还很长。真的不能再做点什么了吗？确实，老老实实地教书、上课也无可厚非。但难道就一直这样下去吗？我不敢想象当我白发苍苍自以为桃李满天下之时，有人问我，你教给了你的学生什么的时候，我无言以对。

深圳归来，细细梳理并对照了4所学校的各自特点，虽然风格迥异，但在探索和开拓学生"阅读革命"的道路上，却比我们超前了很多、成熟了很多。李祖文老师，是此行让我印象深刻的一位教师。他的阅读理念、他的阅读教室，在初次接触时就让人眼前一亮。从没有看过这样的上课方式、从没有看过如此"另类"的阅读课堂。回来翻看他的《神奇的阅读教室》一书，我有感于他序言里提到的话："我原本也可以继续我的爱好：骑行、旅游……但是这样下去……"我想他道出了很多教师的心声，也为这些教师推开了一扇窗。透过他的阅读教室，我们看到学生心中阅读的种子，在这片沃土中生根发芽，最终长成参天大树。

也许先行者的道路都是坎坷的，实践的路上总会遇到这样那样的困难。像李老师一样的阅读革命的倡行者，我想其在实施的过程中多多少少都会有不尽如人意之处吧？也会听到各方不同的声音吧？但是能那样迈开大步地去尝试开拓、见证学生一步步的成长，是为师者最大的幸福和成就。

如果有可能，我愿意循着心底的那个声音，在微弱的光芒中摸索前行，不负此生为人师……

二、教师应有自己的一点儿主张

长久以来，我们的教师习惯了程序化教学，学生习惯了被动性学习。往往是教师重复讲，学生无声听，机械化地接受代替了个性化地思考。僵化的教学

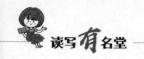

方式周而复始地呈现，长久下去，教师没有了自己的教学主张，学生没有了自己个性化的思想。

　　教师的职业倦怠已经不是小范围的现象，在不同的时期，这种倦怠感出现的时间、强度也不一样。刚参加工作的前两三年，是第一个倦怠期。刚刚从事教学教育工作短短几年，也许很多困惑接踵而来，教师的教学稍显稚嫩，加之大多数语文老师都是班主任，对于新教师来说，班主任工作也不是那么简单的事情，很多时候，出现的状况并非如当初刚到校园设想的那般美好。于是，在这些纷繁琐碎的日常工作中，逐渐产生职业疑惑和动摇。这类年轻教师，往往处于一种焦虑状态，一种隐隐约约的不自信常伴他们左右，尚未形成自己的教学风格，还找不到教学的方向。但是这个年轻的群体又是可塑性最强、一旦点燃就能引爆的潜在研究型教师。

　　第二个明显的倦怠感，大约是从教10～15年的时候。这个教龄的教师已经摆脱了最初的稚嫩和手忙脚乱，能得心应手、有条不紊地完成日常的教学工作了。然而离退休还遥遥无期，加上这个年龄段的教师多了家庭的繁杂事物，这个时候教师的职业心理也容易有倦怠感、无力感。但大多数教师都不愿意冲破这样的职业困境，而选择一种不消极但也不积极的态度，过一个学期撞一个学期的钟，不求有功但求无过，安然过日子，逐渐就把自己放进了一个"舒适区"。

　　不管是处于哪个时期，之所以会产生职业倦怠感，主要是因为教师没有自己的主张，没有职业寄托，对于教学依葫芦画瓢，让自身长期处于舒适区内；不愿意突破常规，考量审视自己的教学，独辟蹊径地去重新建构自己的教学体系，也不相信自己有能力、有水平能冲破常规去做研究。其实，不管是从教多久的教师，都要相信自己对某些方面有自己的主张，在这一领域有"发言权"。某些时候，教师可能自己都没有意识到自己的潜能，教师被限制的往往不是水平，而是信心和勇气。

　　要进行一次教学的革命，首先要改变的就是人。参与者的观念、想法将决定一场教学革命是否能顺利开展、稳步进行、圆满完成。和很多刚才提到的一线教师一样，博雅读写堂最早的一批教学研究人员，在最初开始读写课程的教学改革之时，也是胆战心惊、缺乏自信的。"统整教学""整本书阅读""圆桌派"……一个个掷地有声的创新教学方式，读写堂课程每一个创举的出现，这些都是在刷新教师的理念和执行方向。课程小组人员大多是从教十几年的教师，他们已形成一套固有的教学经验和模式，改变并非易事。我们把教材进行统整合并，教师一时无法适应这样的统整教学、群文阅读，显得茫然无助；我们把教室桌椅改成圆桌，为了便于学生开展讨论和进行小组交流，但是接踵而来的纪律问题，让教师怨声载道。面对周围的一些质疑的声音，教师也怀疑过自己。但是改革和研究都是需要勇气和魄力的，如果因为一时的压力和阻碍，就放弃了前进的步伐，那语文教学永远都如井底之蛙，不能跳出井外。

胡适先生有一篇《赠与今年的大学毕业生》，是给大学生的临别赠言，他给大学生们开了三味防身的药：问题丹、兴趣散、信心汤。三个意思分别是"总得时时寻一两个值得研究的问题！""总得多发展一点儿非职业的兴趣""你得有一点儿信心"。

后两种观点大体上读者应该能清楚，我这里重点说第一个。胡适说："总得时时寻一两个值得研究的问题！如果你真的有了一个自己感兴趣的问题，你就会如同恋爱中的女子一样，发疯似的吃不下、坐不住、睡不着，总想偷功夫去陪伴对方。"

教师在日复一日的教学中，如果有那么一两个感兴趣的问题，产生了要研究下去的想法和冲动，这就逐渐有了自己的教学主张。哪怕是一点儿牢骚、一点儿困惑引发而来，如果能多往前走一步，想想怎么解决困惑，寻求解决的思路，这个过程其实也就是研究的过程。

在日常工作中，有一些问题其实已经被提出来了，却往往被忽略掉。比如，有些教师在拿到一篇课文的时候，会对这篇课文表示厌恶或喜欢，并能阐述自己的理由，其实，这就是在做教材分析研究、进行教材解读，这就已经算是有了自己的教学主张。如果把研究方向对准这一方面，对不同的课文都能进行独到的分析解读，就逐渐有了自己的立场和主张，久而久之，逐渐也会成为这方面的权威。还有教师专注于古文教学研究、识字写字研究、诵读技法钻研、小组合作学习探讨，等等，这些专题也都是从平日教学的点滴观察、积累提取而来，并非"高大上"的晦涩方向，不过是要做"语文教学的有心人"，去寻找、开发一个自己喜欢的、值得深入研究的问题。有了研究寄托，并持之以恒地做下去，教师也就不至于被职业倦怠这种负面情绪影响自己工作的积极性了。

研究并非学者的专利，人人都可以成为某个领域的研究者、专家，都可以有发言权。语文教学，需要教师强烈而持久的付出，与学生、与文本、与自我进

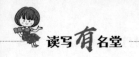

行深入交流。所以，教师们是时候去发现自己的教学主张了。我们应该重新审视我们的语文教法、策略，勇于推翻固守的教学观念，转变角色，边实验边研究，给自己的教学注入"一台又一台马力强劲的充气机，为它源源不断地输入新鲜的空气"，使教学生活充满创意，也具有意义，如此才能获得职业的自我存在感。

三、教师的课程视野和课程能力

中小学教师秉承着"教书育人"的使命，现实中，大多数教师也都把能教好书、培育学生的健全人格作为职业发展的终极目标。这样做无可厚非，但同时也限制了教师的教育视野，使教师故步自封，渐渐在狭小的格局下成为单一的教育工具，不能更好地焕发职业生命力。其实，在完成教好书育好人的使命之外，还有更多值得我们去研究、探讨和尝试的领域。在日复一日的教书育人工作中，也并非只有学科知识主宰着一切教学，勇敢地跳出现有的经验和圈子，才能有更广阔的教育视野。

中小学教师普遍缺乏课程理论，无论是自我提升还是职业培训，所涉及关于课程的专业学习并不多，更多的是关于学科教材教学的培训。的确，对于课程这一较高层次的领域，很多教师是抗拒主动接触的，但凡一个成熟的课程，必定不会是简单的任务，更不要说让教师去寻找和开发一个全新的课程了。这对于习惯于被动接受和在既定教学内容的框架内展开教学的普通教师来说，是惹不起也不想惹的，所以还是选择做一个舒适的"局外人"吧，踏踏实实地把现有教材教好，也是问心无愧的。在一些缺乏课程文化的学校，想要实施课程改革，举步维艰，这与教师队伍中的上述思想和行动不无关系。很多时候，教师的眼界，已经决定了这个学校的课程边界。

现实中很多教师的眼界仅限于书本教材，教学始终不能跳出其中，除了教材，没有其他的东西。如果做个假设，国家没有通用教材、统一课程的颁布，让教师去教学生，这才是真正考验教师的时候。随着我国教育改革的推进，越来越多的教师产生了课程开发与创新的意识，课程眼界逐渐开始放宽。最简单的课程意识是对教材的改编与创新，这是较为基础、也较好操作的。比如，有些教师利用每学期前大半段的时间快速完成全册教材内容，剩下的时间专门用来进行课外阅读和主题写作，这也不失为一种创新的做法。经过实践，这样整合的学习效果大大提高了学生的阅读量。在一段集中时间里的强化活动，有助于学生阅读和写作素养的形成。久而久之，学生自觉阅读的意识和能力相较于按部就班上课的班级会高出一筹。这位教师无形当中做了大胆的尝试——舍弃传统的教学方法和教材的安排进度，对教材进行重新改编和创新，删繁就简、摒弃花哨，去掉教学中一切形式化的东西，用大量的阅读和写作带领学生真正回归促进语文素养的发展。这位教师具备很好的课程素养能力，若是能有进一步的课程意识，形成一门长久的课程，持之以恒地进行下去，将对更多学生的终身发展带来积极影响。

自己执教的学科和自己的学科课堂，是教师唯一能"做主"的阵地，如果一位教师有课程意识和课程能力，完全可以在自己的阵地上创生出一门新的课程。但前提是教师必须具备足够的课程素养和课程能力，这就对教师提出了更高的整体要求。教师必须对自己有清晰的认识，有独立自主的教学思想，不人云亦云；必须清楚地认识自己的学生，知道学生的起点在哪里，哪些才是学生真正需要的；必须对课程整体结构和未来效果生成有一定的预见性。这些都是课程素养和课程能力的一部分。

有些教师的课程视野又更开阔了一步，能依照个人擅长的或小组的特质确立一个课程目标，结合校内外的优质资源，尝试确立某个主题，进行校本课程开发的构思和实践，例如，"绘本课程""乡村溪流课程""地区植物课程""二十四节气课程"等。教师可以引进本校或当地资源，发挥这些资源的优势，开发出真正能发展学生能力的特色课程。学生学到的知识、能力的发展不是一节课或一本课内教材能代替的。这样的课程就是在教育者较高的教学格局下产生的，而考验教师的不仅仅是眼界，最重要的是课程能力，包括课程选择能力、课程开发能力、课程设计能力、课程调控能力等。

（一）课程选择能力，教师要有清晰的目标定位

有经验的教师，往往对学生很了解，知道应该给学生选择怎样的课程内容，即所谓因材定教、因材施教。教师的目标有：通过教学，希望学生能达到什么样的目标？在这个过程中，学生能得到哪些锻炼？为了得到这些锻炼，教师要通过哪些方法、手段去达成？从哪个切入口突破？教师有了清晰的课程目标意识，才能选择一条最佳路径，慢慢往目标靠近。

（二）课程开发能力，考验的是教师的眼光和敏锐度

一个课程的创生契机，往往就在一念之间。比如，在讲到"元宵节"的话

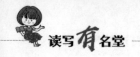

题时，这方面的内容就很丰富，大多数教师可能只是让学生读读几首关于元宵的诗词，聊聊元宵节的习俗就算是带着学生走完了这节课。如果往深处思考，把元宵节作为一个课程契机推开去，则可以让学生围绕元宵展开各种各样的教学活动。比如，在语文课上让学生研究关于元宵节的典故；在美术课上让学生了解元宵节的传统食品及做法；在科学课上让学生研究孔明灯的来历和制作方法……这些都可以成为实践课程，进而慢慢做大，变成一个"中国传统节日"的庞大课程体系，再用几年的时间慢慢地去充实它，那就是相当丰富的一个综合课程了。在课程探究和实践的过程中，这些传统的中国节日对于学生而言，不再是热热闹闹地停留在表层，而是关注历史、了解人文、升华情操的过程。

（三）课程设计能力，考验的是教师的智慧

香山学校对学生不同阶段的成长设计了对应的礼仪课程。初入学的新生学习"入学礼"系列课程，三年级和四年级学生学习"男孩礼·女孩礼"系列课程，五年级学生学习"少年礼"系列课程，六年级学生学习"毕业礼"系列课程。每一个阶段对应的礼仪课程都包含如下丰富的内容：

"入学礼"课程内容有：开学第一课，让爸爸妈妈放心，我的事情我来做，走进美丽的校园，认识老师和同学，等等。

"男孩礼·女孩礼"课程内容有：男孩的自我认同感，女孩的自我认同感，彼此的互相认可，男孩女孩好朋友，等等。

"少年礼"课程内容有：青春期卫生知识知多少，我的社团我做主，少年说理想，等等。

"毕业礼"课程内容有：给学弟学妹赠书活动，我们的毕业礼，过去的我、现在的我、未来的我演讲，等等。

学校是一个小社会，学生的各种能力不仅停留在课堂上，他们学习的能力、思考的能力、做事的能力、与人交往的能力都需要融合在各种活动中。因此，学校德育课程设计的各种活动，还应该包含学生的社会性实践和伦理性实践的重要内容，从入学初开始延续至毕业的礼仪课程，相互联动、彼此交融，使学生在儿童成长的最佳时期学会处理和父母、同伴、老师的关系，在其中体现自我的存在价值。

所以，具有课程意识的教师必须跳出教材，站在更高的整体结构顶层回看自己的教学。教师能对教材进行一定程度的改造，适当地引入优秀的课程资源为学生所用，才有可能重建优质的课程内容。教师的知识结构及能力、对学生的敏锐洞察力、自身的视野等，都可能成为课程创生的重要元素。这些意识都不会凭空出现，教师只有不断提升自身的整体素质，不仅做教书匠，更要当研究者，才能逐步培育自己的课程能力。

第二节 教研备课现场

一、开展综合性学习活动——"发现科学之真"备课现场

（一）教材的编排统整

人教版语文四年级下册第三单元有4篇课文，分别是《自然之道》《黄河是怎样变化的》《蝙蝠和雷达》《大自然的启示》，内容与科学有关，我们把主题定为"发现科学之真"。

第一阶段：确定主题目标

（1）要求学生识记26个生字，会写26个生字，能联系上下文、借助字典、生活积累理解词句的意思。

（2）学会默读，学习略读、浏览的读书方法。

（3）学会精读、批注、圈画，能理解并把握文章的主要内容，完成本主题中《自然之道》《黄河是怎样变化的》《蝙蝠和雷达》《大自然的启示》4篇课文的学习。

（4）培养良好的阅读习惯，分享阅读链接中的内容：《鹿和狼的故事》《我们奇妙的世界》《蛇与庄稼》《打猎的意外收获》。在阅读中抒发热爱大自然之情，从中受到启发并有所发现、创造。

（5）精读《自然的魔法》整本书，课外阅读量不少于20万字，掌握名篇阅读的基本方法，完成与主题对应的读书活动。

（6）动手进行本主题综合实践活动，激发学生对大自然探索的兴趣，提升搜索整合、调查访问、动手实践等综合能力，并能记录实践所感所得，形成主

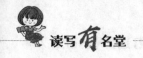

题习作。

第二阶段：找准学习基点

通过四年级上学期的学习，学生已具备独立识字的能力。此时，教师可采用集中识字的方法，让学生学习本主题的生字词、"日积月累"内容等。运用多种形式的识字方法，提高学生的识字效率，强化民谚俗语的背诵，丰富学生积累。每周设定固定的字词基础知识保底课，以确保学生在集中识字的过程中得以不断巩固，强化记忆。

针对"发现科学之真"这一主题，带领学生集中对4篇课文的自然知识进行梳理，运用精读、略读和浏览等方法，从整体上让学生把握课文大意，进一步提高学生把握文章主要内容的能力，让学生学习科普类文章灵活多变的写作手法。引导学生钻研文本，主动思考，通过合作学习的方式解决阅读中的问题。

针对"发现科学之真"这一主题，加强学生的动手实践能力，开展形式多样的综合性学习活动。加强学科整合意识，有效利用各种教学资源，让学生关注自然、了解自然、热爱自然。通过师生共同查找有关人类与自然相联系的资料，让学生深入感受人类应按自然规律办事这一思想。

第三阶段：梳理文本知识（见下表）

教师指导学生初读文本，强化阅读中的扫描能力，培养学生对信息进行获取、理解、综合的能力。教师以一篇带三篇，主副搭配：即在这个主题教学中，以《自然之道》为主，以《黄河是怎样变化的》《蝙蝠和雷达》《大自然的启示》为副，采取先扶后放的方式，强化学生的自学能力。在此基础上，以课内带动课外，迁移学生的阅读能力。把《自然的魔法》放在课内阅读，打开学生更宽广的世界观。

文本知识梳理表

标题	先知	现知	想知
《自然之道》			
《黄河是怎样变化的》			
《蝙蝠和雷达》			
《大自然的启示》			
《自然的魔法》			

（二）阅读的能力迁移

第四阶段：链接阅读技巧

学习了本单元中的4篇课文，学生通过读一篇带三篇联结了知识，通过"先知、现知、想知"联结了自己的原有知识和未知又想知的知识。这时，教师适时进行课外读物《自然的魔法》的切入，可以解决学生心中的"十万个为什么"。教师可以再丢给学生一些主题相同的文章，例如，《鹿和狼的故事》《我们奇妙的世界》《蛇与庄稼》《打猎的意外收获》，再次通过"先知、现知、想知"三知的联结，以及问题——我对《　　　》最感兴趣，我从这篇短文中知道了（　　　）。这让我联想到（　　　），使学生的扫描阅读能力再次得到巩固。

当学生对大自然奥秘的探索之心被点燃起来的时候，当《自然的魔法》不足以充当工具书的时候，一部分学生就转向了对《万物简史》《万物运转的秘密》等丛书的阅读。这个结果就是阅读能力的迁移所产生的。

第五阶段：交流阅读感受

科普类读物对于男孩来说，是普遍受欢迎的。但要把这类科普读物推荐给女孩，教师需要在这类书上加点"蜜"。这一主题的配套课外读物是《自然的魔法》。在主题的阅读开篇时，教师把它和教材中的4篇课文放在一起让学生阅读，通过"三知"的横向连读，巧妙地把《自然的魔法》当成工具书，让学生通过检索目录的方法，翻看自己感兴趣的内容。阅读中，学生会发现《自然的魔法》其实是一本有趣的书。它把宇宙的历史进程、物质的造成、动植物的多样化等科学知识套用世界各地文化中的神话传说讲述出来，为学生打开了更宽广的世界观。

学生读书普遍存在一个问题：读书只是为了过个瘾，读后不主动写笔记。这时需要教师的介入，教师可以为此开设阅读课，组织学生交流读书心得。教师通常的做法是，教师通过问题打开话匣，热场过后适时隐身，把交流主场留给学生。

用于暖场的交流问题：

1. 在科学方法出现之前，我们祖先用（　　　）来解释世界。（　　　）说（　　　）吞噬了太阳才有黑夜。（　　　）相信（　　　）是神通向地球的（　　　）。（　　　）猜想世界被驮在一只巨大（　　　）的背上，当它摇摆尾巴时，（　　　）就发生了。这些都是奇异的魔法故事。

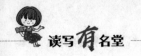

2.这本书解释了奇异多彩的自然现象，如（　　　）。

白热化状态的交流问题：

1.我还想知道（　　　）。

2.我来推荐科普书籍（　　　），推荐理由是（　　　）。

这些问题把大自然的规律和人类对大自然的影响联系了起来，得出人类是大自然的主宰者，同时人类也应该遵循大自然的规律的结论。

保持交流温度，动手写感受：

生1：一开始，我把这本书当作神话故事去读。"彩虹是神通向地球的桥梁""女神奴特吞噬了太阳才有黑夜"。这些奇异的魔法故事，读着读着，自己就像着了魔。每个故事读到后面，才逐渐揭开问题真正的答案，原来那是自然科学的魔法呀！

生2：我读这本书的时候，是当作《十万个为什么》去读的，有一部分的原因也是为了应付作业。当我阅读的时候，这本书就像是一块磁铁一般吸引着我。作者道金斯把每个问题都分开两次来回答。第一个答案是各地的神话传说，虽然这些传说有些也合情合理，但对于四年级的我来说肯定不会只满足于这个关于传说的答案。于是我便去读第二个答案，这就是用现代科学解释的答案。这才是真正的答案。我希望在将来的某一天，我可以亲手揭开自然魔法的神秘面纱。

第六阶段：开展实践活动

一系列的阅读活动过后，学生仿佛经历了一场头脑风暴，然而还是输入大于输出。教师可以开展一次实践学习，让学生动手、动脑亲身体验科学的乐趣。本活动以小组为单位设置了3个主题，小组可以选择其一开展研究。

主题一：了解"仿生学"。

学习了课文，我们知道科学家模仿蝙蝠探路的方法，给飞机装上了雷达；工程师模仿鲸的形体设计了船体，大大提高了轮船航行的速度………"仿生学"在人类科学领域中还有很多应用。我们去搜集资料或进行调查访问，了解更多关于"仿生学"的内容。研究结果以PPT演讲、研究报告等形式呈现。

主题二：科技小制作。

蜻蜓的飞行姿态很特别，古代的人从对蜻蜓飞翔的观察中受到启示，制成了会飞的竹蜻蜓；人类利用大自然中的风力资源制作了风车……我们也可以自己动动手，尝试着进行有趣的科技小制作。研究结果以科学小制作等作品来呈现。

主题三：科学小实验。

两个气球什么情况下会相互吸引？什么情况下会相互排斥？多股水流用手一抹，竟变成一股水流，这又是为什么呢？……大自然中还有很多神奇的现象，我们来动手做做小实验去一探究竟吧！研究结果可以用实验过程来呈现。

3个主题的活动侧重点各有不同。"了解'仿生学'"注重培养学生收集、筛选、整理资料的能力，最后通过写研究报告、PPT演讲的方式呈现研究结果，训练了学生的口头表达能力和写作的能力。"科技小制作"和"科学小实验"注重锻炼学生的动手能力。但在动手的过程中，"科技小制作"侧重对学生创造能力的训练，"科学小实验"是让学生知道基本的科学原理，激发学生探寻科学秘密的热情。

在选择本主题的实践活动中，每个小组会根据组员个人的特长进行选择，以使每个人的特长得到进一步的发展。然而，小组成员的个性各有不同，意见如何统一，如何合作，如果失败了怎么办……这些都需要学生在实践中摸索，这样才能促进学生心灵的成长。

（三）写作的即时练点

第七阶段：活动过程随手记

写作能力往往需要通过若干个写作的专项练习，才能呈螺旋式地提高。本主题的学习可以将实践活动和写作紧密结合，发掘写作的练点，以写作来促进活动，以活动来强化写作。首先，教师可以根据活动前的研究、分工来激发学生的写作欲望。其次，让学生在活动中记录过程。最后，让学生通过汇报强化升华。写作的练点可以是关于仿生学的研究报告，或者是让学生写一写科技小制作的制作过程，或是让学生把科学小实验的演示过程写下来。学生在活动中亲身体验，会有话可说，有事可写，有感可发。教师适时指导学生观察、思考、表达，有效地梳理了写作中的难题。

（四）主题的综合评价

第八阶段：组织活动总结

到了主题学习的尾声，每个学生都应该交出一份成绩单，这份成绩单的成绩将分别从个人总结、小组总结、全班总结中得出。教师给出评价的标准，让学生对自己的收获进行打分。小组总结侧重评价成员在小组合作中发挥的作用。全班总结时组长是发言人，教师的角色是主持人，可适时介入，对学生个人、小组成员进行综合性评价。

附：**本主题的评价标准**

	优秀（A等级）	良好（B等级）	合格（C等级）
字词积累	1. 熟练掌握26个及以上的生字。 2. 能熟练背诵本主题的"日积月累"内容并默写	1. 掌握23个及以上的生字。 2. 能较为熟练背诵本主题单元"日积月累"中内容，并完成对应的填空练习	1. 掌握20个及以上的生字，书写有一定的速度。 2. 能背诵本主题"日积月累"中的内容
课文天地	1. 能准确把握课文大意；能主动从文本中发现有益的自然启示；能清楚复述，并进一步关注自然、了解自然。 2. 能针对文章内容提出自己的意见和疑问，愿意进一步去探究文中提到的自然现象。 3. 发现科普类文章灵活多变的写作手法	1. 能联系上下文理解词语的意思。 2. 学习默读和浏览的方法，概括课文的大意，知道文章所提到的自然现象、启示，并能大概复述	1. 能用普通话正确、流利、有感情地朗读课文。 2. 学习略读，知道文章中所提到的自然现象
活动舞台	1. 能大胆、积极、主动地参与活动；进行小组沟通、分工、探究、互助，完成任务。 2. 小组活动计划、资料、笔记、体会、作品等成果较齐全，质量较高。 3. 在活动过程中能发现、提出问题，有自己的看法和观点。 4. 在活动过程中能进一步关注自然、了解自然，并能从中受到有益的启示	1.能配合小组的安排主动参与活动，完成实践任务。 2.能和小组成员合作、互助，并及时沟通。 3.有活动计划、资料、作品的呈现。 4.在活动过程中，能增进对自然的了解，能将活动成果进行展示分享	1. 能基本完成小组实践任务。 2. 能积累有一定的资料，能收集到一定的成果。 3. 在活动过程中能发现自然的现象，并对生活中的自然现象有一定了解
习作练笔	1. 文章主题清晰，构架完整，语言表达准确。 2. 文章能清晰地呈现在语文综合性学习过程中学到的自然知识、得到的启示、产生的感想等。 3. 能在自评、互评中进一步修改习作。 4. 作文字数达到400字	1. 文章主题清晰，结构完整。 2. 能写清楚在语文综合性学习中的收获、得到的自然启示等。 3. 能互评互改、自我修改。 4. 作文字数达到300字	1. 书写正确，少涂改，字迹工整、美观。 2. 文章结构完整，基本表述清楚自己在综合性学习中的收获、启示等。 3. 能修改习作中有明显错误的词句，能正确使用标点符号

续 表

	优秀（A等级）	良好（B等级）	合格（C等级）
读书乐园	1.能把握《自然的魔法》一书的主要内容，能从书中得到大自然的启示，能描述书中的某些自然现象。 2.敢于提出自己的读书观点；在读书交流活动中有突出表现，并获得老师和同学的好评。 3.在完成《自然的魔法》阅读的基础上，能坚持进行其他自然科普类书籍的阅读	能较好地把握《自然的魔法》的主要内容；能了解书中描写的一些自然现象，并做简单描述	阅读整本《自然的魔法》，大致能了解书中描写的自然现象

二、赏析写作手法——"爱家人"备课现场

（一）教材的编排统整

人教版语文五年级上册第六单元有4篇课文，分别是《地震中的父与子》《慈母情深》《"精彩极了"和"糟糕透了"》《学会看病》，内容都与家人的爱有关，我们把主题定为"爱家人"。

第一阶段：确定主题目标

（1）默读有一定的速度，揣摩文章的叙述顺序，赏析文章的写作方法，初步领悟文章的表达方法。

（2）学习与运用搜索资料、整理资料的方法。

（3）进行《林海音作品精选集》的整本书阅读，完成相关的读书活动。

（4）尝试将人物描写的方法（外貌、神态、动作、语言及心理描写）运用到写作中。

第二阶段：找准学习基点

（1）从学生的认知特点出发，以语文知识点为基点，整合单元教学资源，把课文学习、口语交际、习作等语文实践活动按照知识点进行整合，形成有利于学生掌握的主题知识体系。

（2）以教材为依托，以课文为例子，通过随文练笔，疏通阅读与写作，从课文中领悟写作方法，力求一课一得。

（3）尽可能组织学生搜集与课文相关的材料，以帮助学生读懂课文，提高学生搜集和处理信息的能力。

（4）尽可能帮助学生运用已获得的知识和方法自学课文。

（5）根据主题阅读补充书目，指导学生有效进行课外阅读；通过开展读书分享会、制作书签、制作大型海报、写读后感等形式，丰富学生的阅读体验。

第三阶段：梳理文本知识

（1）课文概括训练。在前面的主题学习里，我们学了3种概括主要内容的方法：六要素合并法、口诀串联法、标题扩展法。这个主题学习中我们要学会运用这3种概括主要内容的方法来概括课文。

①《梅花魂》我想采用（　　　）的概括方法，主要内容是（　　　）。

②《地震中的父与子》我想采用（　　　）的概括方法，主要内容是（　　　）。

③《"精彩极了"和"糟糕透了"》我想采用（　　　）的概括方法，主要内容是（　　　）。

（2）课文内容梳理。

①《梅花魂》一共写了5件小事，请给这5件小事加上小标题。

②《桂花雨》围绕桂花写了4件小事，请给这4件小事加上小标题。

（二）阅读能力的迁移

第四阶段：链接阅读技巧

（1）走近《城南旧事》的作者。

林海音原名林含英，小名英子，1918年生于日本，台湾苗栗人，祖籍广东蕉岭，著名作家。1921年随父母返回台湾。1923年随父母迁居北京。林海音的童年是在古城北京度过的，那里的一物一景深深地烙印在她的心上，成为她除台湾之外的另一个精神上的故乡。著名代表作《城南旧事》正是林海音以其温婉的文笔所书写的她的北京童年的似水年华。1948年，她返回故乡台湾。她在台湾仍以办报、办刊、写作、出版为主，出版了众多文学名作，被称为台湾文学"祖母级的人物"。迄今为止，已出版18本书。

（2）读懂主题，学会选材。

①《城南旧事》讲述了哪几个故事？

② 小说是林海英以自己7～13岁为背景创作的一部自传体小说。5年的时间发生了很多事，作者为什么选择这几件事来写？

小贴士：我们在习作中，也要注意根据文章的主题选择材料。

第五阶段：交流阅读感受

《城南旧事》的5个故事中，最精彩的是人物，其中既有好人又有坏人，还有游离在好人与坏人之间的人。这个话题最适合让学生在思辨中对人物个性进行解读，从而提升学生的感悟能力。

（1）本小说共由5个故事组成。回忆这些故事，你的脑海里出现了哪些人物形象？

（2）贯穿所有故事的中心人物是英子。在你的心目中，英子给你留下了什么印象？

（3）宋妈是一个怎样的母亲，她爱不爱小栓子和小丫头？

（4）藏在茅草堆里的青年是不是坏人？

小贴士：

（1）人物的性格不是单一的，要从不同角度给予评价。

（2）人物的性格表现在其外貌、语言、神态、动作、心理等方面。在习作中，我们塑造人物也要从人物的语言、动作、神态等方面，表现人物的性格特点，万不可"千人一面"。

第六阶段：开展实践活动

（1）选书现场，仿真书市。将阅读技巧从课内迁移到课外，以进一步发挥学生的阅读自主性，扩展学生的阅读面。教师在教室里摆放好家长事先准备的《林海音作品精选集》，在对这些作品集进行简单介绍后，让学生自由选择喜欢的书进行阅读。

林海音作为文坛的"女中豪杰"和台湾文学的"祖母级人物"，一生创作了大量优秀的文学作品。《晓云》是林海音为数不多的长篇小说名篇之一。《我们的爸》中共收录了中短篇小说36篇，故事多以家庭为背景。《英子的乡恋》辑入了56篇散文随笔，表达了"英子"对老北京的思念、对台湾的热爱和对许多师友的深切怀念。

（2）制作书签，赠予好友。在《林海音作品精选集》中，多为散文，其散文的语言美得像诗。请抄下一句自己感悟最深的句子，或是一段情节，或是一个故事摘要，制作一个精美的书签，把书签赠给好友，把读书的乐趣和大家一起分享。

（三）写作的即时练点

第七阶段：赏析写作手法

（1）《梅花魂》中的"魂"指的是（　　），即"梅花魂"指（　　）。自古以来，中国人对梅的评价是（　　）。文中外公对（　　）十分赞赏，认为他们有梅花的精神，这样的写法叫（　　）。

（2）《小桥流水人家》一文通过写家乡的（　　）（　　）（　　），表达了作者对故乡的思念之情，这样的写法叫（　　）。

（3）《地震中的父与子》第 5 ~ 10 自然段中都写了谁？这是什么写法？这样写的好处是（　　）。

（4）读《慈母情深》第 1 ~ 4 自然段，文段中交代了什么？这种写法叫（　　），这样写的好处是（　　）。

（5）通过上面的学习，我认识了4种写作手法，分别是（　　）（　　）（　　）（　　）。

第八阶段：赏析人物描写

（1）《慈母情深》《学会看病》《城南旧事》均是选取典型事例来表现人物个性的，有些是"一人、一事、一情感"，有些是"一人、多事、一情感"，还有些是"一人、多事、多情感"。请把以下"人、事、情"的要素列举出来，和同学谈谈这些人物的描写方法。

①《慈母情深》

人物：＿＿＿＿＿＿＿＿＿＿＿＿＿＿＿＿＿＿。

事件：＿＿＿＿＿＿＿＿＿＿＿＿＿＿＿＿＿＿。

情感：＿＿＿＿＿＿＿＿＿＿＿＿＿＿＿＿＿＿。

②《学会看病》

人物：＿＿＿＿＿＿＿＿＿＿＿＿＿＿＿＿＿＿。

事件：＿＿＿＿＿＿＿＿＿＿＿＿＿＿＿＿＿＿。

情感：＿＿＿＿＿＿＿＿＿＿＿＿＿＿＿＿＿＿。

③《城南旧事·我们去看海》

人物：＿＿＿＿＿＿＿＿＿＿＿＿＿＿＿＿＿＿。

事件：＿＿＿＿＿＿＿＿＿＿＿＿＿＿＿＿＿＿。

情感：＿＿＿＿＿＿＿＿＿＿＿＿＿＿＿＿＿＿。

④《城南旧事·驴打滚儿》

人物：_____。

事件：_____。

情感：_____。

小贴士：写人物，要选取能反映人物品质的典型事件。

（2）除了选取典型事件来写人物以外，对人物的细节描写是表现人物的点睛之笔。下面的句子分别是对人物的哪些方面进行描写的呢？（外貌、神态、语言、动作、心理描写等）

① 他顿时感到眼前一片漆黑，大喊："阿曼达，我的儿子！"跪在地上大哭了一阵。

此句用了（　　）描写，写父亲只看到废墟，没找到（　　）的情形，反映了他（　　）的心情。

② 我穿过一排排缝纫机，走到那个角落，看见一个极其瘦弱的脊背弯曲着，头和缝纫机挨得很近。周围几只灯泡烤着我的脸。

此句用了（　　）描写，写了（　　）的情形，表现了人物（　　）的品质。

第九阶段：写作专项训练

这4篇课文《地震中的父与子》《慈母情深》《"精彩极了"和"糟糕透了"》《学会看病》分别从不同的角度写出了父母对子女的爱，请你回忆生活中的点点滴滴，选择具体事例来写父母对自己的爱，要写出真情实感。

自己的作文写好了，美美地读一读吧！学着上面的方法，赏析自己的写作手法：

我在习作里，选取了（　　）事例，运用了（　　）写法，这样写的好处是（　　）。在人物的描写当中，我采用了（　　）的细节描写，我最得意的句子是（　　）。

（四）主题的综合评价

第十阶段：组织活动总结

请对照《课程纲要》中的评价标准，对本次主题学习的掌握情况作出评价，具体见下表。

评价表

	优秀（A等级）	良好（B等级）	合格（C等级）
概括大意	1.能准确把握文章的写作顺序。 2.能抓住课文重点概括主要内容	1.能基本掌握文章的写作顺序。 2.能简要地概括课文内容	1.大致清楚文章的写作顺序。 2.能写出课文的内容
文段背诵	能熟练背诵本主题课文段落的内容，完成填空	能比较熟练的背诵本主题课文段落的内容，并完成填空	能基本背诵出本主题课文段落的内容
主题习作	1.人物描写：能按要求把人物写具体，会灵活运用各种方法。 2.写父母的爱：能通过写生活中的小事，通过对父母进行细节描写来表达自己对父母的爱	1.人物描写：基本能按要求把人物写具体。 2.写父母的爱：基本能通过写生活中的小事，通过对父母进行细节描写来表达自己对父母的爱	1.人物描写：写人物时能有一定的顺序。 2.写父母的爱：基本能通过写生活中的小事，表达自己对父母的爱
读书乐园	1.能把握课外书中的主要内容，理解作者表达的情感。 2.敢于提出自己的看法；在展示交流活动中有突出表现，并能获得教师、同学的好评	1.能较好地把握课外书中的主要内容，了解作者想要表达的情感。 2.有自己的看法，并能在交流中表达个人意见	1.能基本完成整本书的阅读，对书中相关内容能留下印象。 2.认真倾听别人的见解

三、学写研究报告——"走进信息世界"备课现场

（一）教材的编排统整

人教版语文五年级下册第六单元有两个学习内容，分别是《信息传递改变着我们的生活》和《利用信息，写简单的研究报告》。我们发现，其实《冬阳·童年·骆驼队》和《童年的发现》这两篇课文的内容都与信息有关，所以我们把以上内容整合，把主题定为"走进信息世界"。

第一阶段：确定主题目标

（1）从作者的发现延伸自己的发现，逐步养成搜集信息的习惯。

（2）了解信息传递方式的变化及这些变化对人们的生活、工作和学习的影响，能正确利用媒体，学会选择信息、趋利避害。

（3）初步学会有目的地收集和处理信息，学写简单的研究报告。

（4）在《地心游记》整本书的阅读中，加强收集和整理信息的能力，并学会复述相关情节。

第二阶段：找准学习基点

（1）先引导学生从《冬阳·童年·骆驼队》《童年的发现》开始阅读，从作者的视角延伸自己的视角，打开"发现"的窗户，开阔阅读视野。

（2）进而引导学生阅读课内5篇材料，外加课外5篇材料，让学生从中了解信息传递方式的变化及这些变化对人们的生活、工作和学习的影响，并形成自己的观点。

（3）最后以教材为依托，以课文为例子，让学生学写调查报告。

第三阶段：梳理文本知识

我们时常会有一些这样或那样的发现，有时我们会很在意，有时我们却看过即忘。下面我们来阅读《冬阳·童年·骆驼队》《童年的发现》《信息传递改变着我们的生活》这3篇文章，看看我们会有什么发现。

（1）《冬阳·童年·骆驼队》

作者的发现是：_____。

我的发现是：_____。

（2）《童年的发现》

作者的发现是：_____。

我的发现是：_____。

（3）《信息传递改变着我们的生活》

我的发现是：_____。

（4）《地心游记》里登布洛克教授在一本书中发现了（   ），从而得知了（   ），于是便有了和侄子的一段穿越地心的探险旅行。

（二）阅读能力的迁移

第四阶段：链接阅读技巧

（1）对于《冬阳·童年·骆驼队》的作者林海音和《童年的发现》的作者费奥多罗夫的童年的发现，你的观点是：_____。

（2）林海音和费奥多罗夫的发现，有没有触动你的回忆或者让你产生什么新的想法？试着写写你曾经的发现或者现在开始产生的新发现。

（3）《信息传递改变着我们的生活》包括5篇小文章，告诉了我们信息传

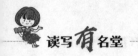

递对我们生活的重要性。对于信息传递，从古至今，经历了不同的时期，人类信息传递方式发生了什么变化？古今信息传递的方式各有什么特点？我们来列表回忆一下。

古今信息传递的方式

时间	传递信息的方式	特点
古		
今		

（4）阅读叶圣陶的《不用文字的书和信》、韩王荣的《皮鞋火漆——信封和信箱的发明》、金盛先的《电报的发明》、梁实秋的《电话》、唐萍的《电子邮件的诞生》，从多角度了解信息传递的方式。

第五阶段：交流阅读感受

（1）通过阅读本主题的文章，我们知道了信息传递从古到今的变化。现代社会信息传递量大、速度快，人们获取信息的途径也越来越多，这让我们感受到了信息在给我们的学习、生活带来方便的同时，也会给我们带来一些不良的影响，因此，我们应该学会收集和处理信息。我们应该怎样正确利用电视、网络等媒体呢？下面我们就这个问题来展开讨论或辩论吧。

（2）《地心游记》内容简介。

它是法国作家儒勒·凡尔纳的一本著名的科幻小说。小说讲述了1863年5月24日，里登布洛克教授在一本古老的书籍里偶然发现了一张羊皮纸，他从这张羊皮纸上的字里行间得到了启示：前人阿尔纳·萨科努塞姆曾到地心旅行。里登布洛克教授决定也做一次同样的旅行，于是，他带了侄子阿克赛尔及足够的粮食、仪器和武器等，从汉堡出发了。到了冰岛他又请了一位向导汉斯。他们3人按照前人的指点，经过3个月的旅行，历尽千辛万苦终于完成旅程，回到地面。全书以紧凑的笔法记载了旅途上的艰险经历和地底下的种种奇观。通过这部小说，学生可以增强意志力，获得丰富的科学知识。

（3）理清《地心游记》中人物的特点。

《地心游记》人物特点梳理，具体见下表。

《地心游记》人物特点梳理

人物	身份	性格特点

（4）小说里有很多我们以前闻所未闻的科学知识，你找到了哪些？请写在下面相应的圈圈里。

小贴士：科幻故事里的科学知识是非常丰富的，它们可以是化学方面的，也可以是物理方面的，甚至可以是地理知识，等等。书中的科学知识有些是已经被证实的；有些知识也可能是作者虚构的，这些观点在未来的某一天或许也会被科学家所证实。

第六阶段：开展实践活动

（1）情节猜猜看。在作者笔下，我们领略到一个又一个恢宏的、惊心动魄的场面，紧凑的笔记展示了一串又一串曲折惊险的情节。下面一起来玩玩情节猜猜看的游戏。

（2）情节大冒险。这是一次充满未知的旅行，请同学们选择冒险卡，通过小组合作，根据冒险卡中的提示，谈谈你们的想法。

冒险卡1	冒险卡2	冒险卡3	冒险卡4
险遇"密斯都"	**残酷水威胁**	**绝望迷路记**	**巨兽之战**
回忆当时的险情，如果你是阿克塞尔，你想对汉斯说什么？	"下到地下2800米了，可是，我们却走错了道，更糟糕的是，我们的供应水没了。"没水的日子令人担忧，找找相关的句子读一读，感受他们历险的焦虑心情	再也没有比探险时脱离团队更让人心慌的了，可是，这一切发生在了"我"身上。痛苦绝望之余，"我"都做了哪些事来企图摆脱这样的困境？	8月18日，那是一个让人无法忘记的日子。我们见证了一场王者之争。其中哪些情节让你感觉特别离奇，充满了奇幻色彩呢？找一找，读一读

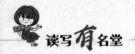

（3）电影即兴聊。全班一起观看《地心游记》电影，谈谈书中内容与电影内容有什么不同？电影中哪个场面让你看了还想看？如果你是作者，你想修改书中或电影中的哪些情节？

（三）写作的即时练点

第七阶段：我这样学写调查报告

由于当代信息传递方式的便捷，我们可以及时了解到各个方面的信息，这也方便我们与世界各地的朋友进行交流。当我们遇到问题时，有目的地去寻找、调查，获得相关的信息进行分析研究，能够解决不少问题。如果把我们的调查研究过程记录下来，就是一篇有价值的研究报告。

（1）阅读《奇怪的东南风》《关于李姓的历史和现状的研究报告》，完成下面的练习。

《奇怪的东南风》研究的问题是 _____ :

作者的做法是：

① _____ 。② _____ 。

③ _____ 。④ _____ 。

《关于李姓的历史和现状的研究报告》分为哪4个部分？

① _____ 。② _____ 。

③ _____ 。④ _____ 。

（2）这两个研究报告都是通过（　　　　　）和（　　　　　）得出结论的，具有科学性，这是进行简单的科学研究和撰写研究报告最重要之处。我们可以从这两个研究报告中学习简单的研究报告的写法。

第八阶段：我打算做这样的研究

（1）确定研究主题：_____（可参考语文五年级下册第125页）。

（2）我的理由是：_____ 。

（3）我的调查方法是：_____ 。

（4）调查情况及资料整理如下：_____ 。

根据以上资料汇总，我得出的结论是：_____ 。

调查过程：_____ 。

（5）跟其他同学交流讨论一下，看同学们的调查情况和调查结果是怎样的？

（6）我们讨论的过程是这样的：_____ 。

第九阶段：我动笔写写研究报告

经过一系列的学习历程，我懂得了研究报告的主题一定要明确，调查方法要恰当，收集的资料要全面，并有合理的分析，这样得出的结论就会清楚明了。现在，我就来动手写写自己的研究报告。

（四）主题的综合评价

第十阶段：组织活动总结

请对照《课程纲要》中的评价标准，对本次主题学习的掌握情况作出评价，具体见下表。

评价表

	优秀（A等级）	良好（B等级）	合格（C等级）
字词积累	1. 掌握课内19个生字。 2. 能熟练背诵自己喜欢的课文文段	1.掌握课内17个以上生字。 2. 能较好地背诵自己喜欢的课文文段	1.掌握课内15个以上生字。 2. 基本能背诵自己喜欢的课文文段
信息改变我们的生活	1. 能大胆、积极、主动参与小组讨论，并能发表个人见解。 2. 在活动中学会搜集资料和整理资料的方法	1.参与小组讨论，并能发表个人见解。 2.在活动中初步学会搜集资料和整理资料的方法	1. 能倾听他人意见。 2. 知道搜集资料和整理资料的方法
我的调查报告	1. 有正确的格式。 2. 有明确的研究主题，研究方法恰当，资料准备充足；能合理分析应用，表达流畅清晰，结论清楚	1.有正确的格式。 2.有明确的研究主题，能合理应用资料，表达清晰，结论清楚	1. 有正确的格式。 2. 能根据自己的研究主题，表达论述，结论清楚
读书乐园	1.能把握书中人物特点，能分析、综合书中的科学知识。 2. 在读书活动中，敢于提出自己的看法；在展示时有突出的表现，并能获得老师和同学的好评	1. 能较好地把握书中人物特点，能搜集到书中的科学知识。 2. 在读书活动中，能积极参与活动，并提出自己的看法	1. 对书中人物有初步了解。 2. 能认真倾听别人的见解

四、对比阅读开启写作思维——"我和大自然的那些事儿"备课现场

（一）教材的编排统整

人教版语文六年级上册第七单元有4篇课文，分别是《老人与海鸥》《跑进

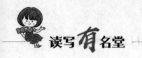

家来的松鼠》《最后一头战象》《金色的脚印》，内容与大自然有关，我们把主题定为"我和大自然的那些事儿"。

第一阶段：确定主题目标

（1）要求学生掌握课文的生字新词，理解重点词语在具体语言环境中的恰当意义，体会其表达效果。

（2）通过学习课文，能体会作者细心观察大自然的方法，以及获得的独特感受，体会课文"展开联想和想象表达感受的方法"。

（3）能理解动物丰富的内心世界，感受人与动物之间的真挚情感，体会作者的表达方法；学习作者将这种真挚的情感写真实、写具体的方法。

（4）系统学完整个主题内容后，知道每篇课文在表达方式上的特点，同时把对比阅读与写作有机结合起来。

（5）进行《生于天空》整本书阅读，完成相关的读书活动。

第二阶段：找准学习基点

（1）在整个主题学习中，鼓励学生通过自主阅读、合作探究的方法来学习，引导学生通过多种途径、多种形式进行感悟、表达；强调语文的熏陶感染作用，培养学生搜集信息和处理信息的能力，引导学生潜心研读、体会作者的思想感情。

（2）指导学生有效地进行整本书阅读；通过各种形式的活动，丰富学生的阅读体验；帮助学生习得对比阅读的技巧。

第三阶段：梳理文本知识

（1）从画面到文字。根据教材第133页上的图片报道，进行合理想象，然后写一个故事，做到内容具体、感情真实。

（2）从文字到画面。对比阅读《老人与海鸥》《跑进家来的松鼠》《最后一头战象》《金色的脚印》，回忆这4篇课文分别描写了几幅画面？边读边想象，用文字描述一下在你脑海里形成的画面，完成下面的表格。再想一想作者为什么会选择这几幅画面来写？

对比阅读

描述画面	第一幅	第二幅	第三幅	第四幅
《老人与海鸥》				
《跑进家来的松鼠》				
《最后一头战象》				
《金色的脚印》				

　　小贴士：画面速成法——文字的画面感绝大多数时候都是通过细节描写来展现的。有时是通过写视、听、触、嗅等感官的感受来展现的；有时是通过精确简练的动作描写来展现的；有时是运用形容词着重描写色彩、质感等来展现的；还有的时候是适当运用比喻，使人引起联想而产生画面感。运用以上写法，能唤起读者的感触，让人有身临其境之感，让读者头脑里呈现出一幅完整的画面。

　　（3）从画面再到文字。阅读课内4篇课文《老人与海鸥》《跑进家来的松鼠》《最后一头战象》《金色的脚印》及课外绘本《让路给小鸭子》，进行对比借鉴，并思考我的习作也可以有几幅画面？我可以在这幅图前面加几幅图？我可以在这幅图后面加几幅图？试着用文字把画面描述下来。完成后在全班进行交流。

（二）阅读能力的迁移

第四阶段：链接阅读技巧

1.《生于天空》的作者椋鸠十的印象卡

阅读书本的封面、封底、折口、附录等，了解作者，写下你对椋鸠十的印象：

上网搜集资料之后，我对椋鸠十的印象是：

2.《生于天空》的雕的印象卡

根据自己的生活经验，我对雕的印象是：

上网搜集资料之后，我对雕的印象是：

读完《生于天空》之后，我对雕的印象是：

第五阶段：交流阅读感受

1. 串一串雕的成长历程

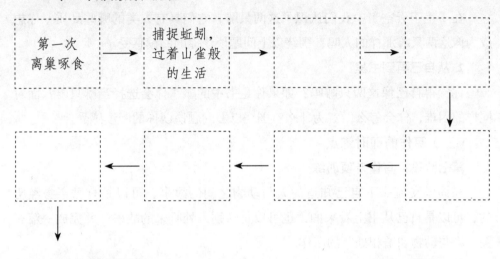

2. 辩一辩雕的去留

如果你是那只雄雕，你真的会忘却曾经的一切吗？你会选择留在人类的身边还是回到天空？请你从书中寻找依据，在全班交流的过程中，记录别人的观点，最后形成自己的观点。

别人的观点：

我最初的观点：

我最后的观点：

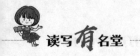

第六阶段：开展实践活动

1. 从书里到自己

在《生于天空》中我们认识了这两只雕，它们具有人类的哪些品质？你想成为像这两只雕那样的人吗？围绕以上问题谈谈你的阅读感受。

2. 从自己再到书里

你觉得自己像这两只雕吗？如果你是书中的雕，你会选择当哪只雕？面对同样的困难，你会怎么做？为什么？围绕以上问题谈谈你的阅读感受。

（三）写作的即时练点

第七阶段：写作专项训练

和同学交流一下自己知道的人与动物之间的故事，可以是自己亲身经历的，可以是自己从书上看来的，也可以是从别人处听来的故事，并完成一篇有关"人与动物和谐相处"的习作。

第八阶段：写作升级训练

（1）对比阅读《老人与海鸥》《跑进家来的松鼠》《最后一头战象》《金色的脚印》4篇课文思考：这些文章都有哪些共同点？作者这样写想达到什么目的？我在习作中写了什么事情？我想达到什么样的目的？列表如下。

课文阅读对比

对比考量	这些文章都有哪些共同点？	作者这样写想达到什么目的？
《老人与海鸥》		
《跑进家来的松鼠》		
《最后一头象》		
《金色的脚印》		
我的习作		

（2）将你学到的写作技巧应用到自己的习作中，再次修改，再次完成"人与动物和谐相处"的习作。

（四）主题的综合评价

第九阶段：组织活动总结

请对照《课程纲要》中的评价标准，对本次主题学习的掌握情况作出评价，具体见下表。

评价表

	优秀（A等级）	良好（B等级）	合格（C等级）
课文天地	1.能了解文章主要内容；能品味优美的语言和含义深刻的句子，体会这样写的好处，主动摘抄好词佳句。 2.能够准确地概括文章的内容	1.能把握文章主要内容，理解含义深刻的句子，主动摘抄好词佳句。 2.能概括文章的内容	1.能掌握课文的主要内容。 2.能概括文章的内容
主题写作	能体会作者的表达方法，能将人与动物之间真挚的情感写真实、写具体	通过学习课文，能写出人与动物之间的真挚感情	能写出人与动物之间的事情，能基本表达自己的情感
读书乐园	1.能把握《生于天空》一书的主要内容，能感受到成长是一个艰辛的过程。 2.敢于提出自己的看法；在展示交流活动中有突出表现，并能获得老师和同学的好评。 3.在完成《生于天空》阅读的基础上，喜欢读椋鸠十动物小说全集	1.能较好地把握《生于天空》的主要内容，有自己的感悟。 2.有自己的看法，并能在交流中表达个人意见	1.能完成《生于天空》整本书的阅读。 2.能认真倾听别人的见解

五、仿写的技巧——"生活启示"备课现场

（一）教材的编排统整

人教版语文六年级下册第一单元有5篇课文，抽出其中的4篇分别是《匆匆》《桃花心木》《顶碗少年》《手指》，加上第五单元的《真理诞生于一百个问号之后》一共有5篇课文，内容与生活中得到的启示有关，我们把主题定为"生活启示"。

第一阶段：确定主题目标

（1）能联系上下文理解含义深刻的句子，概括文章的主要内容。

（2）能抓住重点句段，揣摩作者的写作方法；能体会作者表达的思想感情，领悟文章蕴含的道理。

（3）能通过仿写练习，感受文章语言的优美，积累语言，增强语感。

（4）观察生活，关心身边的热点新闻，能联系生活实际，尝试写出自己的感悟。

（5）进行《朱自清散文集》整本书阅读，完成相关的读书活动。

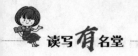

第二阶段：找准学习基点

（1）借鉴课文例子、课外阅读等，体会借物喻人、寓理于事的写作方法。

（2）以教材为依托，通过随文练笔，领悟文章的表达方法。

（3）帮助有阅读困难的学生，指导其运用已学知识自学课文。

第三阶段：梳理文本知识

同学们，生活中平凡的故事常常带给我们很多启迪，阅读这个主题里的5篇课文，感悟人生哲理，能让我们在人生道路上走得更踏实，步伐更稳健。

阅读下表中的5篇课文，品读精彩语句，概括主要内容。

5篇课文

篇目	积累含义深刻的句子	概括主要内容
《匆匆》		
《桃花心木》		
《顶碗少年》		
《手指》		
《真理诞生于一百个问号之后》		

（二）阅读能力的迁移

第四阶段：链接阅读技巧

（1）认识散文。散文记录作者生活和思想的真实经历，直接体现作者的个性，表达真情实感。所以散文取材广泛、形式多样、运笔自如。散文可以写得像一首诗，如屠格涅夫的《门槛》；可以写得像一篇小说，如何为的《第二次考试》；也可以写得像一出短剧，如鲁迅的《过客》，所以散文有"形散神不散"这一说法。

（2）认识《朱自清散文集》。阅读书中的"序""阅读准备"，了解此书的写作背景、作者档案等。

第五阶段：交流阅读感受

1. 从目录走进《朱自清散文集》

题目是文章的文眼，从下面的题目中你能分辨出文章的写作内容吗？

《背影》《旅行杂记》《荷塘月色》《春》《威尼斯》《阿河》《白采》《看花》《生命的价格——七毛钱》《女人》《怀魏握青君》《航船中

的文明》。

写景抒情的有：_____。

写人写事（游记）的有：_____。

2. 细读《朱自清散文集》

散文集里的每篇散文都体现了朱自清对生活的思索和感悟。请你选择令你印象最深的3篇散文，寻找文章中含义深刻的句子，反复研读体会文章的主题，完成下面的表格。

积累句子

篇目	积累含义深刻的句子	概括主要内容

3. 精读《朱自清散文集》

朱自清是一位文学大师，他从不以华丽辞藻堆砌文章。他的作品语言朴素清新，其颇具匠心的修辞方法读来却感觉不到雕琢的痕迹。让我们一起来寻找这样的句子，并体会这样写的好处。

寻找颇具匠心的修辞方法

摘抄片段	修辞方法	这样写的好处

第六阶段：开展实践活动

（1）批注分享，了解多面的朱自清。

（2）分享构思新巧的句子，体会像诗歌一样美的散文句子。

（3）分享文章篇章，体会作者的人生经历和经验。

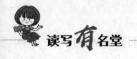

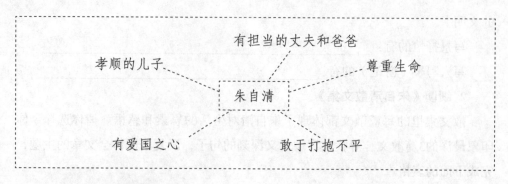

（三）写作的即时练点

第七阶段：明理学写法

再一次阅读以下5篇课文，明道理、学写法。

篇目	得出人生哲理	悟出写作方法
《匆匆》		
《桃花心木》		
《顶碗少年》		
《手指》		
《真理诞生于一百个问号之后》		

第八阶段：仿写小练笔

（1）燕子去了，有再来的时候；杨柳枯了，有再青的时候；桃花谢了，有再开的时候。但是，聪明的你告诉我，我们的日子为什么一去不复返呢？

仿写：＿＿＿＿＿＿＿，＿＿＿＿＿＿＿；＿＿＿＿＿＿＿，＿＿＿＿；

＿＿＿＿＿＿＿，＿＿＿＿＿＿＿。但是，聪明的你告诉我，

＿＿＿＿＿＿＿＿＿＿＿＿＿＿＿？

（2）去的尽管去了，来的尽管来着；去来的中间，又怎样地匆匆呢？早上我起来的时候，小屋里射进两三方斜斜的太阳。太阳他有脚啊，轻轻悄悄地挪移了；我也茫茫然跟着旋转。于是——洗手的时候，日子从水盆里过去；＿＿＿＿＿＿＿，＿＿＿＿＿＿＿；＿＿＿＿＿＿＿，＿＿＿＿＿＿＿。我掩着面叹息。但是新来的日子的影儿又开始在叹息里闪过了。

第九阶段：聊一聊身边的热点话题

1. 这幅《假文盲》的漫画作品揭露了怎样的周边人和周边事呢？

和同学们交流后，写下你的感悟：_____

_____

_____

_____

_____

_____ 。

2. 请你收集一则最近的热点话题，张贴在下面，和同学们一起交流。

和同学们交流后，写下你的感悟：_____

_____

_____

_____

_____ 。

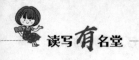

第十阶段：写作专项训练

在《手指》中，作者以普通的"手指"为题，写了一篇饶有趣味的文章，我们身边也有许多普通的事物值得写。选择一个使你有所感触的事物写一写，要写清楚事物的特点和你从中得到的感悟。

（四）主题的综合评价

第十一阶段：组织活动总结

请对照《课程纲要》中的评价标准，对本次主题学习的掌握情况作出评价，具体见下表。

评价表

	优秀（A等级）	良好（B等级）	合格（C等级）
课文天地	1.能联系上下文理解含义深刻的句子，概括文章的主要内容。 2.能领悟文章的写作方法，并体会作者这样写的好处	1.能理解含义深刻的句子，概括文章的主要内容。 2.能领悟文章的写作方法	1.能初步了解课文的主要内容。 2.知道文章的写作方法
主题习作	1.能依托课文，联合语境，完成仿写练习，感受文章语言的优美。 2.善于观察生活，关心身边的热点新闻，能写出自己独特的感悟	1.能依托课文，完成仿写练习；能感受文章语言的优美。 2.能收集身边的热点新闻，写出自己独特的感悟	1.完成仿写练习，能感受文章语言的优美。 2.收集身边的热点新闻，能基本写出感悟
读书乐园	1.能把握《朱自清散文集》一书的主要内容，体会文章的表达方法；能领悟作者的思想感情。 2.能出色完成各项读书活动，能在读书交流中大胆地发表个人见解	1.能把握《朱自清散文集》一书的主要内容。 2.能完成各项读书活动，能在读书交流中发表个人见解	1.初步了解《朱自清散文集》一书的主要内容。 2.能完成各项读书活动。在读书交流中能认真倾听

附录 读写堂课程使用书目

四年级上学期：

必读书目：

《夏洛的网》［美］E·B·怀特著

《爱的教育》［意大利］德·亚米契斯著

《王尔德童话》［英］奥斯卡·王尔德著

选读书目：

《沈石溪动物小说系列》沈石溪著

《昆虫记》［法］法布尔著

四年级下学期：

必读书目：

《草房子》曹文轩著

《小狐狸阿权》［日］新美南吉著

《数星星》［美］洛伊丝·劳里著

《森林报》［苏联］维·比安基著

选读书目：

《假如给我三天光明》［美］海伦·凯勒著

《柳林风声》［英］肯尼恩·格雷厄姆著

《汤姆叔叔的小屋》［美］斯托夫人著

五年级上学期：

必读书目：

《汉字树：活在字里的中国人》廖文豪著

《世界儿童历史小说经典·小英雄与老邮差》马景贤著

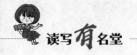

《城南旧事》林海音著

选读书目：

《季羡林自传（典藏本）》季羡林著

《林海音作品精选集》（全4册）林海音著

《细菌世界历险记》高士其著

五年级下学期：

必读书目：

《根鸟》曹文轩著

《俗世奇人》冯骥才著

《地心游记》［法］儒勒·凡尔纳著

选读书目：

《论语》杨伯峻译著

《百万英镑》（精装典藏版）［美］马克·吐温著

《莫泊桑中短篇小说选》［法］莫泊桑著

六年级上学期：

必读书目：

《三国演义》罗贯中著

《小学生鲁迅读本》刘发建著

《红岩》罗广斌，杨益言著

《椋鸠十动物小说：生于天空》［日］椋鸠十著

《绿山墙的安妮》［加］露西·莫德·蒙哥马利著

《端午的鸭蛋》汪曾祺著

《希利尔讲艺术史》［美］维吉尔·莫里斯·希利尔著

《向着明亮那方》［日］金子美玲著

选读书目：

《花园》汪曾祺著

《椋鸠十动物小说》（全10集）［日］椋鸠十著

《毛毛：时间窃贼和一个小女孩的不可思议的故事》［德］恩德著

六年级下学期：

必读书目：

《朱自清散文集》朱自清著

《骆驼祥子》老舍著

《鲁滨孙漂流记》［英］笛福著

《汤姆·索亚历险记》［美］马克·吐温著

《鸟儿街上的岛屿》［以色列］尤里·奥莱夫著

《史蒂夫·乔布斯传》［美］沃尔特·艾萨克森著

《战马》［英］迈克尔·莫波格著

选读书目：

《纳尼亚传奇》［英］克莱夫·斯特普尔斯·刘易斯著

《安德的游戏》［美］奥森·斯科特·卡德著

《红楼梦》曹雪芹著